y 2 39212

Paris
1856

Goethe

erther, suivi de Hermann et Dorothée

Tome

Symbole applicable
pour tout, ou partie
des documents microfilmés

Original illisible

NF Z 43-120-10

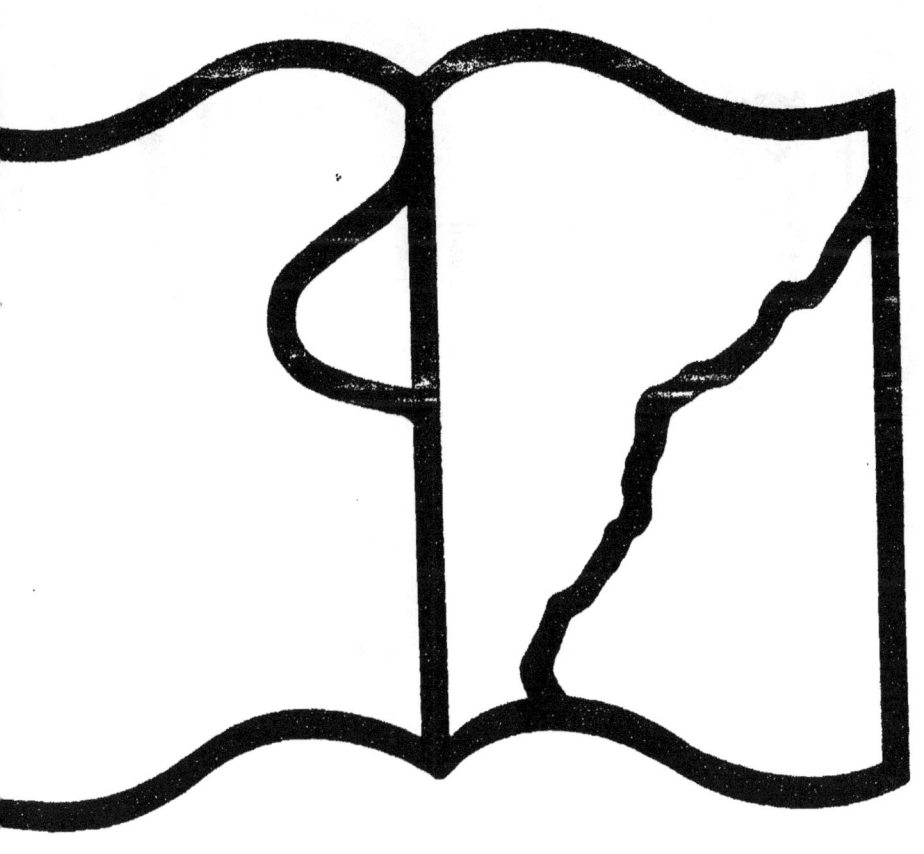

Symbole applicable
pour tout, ou partie
des documents microfilmés

Texte détérioré — reliure défectueuse

NF Z 43-120-11

WERTHER

PAR GOETHE

TRADUCTION DE PIERRE LEROUX

SUIVI

DE HERMANN ET DOROTHÉE

ÉGALEMENT PAR GOETHE

TRADUIT PAR M. X. MARMIER

PARIS
CHARPENTIER, LIBRAIRE-ÉDITEUR
10, RUE BONAPARTE
1856

WERTHER

SUIVI DE

HERMANN ET DOROTHÉE

Paris. — Imprimerie de P.-A. Bourdier et Cie, rue Mazarine, 30.

WERTHER

PAR GOETHE

TRADUCTION NOUVELLE

PAR PIERRE LEROUX

PRÉCÉDÉ

DE CONSIDÉRATIONS SUR LA POÉSIE DE NOTRE ÉPOQUE

PAR LE MÊME

SUIVI D'HERMANN ET DOROTHÉE

TRADUCTION NOUVELLE AVEC UNE PRÉFACE

PAR M. X. MARMIER

PARIS

CHARPENTIER, LIBRAIRE-ÉDITEUR

28, QUAI DE L'ÉCOLE

1859

CONSIDÉRATIONS SUR WERTHER

ET EN GÉNÉRAL

SUR LA POÉSIE DE NOTRE ÉPOQUE

§ 1.

Madame de Staël, dans son livre *de l'Allemagne*, parle ainsi de *Werther* : « Les Allemands sont très-
« forts en romans qui peignent la vie domestique.
« Plusieurs de ces romans méritent d'être cités ;
« mais *ce qui est sans égal et sans pareil*, c'est
« *Werther*. On voit là tout ce que le génie de Gœthe
« pouvait produire quand il était passionné. L'on
« dit qu'il attache maintenant peu de prix à cet ou-
« vrage de sa jeunesse [1]. L'effervescence d'imagina-
« tion qui lui inspira presque de l'enthousiasme
« pour le suicide doit lui paraître maintenant blâ-
« mable. Quand on est très-jeune, la dégradation
« de l'être n'ayant en rien commencé, le tombeau

---

[1] Les *Mémoires* de Gœthe ont prouvé combien madame de Staël se trompait sur ce point.

« ne semble qu'une image poétique, qu'un sommeil
« environné de figures à genoux qui nous pleurent.
« Il n'en est plus ainsi, même dès le milieu de la
« vie; et l'on apprend alors pourquoi la religion,
« cette science de l'âme, a mêlé l'horreur du meur-
« tre à l'attentat contre soi-même. Gœthe, néan-
« moins, aurait eu grand tort de dédaigner l'ad-
« mirable talent qui se manifeste dans *Werther*. Ce
« ne sont pas seulement les souffrances de l'amour,
« mais *les maladies de l'imagination dans notre
« siècle*, dont il a su faire le tableau. Ces pensées
« qui se pressent dans l'esprit sans qu'on puisse
« les changer en actes de la volonté, le contraste
« singulier d'une vie beaucoup plus monotone que
« celle des anciens et d'une existence intérieure
« beaucoup plus agitée, causent une sorte d'étour-
« dissement semblable à celui qu'on prend sur le
« bord de l'abîme; et la fatigue même qu'on éprouve
« après l'avoir longtemps contemplé peut entraîner
« à s'y précipiter. Gœthe a su joindre à cette pein-
« ture des inquiétudes de l'âme, si philosophique
« dans ses résultats, une fiction simple mais d'un
« intérêt prodigieux [1]. »

Ce jugement de madame de Staël est profond et parfait pour l'époque où elle écrivait. En trois ou quatre traits elle caractérise admirablement l'œuvre de Gœthe. C'est, dit-elle, la peinture des mala-

[1] *De l'Allemagne*, partie II, chap. xxviii.

dies de l'imagination dans notre siècle ; et la cause de ces maladies, elle la trouve dans ces pensées qui nous assiégent, et qui ne peuvent se changer en actes, c'est-à-dire dans le contraste de notre développement intellectuel et sentimental, à nous autres modernes, avec la triste vie à laquelle nous condamne la constitution actuelle de la société. Tout cela, dis-je, est parfait, juste autant que profond. Mais quand madame de Staël écrivait cette page, les maladies d'imagination dont elle voit la peinture dans *Werther* n'étaient encore qu'au début de leur invasion, pour ainsi dire ; un grand nombre d'ouvrages remarquables qui ont la même origine et le même effet que *Werther*, et une foule bien plus grande de détestables productions puisées à la même source, n'existaient pas. Plus avancés aujourd'hui, nous devons porter sur ce livre un jugement plus philosophique encore, en le rattachant à toute la littérature contemporaine. Qu'on nous permette donc de compléter, jusqu'à un certain point, et de développer l'opinion de madame de Staël, en citant quelques réflexions que ce sujet nous a inspirées autrefois.

Il y a déjà plusieurs années, nous essayâmes, dans un recueil périodique [1], de caractériser d'une manière générale l'art de notre époque, et en par-

[1] *Revue encyclopédique*, 1831, articles de *la Poésie de notre époque*.

ticulier le genre de poésie dont *Werther* est le premier modèle.

Il est trop évident que l'œuvre entière de Byron a la plus grande affinité avec la partie la plus capitale de l'œuvre de Gœthe, c'est-à-dire *Werther* et *Faust* : Byron résume en lui ces deux types, et y ajoute encore. La maladie de l'imagination, que madame de Staël voyait déjà si marquée dans *Werther*, prend dans Byron un caractère plus intense, et sa cause se révèle plus clairement. Il ne s'agit plus avec lui de désirs ardents mais vagues, de pensées qui se pressent dans l'esprit sans qu'on puisse les réaliser en actes parce que la vie sociale ne répond pas à l'activité de notre âme. La maladie est plus grande, et ses symptômes plus décidés. A cette simple discordance entre nos sentiments et le monde qui nous entoure a succédé, chez Byron, un mépris profond pour toutes les croyances humaines et pour toute religion. Il a fini par douter de Dieu et de toutes choses. Ce n'est pas seulement l'incrédulité vulgaire, c'est l'athéisme le plus prononcé qui le dévore. Comparant donc Byron à Gœthe, au milieu de tant d'autres écrivains de notre temps plus ou moins atteints de cet esprit général de doute et de désespoir, nous n'hésitons pas à donner à Byron la supériorité sur Gœthe, comme poète *caractéristique* de l'époque; car nous trouvions dans Byron, pour employer une expression même de ce poëte, *une plus grande vitalité du poison*[1]. Nous disions :

« Depuis que la philosophie du dix-huitième
« siècle a porté dans toutes les âmes le doute sur
« toutes les questions de la religion, de la morale
« et de la politique, et a ainsi donné naissance à la
« *poésie mélancolique* de notre époque, deux ou
« trois génies poétiques tout à fait hors ligne appa-
« raissent dans chacune des deux grandes régions
« entre lesquelles se divise l'Europe intellectuelle,
« c'est-à-dire, d'une part, l'Angleterre et l'Alle-
« magne, représentant tout le Nord, et la France,
« qui représente toute la partie sud-occidentale, le
« domaine particulier de l'ancienne civilisation ro-
« maine. Autour de ces grands hommes gravitent,
« comme les planètes autour des soleils, une foule
« d'écrivains remarquables, mais d'un ordre infé-
« rieur. Byron, par la nature particulière de son
« génie, par l'influence immense qu'il a exercée,
« par la franchise avec laquelle il a accepté ce
« rôle de doute et d'ironie, d'enthousiasme et de
« spleen, d'espoir sans bornes et de désolation, ré-
« servé à la poésie de notre temps, méritera peut-
« être de la postérité de donner son nom à cette

---

[1] There is a very life in our despair,
Vitality of poison; a quick root
Which feeds these deadly branches.
    CHILDE-HAROLD.

« période de l'art : en tout cas, ses contemporains
« ont déjà commencé à lui rendre cet hommage.
« C'est que nul n'a su mieux que lui reproduire
« avec une parfaite originalité l'effet de cette poésie
« shakespearienne dont l'Allemagne et la France
« sont aujourd'hui plus enthousiastes que l'Angle-
« terre elle-même. Gœthe cependant l'avait précédé
« de bien des années ; mais Gœthe, dans une vie
« plus calme, se fit une religion de l'art, et l'auteur
« de *Werther* et de *Faust*, devenu un demi-dieu
« pour l'Allemagne, honoré des faveurs des princes,
« visité par les philosophes, encensé par les poëtes,
« par les musiciens, par les peintres, par tout le
« monde, disparut pour laisser voir un grand artiste
« qui paraissait heureux, et qui, dans toute la plé-
« nitude de sa vie, au lieu de reproduire la pensée
« de son siècle, s'amusait à chercher curieusement
« l'inspiration des âges écoulés ; tandis que Byron,
« aux prises avec les ardentes passions de son cœur
« et les doutes effrayants de son esprit, en butte à
« la morale pédante de l'aristocratie et du protes-
« tantisme de son pays, blessé dans ses affections
« les plus intimes, exilé de son île, parce que son
« île, antilibérale, antiphilosophique, antipoétique,
« ne pouvait ni l'estimer comme homme ni le
« comprendre comme poëte, menant sa vie errante
« de grève en grève, cherchant le souvenir des
« ruines, voulant vivre de lumière, et se rejetant

« dans la nature, comme autrefois Rousseau, fut
« franchement philosophe toute sa vie, ennemi des
« prêtres, censeur des aristocrates, admirateur de
« Voltaire et de Napoléon, toujours actif, toujours
« en tête de son siècle, mais toujours malheureux,
« agité comme d'une tempête perpétuelle ; en sorte
« qu'en lui l'homme et le poëte se confondent, que
« sa vie intime répond à ses ouvrages, ce qui fait
« de lui le type de la poésie de notre âge. »

Ainsi ce que madame de Staël, qui n'avait devant les yeux que Gœthe, déplorait comme étant une maladie et n'étant qu'une maladie, nous, en contemplant Byron, chez qui cette maladie est au comble, nous ne le déplorions pas moins, mais nous le regardions comme un mal nécessaire, produit d'une époque de crise et de renouvellement. Un double aspect se montrait à nous dans cet affreux désespoir ; nous le voyions comme un mal, mais aussi comme un progrès. Nul enfantement n'a lieu sans douleur. Byron nous semblait porter le signe de deux destinées : d'une destinée qui s'achève et d'une destinée qui commence, d'un monde qui s'engloutit et d'un monde qui surgit. Et si la mort nous paraissait plus glacée, pour ainsi dire, chez lui, nous découvrions aussi plus manifestement en lui l'esprit immortel qui, à travers le tombeau, retrouvera la vie.

Vainement, en effet, soutiendrait-on que sa poésie n'est que l'agonie du désespoir. Je dis qu'il y a dans cette agonie des traits qui indiquent la résurrection. Vainement on le comparerait, comme on l'a fait quelquefois, au Satan de Milton. Je dis que Satan, conservant de la force jusque dans sa damnation, se ressent encore par là du divin et s'y rattache. Cet ange tombé se soutenant dans sa révolte est encore dans la vie. Sa misère n'est que d'un degré plus profonde que celle du fier Ajax s'écriant : « Je me sauverai malgré les dieux ! » Et même est-il bien permis de dire que cet espoir de salut manque complétement à Satan ? N'est-ce pas la nécessité seule du symbole qui a fait que Milton lui a ôté tout espoir ? La mort absolue, en effet, est-elle concevable ? Satan vit, il combat ; donc il a de l'espoir. Cet espoir ne manque pas non plus à la poésie de Byron.

L'homme, ayant pris confiance dans sa force au dix-huitième siècle, a rêvé des destinées nouvelles ; il a abdiqué le passé, rejeté la tradition, et s'est élancé vers l'avenir. Mais cet élan du sentiment a devancé, comme toujours, les possibilités du monde. Un progrès intellectuel, un progrès matériel, sont nécessaires pour que le rêve du sentiment se réalise. Qu'arrive-t-il donc ? Ne voyant pas ses appétitions se réaliser, le sentiment se trouble, et, tout en persistant vers l'avenir, il arrive à le nier de la bouche et à nier toutes choses. Mais lors même qu'il

nie ainsi, c'est qu'il aspire encore vers cet avenir
entrevu un instant et qui s'est dérobé à sa vue.
Soyez sûr que s'il n'avait pas toujours le même but,
il ne blasphémerait pas avec tant d'audace; c'est
la passion qu'il a pour ce but divin qui le rend si
impie. Or le poëte est le représentant du sentiment
dans l'humanité. Tandis que l'homme de la sensa-
tion et de l'activité se satisfait de ce monde misé-
rablement ébauché qu'il a devant les yeux, et que
l'homme de l'intelligence cherche à le perfection-
ner, le poëte s'indigne des lenteurs, et finit par n'a-
voir plus que des paroles d'ironie et des chants de
désespoir. Mais si nous devions le condamner pour
cela, il nous faudrait condamner avec lui nos pères,
qui ont rêvé une humanité nouvelle, une humanité
plus grande. Si nous devions condamner absolument Byron sur ses paroles et sans vraiment le
comprendre, il nous faudrait condamner absolument et Voltaire et Rousseau, et tout le dix-huitième siècle, et toute la révolution, qui ont éveillé
la fièvre de son génie et donné à son sang cette impulsion généreuse mais désordonnée; ou plutôt,
c'est toute la marche progressive de l'esprit humain
qu'il nous faudrait condamner comme une chimère monstrueuse et funeste, si nous ne voulions
pas voir dans cet homme perdu au sommet des
précipices de la route, et que saisit le vertige, un
de nous, un de nos frères, qui, lorsque la caravane

humaine s'arrêtait interceptée dans sa voie, s'est élancé plus hardi jusqu'à la région des nuages, et qui meurt pour nous, en nous faisant signe qu'il n'y a point de route, parce qu'il n'en a pas trouvé.

Il y a une route, sans doute, et nous la trouverons ; mais qui oserait dire que le courage et la force de celui qui a pu s'élever si haut pour la chercher ne sera pas cause de notre courage pour la chercher à notre tour, nous qui sommes restés dans la plaine, et ne nous servira pas ainsi prodigieusement à la découvrir ?

Nous transformions donc le point de vue de madame de Staël, en embrassant avec confiance cette crise de désespoir de notre temps, comme un chrétien embrasse la croix qu'il plaît à la Providence de lui envoyer, et en fait l'ancre de son salut. « Si, disions-nous, la poésie ne faisait pas entendre
« aujourd'hui ce concert de douleur qui annonce
« le besoin d'une régénération sociale ; si elle ne
« jetait pas ainsi, dans toutes les âmes capables de
« la sentir, le premier germe de cette régénéra-
« tion ; si elle ne versait pas dans ces âmes, avec la
« douleur de ce qui est, le désir de ce qui doit
« être, elle ne serait pas ce qu'elle a toujours été,
« *prophétique.* »

Poursuivant partout ce caractère de la poésie de notre temps, nous le montrions jusque chez les écrivains qui alors affectaient le calme d'artistes heureux, satisfaits du présent et des dons accordés par le ciel à leur génie, ou qui se rattachaient à un passé qui a été grand, mais qui ne peut plus être. Nous mettions au-dessus de ces vaines tentatives de l'art de renaissance et de l'art pour l'art, la poésie véritablement inspirée par le sentiment de notre époque; et nous montrions le concert unanime des diverses nations de l'Europe pour entrer, à l'insu souvent les unes des autres, dans cette phase de la poésie.

L'art, disions-nous, n'est pas plus la reproduction de l'art qu'il n'est la reproduction de la nature. L'art croît de génération en génération. Les œuvres des grands artistes, tous inspirés par leur époque, se succèdent, et cette succession est le développement de l'art. Mais s'inspirer uniquement du passé, refaire ce qui a été fait, c'est imiter, c'est traduire; c'est manquer son époque; c'est faire de l'art intermédiaire, de l'art qui n'a pas sa place marquée dans la vie de l'art.

Nous soutenions donc « que la poésie, comprise
« en général comme l'a comprise Byron, est la
« seule qui sorte des entrailles mêmes de la so-
« ciété actuelle; qu'elle découle naturellement de
« la philosophie du dix-huitième siècle et de la
« révolution française; qu'elle est le produit le plus
« vivant d'une ère de crise et de renouvellement,
« où tout a dû être mis en doute, parce que, sur les

« ruines du passé, l'humanité cherche un monde
« nouveau. » Ainsi nous trouvions à la fois une
confirmation de nos vues sur l'avenir de la société
dans l'art actuel, et une explication de cet art
même dans l'état de la société.

Quelques exceptions s'offraient néanmoins à nos
regards, et nous étions loin de les nier; mais nous
en donnions l'explication. Nous expliquions Walter Scott et Cooper par les pays qui les ont produits. C'est l'état présent de l'Amérique et de
l'Écosse qui a inspiré ces deux écrivains. « Jamais
« homme d'un génie égal au leur, mais ému par
« les profondes secousses de notre France, de
« notre Europe, n'aurait pu avoir la patience de
« peindre pour peindre, sans beaucoup de lyrisme
« au fond du cœur, comme Scott, avec une froide
« et étonnante impartialité; ou, comme Cooper,
« avec une mélancolie assez vague, une pensée
« sociale incertaine et douteuse, et seulement le
« sentiment vif et profond de la nature extérieure:
« un tel homme n'aurait pu s'intéresser comme
« eux à ces mille petites nuances qui les intéres-
« sent; et, tourmenté par les rudes problèmes qui
« occupent l'humanité de notre âge, il lui eût été
« impossible de relever curieusement les moindres
« accidents de jour, de lumière, de paysage, de
« costume. Il faut pour cela avoir le cœur libre, la
« tête pas trop ardente; il faut n'avoir pas la tradi-

« tion et l'héritage de la partie la plus vivante de
« l'humanité. M. de Chateaubriand a voyagé dans
« l'Amérique du Nord : il a fait *Atala* et *René*, où
« il est plus question de la désolation de cœur lais-
« sée par les doctrines du dix-huitième siècle et
« par la révolution française que des sauvages qui
« y sont mis en scène. »

Une autre exception, c'est la chanson de Béranger. Mais Béranger a continué dans l'art, comme avec un dessein prémédité, l'esprit du dix-huitième siècle et de la révolution. Sa chanson est au plus haut degré philosophique et révolutionnaire. Il s'est trouvé un homme qui, sentant, lui aussi, au fond du cœur, la misère du présent, a eu la force de renoncer d'abord au lyrisme et de tourner la poésie à l'action, faisant à la fois œuvre de poëte, de philosophe et d'homme d'État. Il a su faire converger l'esprit de la comédie et de la satire à l'inspiration de *la Marseillaise*; et il a composé de ce mélange la chanson politique, la chanson nationale. Mais quelle conséquence peut-on tirer de cette individualité unique, pour nier le caractère général que nous assignons à la poésie de notre époque? Et n'a-t-on pas vu, d'ailleurs, le poëte de l'action, quand la méditation des grands problèmes l'a pris, incliner son front sous la force divine, et aspirer vers l'avenir avec autant de verve et d'audace que les plus hardis penseurs? Seulement, comme il n'avait pas montré les mêmes transports douloureux que les poëtes ses contemporains, il a pu élever vers le ciel et l'avenir un regard plus assuré, et sa foi s'est montrée plus grande. Exemple unique à notre époque de l'art calme et contenu comme les époques les mieux organisées en ont produit, mais évidemment dû à la force d'une intelligence qui sait s'arrêter aux limites qu'elle veut s'imposer, et qui ne s'abandonne pas à tout son vol.

Ainsi, en résumé, tout nous paraissait s'accorder pour donner à notre formule de l'art contemporain la certitude d'une démonstration. « Eh ! comment, en effet, disions-nous, la poésie de notre « âge ne serait-elle pas empreinte de ce caractère « de profonde désolation qui ne peut manquer de « se manifester dans une crise de renouvellement ? « Les philosophes ont engendré le doute ; les poëtes « en ont senti l'amertume fermenter dans leur « cœur, et ils chantent le désespoir. L'ordre social « autrefois se peignait dans tous les arts ; l'art était « comme un grand lac qui n'est ni la terre ni le « ciel, mais qui les réfléchit. Où pourrait s'alimenter aujourd'hui l'art calme et religieux ? L'art « ne peut aujourd'hui que réfléchir la ruine du « monde. Hommes de mon temps, où sont vos « fêtes où le cœur des hommes bat en commun ? « Vous vivez solitaires, vous n'avez plus de fêtes.

« Vous vous bâtissez des demeures alignées géomé-
« triquement, mais vous n'avez ni maisons ni tem-
« ples. Vos peintres rendent la nature sans vérité
« et sans idéal, et aucune pensée ne dirige leur
« pinceau. Mais, je le répète, la poésie est venue
« fleurir dans vos ruines, elle est venue célébrer
« des funérailles. C'est Shakespeare qui conduit le
« chœur des poëtes, Shakespeare qui conçut le
« doute dans son sein bien avant la philosophie.
« Werther et Faust, Childe-Harold et don Juan
« suivent l'ombre d'Hamlet, suivis eux-mêmes
« d'une foule de fantômes désolés qui me peignent
« toutes les douleurs, et qui semblent tous avoir
« lu la terrible devise de l'enfer : *Lasciate la spe-
« ranza*. Que tu es grand, ô Byron ! mais que tu es
« triste ! Et toi, Gœthe, après avoir dit deux fois la
« terrible pensée de ton siècle, tu sembles avoir
« voulu t'arracher au tourment qui t'obsédait, en
« remontant les âges, te contentant de promener
« ton imagination passive de siècle en siècle, et de
« répondre comme un simple écho à tous les
« poëtes des temps passés. D'autres, plus faibles,
« ont été moins sages. L'Angleterre a entendu,
« autour de ses lacs, bourdonner, comme des om-
« bres plaintives, un essaim de poëtes abîmés dans
« une mystique contemplation. Combien l'Allema-
« gne a-t-elle vu de ses enfants participer du puis-
« sant délire d'Hoffmann et de la folie de Werner ! »

« Et la France! après avoir produit et répandu
« sur l'Europe la philosophie du doute, la poésie
« du doute lui était bien due, quelque douloureuse
« qu'elle fût. Pour la première fois notre langue
« a enfin connu le lyrisme. Ce ne sont plus, comme
« dans les siècles précédents, quelques accents dé-
« licats et purs, quelques retours heureux à l'anti-
« quité, de l'analyse et de l'éloquence; c'est la
« poésie elle-même qui a paru. Mais contemplez
« ceux à qui nous la devons, sondez le fond de
« leur cœur : ne voyez-vous pas que leur front est
« empreint de tristesse et de désolation? C'est le
« doute qui les assiége et qui les inspire, comme
« il inspira Goethe et Byron. Ou bien ils essayent
« vainement de se rejeter en arrière et de se ratta-
« cher aux solutions du christianisme; ou bien ils
« prodiguent leurs forces à peindre l'aspect maté-
« riel de l'univers; et, quand il s'agit de l'absolu
« et de l'éternel, ils font du fantastique sans
« croyance, uniquement pour faire de l'art.

« ..... Puisque tout est doute aujourd'hui dans
« l'âme de l'homme, les poëtes qui expriment ce
« doute sont les vrais représentants de leur époque;
« et ceux qui font de l'art uniquement pour faire
« de l'art sont comme des étrangers qui, venus
« on ne sait d'où, feraient entendre des instru-
« ments bizarres au milieu d'un peuple étonné, ou
« qui chanteraient dans une langue inconnue à des

« funérailles. Leurs chants ont beau être délicieux
« à mon oreille, le fond, le fond éternel de mon
« cœur est le doute et la tristesse. Ce qu'il y a de
« réel pour moi, c'est la poésie de Byron, poésie
« ironique et désolante, qui soulève des abîmes
« où notre esprit se perd, et qui, comme les har-
« pies, salit à l'instant même tous les mets qui cou-
« vrent la table du festin. C'est là le glas funèbre
« que ne me font pas oublier toutes ces harmonies
« qui s'élèvent des Arabes ou des Persans, ou des
« châteaux du moyen âge, ou des cathédrales go-
« thiques.

« ..... Byron dans tous ses ouvrages et dans toute
« sa vie, Gœthe dans *Werther* et *Faust*, Schiller
« dans les drames de sa jeunesse et dans ses poésies,
« Chateaubriand dans *René*, Benjamin Constant
« dans *Adolphe*, Sénancour dans *Obermann*, Sainte-
« Beuve dans *Joseph Delorme*, une innombrable
« foule d'écrivains anglais et allemands, et toute
« cette littérature de verve délirante, d'audacieuse
« impiété et d'affreux désespoir, qui remplit au-
« jourd'hui nos romans, nos drames et tous nos
« livres : voilà l'école, ou plutôt la famille de poëtes
« que nous appelons *byronienne*; poésie inspirée
« par le sentiment vif et profond de la réalité ac-
« tuelle, c'est-à-dire de l'état d'anarchie, de doute
« et de désordre où l'esprit humain est aujourd'hui
« plongé par suite de la destruction de l'ancien

« ordre social et religieux (l'ordre théologique-
« féodal), et de la proclamation de principes nou-
« veaux qui doivent engendrer une société nou-
« velle. En face de cette école, fille directe de la
« philosophie du dix-huitième siècle, est venue se
« placer une autre famille poétique, dont Lamar-
« tine et Hugo sont les représentants et les chefs en
« France; école qui, au fond, est aussi sceptique,
« aussi incrédule, aussi dépourvue de religion que
« l'école byronienne, mais qui, adoptant le monde
« du passé, ciel, terre et enfer, comme un *datum*,
« une convention, un axiome poétique, a pu pa-
« raître aussi religieuse que la poésie de Byron
« paraissait impie, s'est faite *ange* par opposition à
« l'autre qu'elle a traitée de *démon*, et cependant a
« fait route de conserve avec elle pendant plus de
« quinze ans, à tel point que l'on a vu les mêmes
« poëtes passer alternativement de l'une à l'autre,
« sans même se rendre compte de leurs variations,
« tantôt incrédules et sataniques comme Byron,
« tantôt chrétiens résignés comme l'auteur de
« l'*Imitation.* »

Quand nous écrivions cela, une femme de génie
n'avait pas encore ajouté toute une galerie nouvelle
à la galerie de Byron. Lélia n'était pas venue se
placer auprès de Manfred. Quel argument nous
fourniraient aujourd'hui tant de beaux ouvrages à
l'appui de notre thèse! Mais ce ne serait pas là sou-

lement que nous prendrions de nouvelles armes, les soutiens les plus remarquables de l'art restauré du moyen âge nous en livreraient au besoin. Que sont devenus, je le demande, dans leur développement même, ceux qui se complaisaient, il y a quinze ans, à reconstruire le passé et à farder leur muse d'un vernis de christianisme? Ils ont vainement essayé de remonter le fleuve, et les voilà aujourd'hui qui flottent à la dérive. Ils ont fini par sentir que la vraie poésie de notre époque est celle qui pousse à l'avenir en peignant les profondes souffrances du présent.

Aujourd'hui, je le demande, que sont devenus les anges chrétiens de leur poésie? Nous aurions de la peine aujourd'hui à distinguer aussi nettement, de la poésie naturelle à notre temps, cette poésie de convention qui s'était placée à côté d'elle. Il faudrait avouer que tous ces vains essais de reconstruction du passé et tous ces vains autels élevés à l'art, comme si l'art sans l'humanité était quelque chose, ont été renversés par ceux mêmes qui les avaient dressés. Les plus forts ont fini, l'un après l'autre, par dire, comme le vieux Corneille, mais dans un autre sens :

Je suis vaincu du temps, je cède à son outrage.

Ils ont cédé à l'esprit du siècle, ils ont rendu les armes, ils ont jeté le masque, et on a vu de plus

en plus les traces du vautour qu'ils voulaient nous cacher. La vraie poésie de notre époque, la poésie qui pleure et qui cherche, a fini par les envahir.

Les ouvrages remarquables qui appartiennent à cette poésie triste, malade si l'on veut, mais prophétique, se sont tellement accumulés, qu'à l'exception des trois ou quatre œuvres d'un caractère différent dont nous avons expliqué la cause génératrice, tout le fond de la littérature européenne est teint de cette couleur. L'esprit qui inspira *Werther* à Gœthe a soufflé partout. Ovide, peignant le chaos d'où devait sortir le monde, le représente comme une grande confusion d'éléments qui se heurtent, sous un même voile et, pour ainsi dire, sous un même visage :

Unus erat toto naturæ vultus in orbe.

La littérature de notre époque, symbole du chaos où nous nous agitons et d'où sortira un monde, est presque uniformément couverte d'un grand voile de mélancolie.

§ II.

Werther est le premier jet et le début de toute cette poésie de notre âge. Nous serions tenté de croire que c'est un de ces livres initiateurs en bien ou en mal qui renferment en germe toute une série de créations analogues. Mais si on lui refuse d'être le père de tant d'ouvrages du même genre qui l'ont suivi, au moins faut-il reconnaître qu'il fut le premier-né de cette famille si nombreuse et qu'il a précédé de bien des années tous ses frères et sœurs. L'époque de sa publication est en effet très-remarquable. Croirait-on qu'il y a déjà *soixante-six ans* que ce type original de la poésie du spleen a paru dans le monde! *Werther* fut écrit et publié en 1774, sous Louis XV, quatre ans avant la mort de Voltaire et de Rousseau, quinze ans avant la révolution; et pourtant on dirait ce livre d'hier! Il est vrai que Gœthe a prolongé si tard sa vie, que nous le prenons volontiers pour un écrivain de notre génération; on ne songe guère qu'il avait quarante ans à l'époque de l'assemblée constituante, et que son œuvre capitale était achevée dès lors depuis longtemps. Mais il y a une autre raison qui rapproche de nous ses ouvrages : c'est qu'ils sont, comme je l'ai dit, profondément empreints du même esprit qui s'est développé plus tard. La révolution interrompit pendant trente ans la marche de l'esprit poétique; la rêverie ne put pas avoir cours au milieu d'une action si terrible et si merveilleuse. Trente ans de lacune se trouvent ainsi jetés entre Gœthe et ses rivaux. Ce que Gœthe avait senti vers 1770, d'autres commencèrent à l'éprouver vers 1800; et alors de nouveaux *Werther* et de nouveaux *Faust* renouèrent la tradition poétique.

Il y aurait une étude bien curieuse à faire : il faudrait comparer *Werther* à *Faust*, et montrer le rapport intime qui unit ces deux ouvrages de Gœthe : on obtiendrait ainsi une sorte de type abstrait de la poésie de notre âge. On prendrait ensuite l'œuvre entière de Byron, et le type en question reparaîtrait. On ferait la même chose pour le *René* de M. de Chateaubriand, pour l'*Obermann* de M. de Sénancour, pour l'*Adolphe* de Benjamin Constant, et pour une multitude d'autres productions éminentes et parfaitement originales en elles-mêmes, sans compter les imitations plus ou moins remarquables de *Werther*, telles que le *Jacopo Ortis* d'Ugo Foscolo. Mais si les considérations que j'ai émises tout à l'heure sont vraies, une telle comparaison entre *Werther* et les œuvres analogues qui l'ont suivi, même en se restreignant à celles qui ont le plus de rapport avec lui, ne serait rien moins qu'un tableau et une histoire de la littérature européenne depuis près d'un siècle : ce serait la formule générale de cette littérature, donnant à la fois son unité et sa variété, ce qu'il y a de permanent en elle et ce qu'il y a de variable, à savoir la forme que revêt, suivant l'âge de l'auteur, suivant son sexe, son pays, sa position sociale, ses douleurs personnelles, et au milieu des événements généraux et des divers systèmes d'idées qui l'entourent, cette pensée religieuse et irréligieuse à la fois que le dix-huitième siècle a léguée au nôtre comme un funeste et glorieux héritage. Laissons là ce sujet qui demanderait un volume. D'autres questions se présentent. Comment un ouvrage tel que *Werther* a-t-il pu naître en 1774, et quelle valeur artistique et morale a ce roman? Nous nous bornerons à quelques considérations sur ces deux points.

Comment *Werther* et *Faust* ont-ils pu naître en 1774[1], immédiatement après Marivaux et Crébillon fils, et lorsque la littérature française en était à

---

[1] *Faust* ne parut pas précisément cette année, mais Gœthe le composait presque en même temps que *Werther*. Il avait publié l'année précédente *Gœtz de Berlichingen*. Ces trois ouvrages, qui se pressent dans l'esprit de Gœthe âgé de vingt-cinq ans à peine, montrent bien le puissant démon qui l'obsédait alors, et ont entre eux une étroite liaison. Mécontent du présent et ne pouvant se reposer dans aucune croyance, Gœthe se retourne d'abord vers le passé, et il ébauche un modèle de ces créations gothiques que Walter Scott et son école reprendront longtemps après et traiteront avec tant de calme et de froide patience. Mais ce n'est pas là exprimer sa vie; ce n'est là qu'une œuvre de mémoire, pour ainsi dire, et d'érudition. Il tente donc l'art actuel: il se peint lui-même avec toute sa fougue dans *Werther*, et ouvre ainsi à distance la carrière où Byron et tant d'autres doivent le suivre. Cependant, pour ne pas mourir avec son héros, Gœthe se fait une résolution : il sera artiste avant tout. Décomposant alors son âme en deux, c'est-à-dire idéalisant en deux personnages l'esprit du bien et l'esprit du mal, l'esprit qui en lui cherche l'avenir et l'esprit qui lui dit que ses espérances sont des rêves, l'esprit qui souffre et qui aime et l'esprit qui n'aime pas, il place Méphistophélès à côté de Faust, et son œuvre principale fut terminée. (Voyez la traduction des *Deux Faust*, de M. Henri Blaze, qui fait partie de cette collection.)

Marmontel, à La Harpe et à Florian ? On dira peut-être que, Gœthe étant Allemand, il n'y a aucune raison de comparer ce qui se faisait alors en Allemagne avec ce qui se faisait en France. Mais c'est une erreur de s'imaginer que Gœthe ne relève que de son pays : le développement de Gœthe appartient à la France comme à l'Allemagne. Il suffit de jeter les yeux sur ses *Mémoires* pour en être convaincu.

La vérité, c'est que Gœthe s'est formé entre la France et l'Allemagne, participant des deux, et recevant ainsi une double impulsion ; et c'est cette double impulsion qui a produit *Werther*.

Gœthe, dans ses *Mémoires*, s'est attaché avec un soin minutieux à expliquer comment il fit *Werther* avec sa propre vie, avec ses amours, avec ses douleurs, avec son sang, pour ainsi dire. On dirait, tant il sentait que toute son œuvre était là en germe, qu'il n'a songé à écrire ses *Mémoires* que pour cette explication, par laquelle il termine une confession qu'il n'a jamais continuée au delà. Il raconte donc une multitude de faits personnels, pour montrer comment de toute son existence sortit un jour *Werther*, écrit (ce sont ses expressions) dans une sorte de somnambulisme. Mais, malgré toutes ces curieuses révélations, il nous semble que Gœthe ne donne pas de *Werther* la grande et simple explication qui se présente tout naturellement. Nul homme, quelque force de réflexion intérieure qu'il ait, ne se juge bien lui-même au point de se nommer relativement à l'ordre successif des choses. Gœthe est trop occupé des mille petits accidents intimes de sa vie, de tous les petits ruisseaux qui ont amoncelé peu à peu dans son cœur la source d'où *Werther* a jailli ; il oublie les causes générales et les horizons éloignés d'où ces ruisseaux découlaient. Toute peinture ainsi faite par l'auteur d'un ouvrage, dans le but d'expliquer cet ouvrage, devient personnelle au point de manquer de largeur et de lumière : au lieu de la Providence qui enfante les chefs-d'œuvre de l'esprit humain, on ne découvre plus que le hasard des causes accessoires. L'auteur, étant au centre de sa création, ne voit et ne montre que la pointe des traits qui l'ont frappé : il ne voit souvent pas d'où ces traits sont partis.

La grande cause qui a fait produire *Werther* à Gœthe, c'est cette double impulsion de la France et de l'Allemagne dont nous parlions tout à l'heure ; c'est la lutte dans son esprit de deux puissants génies, venus l'un du Midi, l'autre du Nord.

L'esprit de la réforme du seizième siècle contenait deux tendances différentes : un esprit de liberté et d'examen, un esprit d'enthousiasme et de foi religieuse. La France et le Nord se partagèrent ces deux tendances. L'une produisit à la fin Voltaire ;

l'autre, après Milton, enfanta Klopstock. Un génie intermédiaire, et qui participe des deux tendances, c'est Rousseau.

Si l'on devait rattacher plus particulièrement *Werther* à quelque autre œuvre antérieure, il est évident qu'il faudrait nommer l'*Héloïse* de Rousseau et les six premiers livres des *Confessions*. Gœthe devait le savoir : est-ce donc l'orgueil qui lui a fait passer sous silence, dans ses *Mémoires*, l'impression que fit sur lui Rousseau, tandis qu'il s'étend avec tant de complaisance sur la réaction que produisirent dans son esprit les livres athées et antipoétiques du dix-huitième siècle ?

Gœthe, qui apprit le français en même temps que sa langue maternelle ; qui, à dix ou douze ans, pendant l'occupation que les Français firent de Francfort, assistait tous les soirs aux représentations des drames français, et faisait lui-même, à cet âge, génie précoce qu'il était, des pièces écrites en français ; qui, durant toute son éducation, achevée en France, lut et dévora avidement tous les écrits de la France ; Gœthe, dis-je, appartient par mille liens à l'esprit général de la France et du dix-huitième siècle.

Mais, par son éducation protestante, si soignée et si savante, il appartenait aussi à la patrie de Leibnitz, à un pays qui, ayant abordé, dans l'époque antérieure, sous la forme théologique du moyen âge, tous les grands problèmes de la religion, de la morale et de la société, s'était arrêté à certaines solutions, et n'avait pas voulu aller plus loin; qui n'avait pas pu faire deux révolutions coup sur coup, et qui, s'étant fait protestant, était resté chrétien.

Au fond, l'esprit de la réforme, soit qu'il conduisît à l'incrédulité, soit qu'il s'arrêtât dans certaines limites, était un esprit sublime, un esprit d'enthousiasme et de foi. Il y a de l'enthousiasme, il y a de la foi jusque dans le sentiment qui a donné naissance aux plus désolantes doctrines du dix-huitième siècle.

Mais cet esprit novateur, cet esprit qui renverse toute tradition, toute autorité, et qui cherche, devient nécessairement un esprit de doute et de scepticisme, aussitôt qu'il a passé certaines limites et qu'il ne veut plus connaître de point d'arrêt; et il devient nécessairement un esprit d'athéisme, s'il poursuit encore longtemps sa course sans rencontrer Dieu. C'est ce qui était arrivé à la France. Tandis que l'Allemagne était restée superstitieuse, la France était devenue athée.

Impuissance donc des deux côtés, c'est-à-dire impuissance de l'esprit de la réforme limité où il s'était limité en Allemagne, et impuissance de cet esprit lancé dans la voie où il s'était lancé en France.

Non, l'esprit de l'Allemagne, l'esprit religieux du protestantisme, abandonné à lui-même, ne pourra conduire l'humanité au but de ses destinées. Il n'y a pas assez d'audace dans cette réforme de Luther, arrêtée où elle s'est arrêtée. Je n'en voudrais qu'une preuve : pourquoi le protestantisme a-t-il abouti d'abord de toutes parts à l'anabaptisme, et comment l'anabaptisme a-t-il été vaincu, sinon par la retraite honteuse à bien des égards de la réforme ? Ne voyez-vous pas que le volcan n'a pas jeté toutes ses flammes, et que cette forme religieuse et sociale que le christianisme protestant a revêtue doit disparaître à son tour ?

Gœthe, élevé entre la France et l'Allemagne, le sent, et il n'ose s'abandonner complétement au génie de son pays. Cette religion arrêtée ne le satisfait pas ; cette société arrêtée également ne contente pas ses désirs. Il porte plus haut sa vue ; il est trop philosophe pour être chrétien et homme de cette façon : il veut, sans oser bien se l'avouer, un autre ciel, une autre terre.

Mais, réciproquement, non, l'esprit de la France, l'esprit irréligieux de la philosophie, livré à lui-même, ne pourra conduire l'humanité au but de ses destinées. Si ce n'est pas le christianisme de Milton ou de Klopstock qui régénérera le monde, ce n'est pas non plus le déisme, ou plutôt l'athéisme de Voltaire qui le sauvera. Où est le ciel avec cet athéisme, et que devient la terre avec lui ?

Gœthe, élevé entre la France et l'Allemagne, sent

cette impuissance de la France comme il sent celle de l'Allemagne, et il s'efforce de faire, dans son cœur et dans sa raison, une réaction contre l'athéisme. Il se trouve donc, lui poëte, entre l'inspiration de Voltaire et celle de Klopstock, entre les deux muses qui ont clos le dix-huitième siècle par une terrible antithèse, *la Messiade* et *la Guerre des Dieux*. D'un côté, l'esprit du matérialisme le pénètre : il est disciple de Voltaire, de Diderot, de Buffon, de tout le dix-huitième siècle ; d'un autre côté, l'esprit mystique qui séduit Lavater, qui illumine Swedenborg, qui inspire Lessing et Jacobi, ne lui est pas étranger.

Voici donc venir du Nord, après Rousseau, un homme qui participe à la fois de l'athéisme et de la religion.

Un tel état de l'âme est une grave, une affreuse maladie, bien que cette maladie vaille mieux que le calme de l'incrédulité pure, ou que le calme de la religiosité du passé. Une dualité douloureuse s'établit dans un homme ainsi placé entre deux aspirations différentes. Il y a deux hommes en lui : si l'un affirme, l'autre nie ; si l'un s'enthousiasme, l'autre sourit ironiquement ; si l'un croit, l'autre se moque de sa crédulité. Que faire quand on en est là, quand on vient à une telle époque? Le plus facile, à coup sûr, c'est de suivre alternativement ou de mêler et de combiner ensemble ces deux aspirations. Alors on est artiste comme le fut Gœthe.

Quand Lavater et Basedow s'enflammaient devant lui, l'un pour sa régénération du christianisme, l'autre pour ses plans philanthropiques, Gœthe écoutait ses amis, et se recueillait dans le doute. Ne pouvant les suivre dans leurs utopies, il songeait, dans sa force, ou, si l'on veut, dans sa faiblesse, à tirer d'eux un utile parti ; avec ces hommes de foi qu'il avait sous les yeux il songeait à faire de l'art ; il ne s'abandonnait pas à leurs idées, il voulait seulement, comme un miroir fidèle, réfléchir leur image : il travaillait à son *Mahomet* [1].

Une telle résolution d'être artiste à tout prix a sa grandeur et sa misère. On le vit bien pour Gœthe.

---

[1] Ce *Mahomet* n'eût pas été celui de Voltaire : il eût été *croyant*, il eût ressemblé en cela au vrai Mahomet. Mais pourquoi Gœthe n'acheva-t-il pas cette œuvre? N'est-ce pas parce que l'incrédulité qui inspira le *Mahomet* de Voltaire était presque aussi profonde chez Gœthe que chez Voltaire? Or, comment combiner ces deux tendances de la religion et de l'irréligion dans un pareil sujet? Ou Mahomet est vraiment inspiré, et alors il faudrait à Gœthe une religion assez vaste pour comprendre Mahomet comme tel ; ou Mahomet est un visionnaire qui mérite plutôt la pitié que l'admiration. Gœthe finit par sentir que ce sujet, comme il l'avait conçu, était au-dessus de ses forces, et il l'abandonna.

Ce projet, que Lavater et Basedow inspirèrent sans le savoir, peint, au surplus, admirablement l'état où était Gœthe. Il a devant lui des chrétiens pleins d'enthousiasme qui veulent faire revivre le christianisme, et il songe à revêtir Mahomet de leurs couleurs. Il soupçonne donc qu'il y a dans Mahomet un côté de vraie religion. Qu'est-ce

Sa grandeur est évidente, mais sa misère ne l'est pas moins. Quand la philosophie du dix-huitième siècle produisit la révolution française, que fit Gœthe, le disciple à demi de cette philosophie? Il ne sentit pas la grandeur de cette révolution, il affecta de ne pas s'en émouvoir : il fut moins grand alors que Schiller.

Et plus tard, dans sa longue carrière, quel mouvement a-t-il donné à sa patrie, aux jours d'action et de péril? L'Allemagne tournait les yeux vers lui : il ne répondait rien, ou il rendait des oracles douteux. Méphistophélès s'était enfermé avec lui dans sa retraite de Weimar, et tenait compagnie à Faust.

Mais, avant de se donner ce caractère d'un artiste

donc alors que la religion? Elle est donc plus vaste que le christianisme! Pour combiner cette conception de Mahomet avec le christianisme, il eût fallu à Gœthe une croyance; il eût fallu qu'il fût plus qu'artiste, il eût fallu qu'il fût philosophe et religieux comme l'avenir le sera.

Au surplus, Gœthe s'est peint lui-même, sous le rapport de ses croyances, dans un passage de ses *Mémoires* : « Lavater, dit-il, « m'ayant à la fin pressé par ce rude dilemme : *Il faut être chrétien* « *ou athée*, je lui déclarai que s'il ne voulait pas me laisser en paix « dans ma croyance chrétienne telle que je me l'étais formée, je ne « verrais pas beaucoup de difficulté à me décider pour ce qu'il appe- « lait l'athéisme, convaincu d'ailleurs comme je l'étais que personne « ne savait précisément quelle croyance méritait l'une ou l'autre qua- « lification. » Malheureusement on ne sait trop non plus ce que c'est que la croyance chrétienne que Gœthe s'était formée : c'était une espèce d'oreiller comme celui de Montaigne.

qui s'attache exclusivement à l'art faute d'une philosophie, et qui, de dessein prémédité, se fait sceptique sans vouloir pourtant souffrir de son scepticisme, Gœthe avait été naturellement ce qu'il se fit plus tard par la réflexion, c'est-à-dire qu'il avait été sceptique, mais avec douleur ; et c'est alors, c'est dans la virginité de son génie qu'il écrivit *Werther*.

Je dirai en peu de mots ce que je sens sur cet ouvrage.

« J'ai vu les mœurs de mon temps, et j'ai publié « ce livre, » écrivait Rousseau en tête de sa *Nouvelle Héloïse*. Quand on compare *Werther* aux mœurs et aux livres de notre époque, on doit le juger excellent. Si la vertu n'y est pas enseignée, l'enthousiasme pour la vertu y respire. J'y trouve trois grands traits, trois traits de la poésie véritable, trois signes d'avenir. J'y trouve le retour à la nature, le sentiment de l'égalité humaine, le sentiment pur de l'amour : ce sont trois traits de Rousseau, qui, comme une image sacrée de l'idéal, ont passé dans l'âme de Gœthe, et y vivaient à l'époque où il fit *Werther*.

La poésie de la nature n'est que le cadre d'un retour vers la religion. Quand les premiers chrétiens s'éloignèrent des idoles et désertèrent les temples des païens, ils n'eurent d'abord pour temple que la voûte du ciel. « A quoi bon des temples pour

« qui conçoit la grandeur et l'unité de Dieu? » disent à chaque instant les premiers Pères. Le christianisme commença par un retour vers la nature. Lisez, dans Minutius Felix, l'admirable entretien d'*Octavius* et de ses amis au bord de la mer, et jugez si le christianisme n'a pas débuté par là. Jésus lui-même, dans l'Évangile, ne vit-il pas dans la retraite, au bord des lacs, au sein des déserts, contemplant la grandeur de Dieu et la misère des hommes?

Ne nous étonnons donc pas que toute la poésie de notre époque se soit réfugiée dans la nature. On s'y réfugie toujours, pour y prendre des consolations ou des inspirations, aux époques de renouvellement. On arrive également là par ce que l'on fuit et par ce que l'on cherche. Le plus grand peintre de la nature chez les anciens, Virgile, a déjà jusqu'à un certain point l'âme chrétienne. De Théocrite à saint Basile, qui aimait tant la nature, il y a cinq siècles où, païens et chrétiens, tout ce qui a une vie de désir se tourne avec passion vers la retraite. Mais à ces époques, voici ce qui arrive : ceux qui se réfugient ainsi dans la nature sans beaucoup songer à l'humanité sont simplement poëtes; ceux qui, au sein de la nature, prient pour l'humanité et s'occupent d'elle, sont poëtes dans un autre sens, dans un sens plus élevé. Ce qui a manqué aux artistes de notre époque, ce qui a manqué à Gœthe, à Byron et à tant d'autres, c'est de joindre au sentiment de la nature un sentiment également vif des destinées de l'humanité. Rousseau, l'initiateur de ce mouvement ; Rousseau, qui fit sortir l'art des maisons et des palais pour l'introduire sur une plus grande scène, et dont la poésie, sous ce rapport, est à la poésie de ses devanciers comme le lac de Genève est aux jardins de Versailles ; Rousseau, dis-je, avait en même temps à un degré supérieur l'idée générale, l'idée philosophique, l'idée sociale. Soit qu'il peigne son homme originel dans la forêt primitive, soit qu'il rêve l'amour au bord du Léman, la nature est un observatoire d'où il pense à l'humanité. Des deux artistes, ses disciples à bien des égards, qui le suivirent immédiatement, Gœthe et Bernardin de Saint-Pierre, ce dernier est celui qui a encore le sentiment le plus vif de l'humanité et de ses destinées générales. Gœthe, entravé, comme je l'ai indiqué, par l'esprit retardataire de son pays, est très-inférieur sur ce point. Il ne se sent, quant au reste des hommes, qu'affranchi et indépendant ; il ne se sent pas relié à eux ; il ne se sent pas citoyen du monde, acteur dans le développement nécessaire et légitime de l'humanité, enchaîné à ses destinées et ayant à cet égard un droit et un devoir. La raison en est simple : la France seule s'était faite initiatrice ; l'Allemagne, au contraire, prétendait à l'immobilité, à la conservation, à la durée ; elle ne permettait à l'idéalisme naissant que d'agiter le cœur et la tête de ses enfants, sans leur laisser croire à l'effet des idées, à l'activité possible, à la réalisation de l'idéal. Gœthe a le défaut de son pays. Sa poésie donc, privée de l'espérance qui s'applique à l'humanité tout entière, tourne à l'individualité et à l'égoïsme. La nature n'est pas pour lui cette retraite où l'âme travaille pour l'humanité. C'est à contempler la nature pour elle-même que l'âme s'applique. Mais la nature, quoiqu'elle se communique à nous, ne peut jamais être en communication directe avec nous. Sa contemplation ainsi dirigée devient donc un tourment pour l'âme, qui cherche toujours son véritable objet, l'homme. Plus le sentiment de la nature est fort, plus ce tourment devient âpre et douloureux. Comment y échapper? par l'amour individuel, ou par cette espèce d'égoïsme qu'on appelle l'art pour l'art. On sent déjà dans Gœthe écrivant *Werther* le Gœthe qui se montra plus tard.

Mais si une large sympathie pour les destinées générales de l'humanité ne se montre pas dans ce livre, ce n'est du moins qu'une lacune ; rien d'hostile aux tendances les plus généreuses que l'esprit humain ait conçues n'y perce jamais. Seulement il faut avouer que le sentiment de l'humanité y est fort peu développé, et que le sentiment de l'égalité ne s'y montre que sous l'aspect révolutionnaire.

Quant à de la sensibilité pour les malheurs individuels des hommes et à ce qu'on nomme de la philanthropie, le cœur de Werther en est plein par moments. Mais ce n'est pas là le sentiment de l'humanité collective; ce n'est pas un attachement sérieux et raisonné aux destinées de l'humanité, une sollicitude inquiète et active en même temps pour tous les hommes en général : c'est de la sensibilité, ce n'est pas de la charité. Ce n'est pas un dogme conçu par la raison, ni rien qui ressemble à un pareil dogme : c'est une émotion, une passion plus ou moins fugitive. Un tel sentiment pour l'humanité, quoique louable en lui-même, n'est capable de donner à notre âme ni force, ni lumière, ni ton, ni harmonie.

Ainsi l'unité de ce qui compose l'état normal de l'homme manque dans ce caractère de Werther, et, par conséquent, la proportion de toutes les parties. Le sentiment de force et d'indépendance, n'étant contre-balancé par rien, devient un orgueil insensé; l'amour devient une fureur; le sentiment de la nature, une rêverie fatigante. Werther s'abîme ainsi au milieu des plus beaux dons qui puissent décorer l'âme humaine.

Mais, malgré cette ruine d'une âme dont les éléments sont sublimes, ces éléments n'en restent pas moins beaux en eux-mêmes. L'indépendance de

Werther, et son besoin d'égalité, qui lui fait fouler aux pieds les vaines distinctions de rang et de naissance, n'en sont pas moins un noble sentiment. L'ardeur de son amour n'en est pas moins une des plus admirables révélations de l'amour que jamais poëte ait écrites.

Les trois grands milieux du cœur de l'homme, la nature, l'humanité, la famille, sont donc sentis dans ce livre, et sentis d'une ardeur pure et sincère, mais isolément sentis. Le lien manque; et comment, je le répète, ne manquerait-il pas? Ce lien, c'est une religion, c'est ce que l'humanité cherche. L'harmonie donc entre ces trois choses, la nature, l'humanité, la famille, n'existe pas pour Werther; et la plus grande de ces trois révélations divines, l'humanité, est aussi celle qui brille le plus faiblement et le plus rarement à ses yeux. Qu'arrive-t-il donc, encore une fois? Werther sent la nature, et par là il se sent artiste, il se sent puissant; mais où tourner cette puissance? que faire de son art, que créer? Créer, c'est aimer : l'amour universel est le grand artiste et le créateur du monde. Werther sent l'amour; mais, en même temps qu'il sent l'amour, il n'en sent que plus faiblement encore l'humanité. Où donc trouverait-il une ancre forte et solide contre les orages de son amour individuel? L'amour de l'humanité à un haut degré et dans un large sens lui faisant défaut, et l'amour individuel se trouvant lui manquer aussi, en apparence par le simple effet d'un hasard, mais en réalité par l'imperfection des choses d'ici-bas, il tombe sous l'empire exclusif de ce sentiment d'artiste qu'il a pour la nature. Il devient, faut-il le dire ? la proie du monde extérieur. Enlevé de terre et sans racines, il est livré aux vents comme les nuages. Le soleil, dans son cours, le gouverne; sa vie dépend de ses rayons : suivant le mois de l'année et le temps qu'il fait, il erre en furieux dans le ciel ou dans l'enfer.

On n'a pas assez remarqué l'admirable symbolisme dont Gœthe a usé dans ce livre. Les dates de ces lettres peuvent leur servir de clef. Chaque lettre répond à la saison où elle est écrite, tant Werther est abandonné à cette force cachée au sein des éléments. D'abord on le voit, au printemps, dans de délicieuses campagnes, tout entier au sentiment de la nature. L'amour le prend alors. Le roman dure deux ans, suivant toujours les vicissitudes des saisons ; et Werther, après avoir passé par l'extrême délire en été, s'affaisse avec l'automne, et se tue en hiver. De là toutes ces images du monde extérieur, introduites si naturellement dans la peinture des sentiments qu'on dirait qu'elles ne font avec elle qu'un seul tissu.

Telle est donc, à notre avis, la borne de ce livre, telles sont sa grandeur et sa limite. Voilà comment il est immoral et impie aux yeux de beaucoup, moral et à un certain degré religieux aux nôtres. A ceux qui le déclarent impie, nous demanderons : En quoi Gœthe, dans *Werther*, a-t-il réellement outragé la foi, l'espérance, la charité ? De quelle confiance sublime déshérite-t-il l'homme dans ce livre ? Tout au plus pourrait-on dire qu'un tel caractère, peint dans toute sa vérité, est immoral à cause de ce qui lui manque, c'est-à-dire parce que Werther ne sait pas transformer en amour plus grand et plus divin cet amour qui le fait mourir. Mais cette exaltation qu'il porte dans le sentiment de la nature et de l'amour, de même que son dégoût pour la société présente, n'ont rien en soi que de louable et de bon.

Madame de Staël se trompe donc lorsqu'elle reproche à Gœthe de s'être passionné et d'avoir passionné ses lecteurs pour le suicide. Le suicide était la conséquence nécessaire de l'élévation relative que Gœthe a donnée à son héros, et de l'impossibilité où il était de lui donner une élévation plus grande. Qui ne voit, en effet, qu'il faudrait à Werther une religion pour remplacer dans son cœur et dans son intelligence la vieille religion dont il est à jamais sorti, et pour le retenir ainsi sur le bord de l'abîme, au nom du devoir ? Celui qui ne sent pas cela ne comprend pas ce livre. Gœthe concevait bien son œuvre de cette façon. Un critique,

Nicolaï, ayant essayé de tourner en ridicule ce dénoûment nécessaire, imagina de refaire l'ouvrage en conservant le commencement et en changeant la fin : Werther, dans ce nouveau plan, ne se tuait pas. « Le pauvre homme, dit Goethe, ne « se doute pas que le mal est sans remède, et qu'un « insecte mortel a piqué dans sa fleur la jeunesse « de Werther. »

Oui, sans doute, nous pressentons aujourd'hui une autre poésie, une poésie qui n'aboutira pas au suicide. Mais ceux qui la feront, cette poésie, ne reculeront pas sur leurs devanciers ; je veux dire qu'ils n'abandonneront pas cette élévation du sentiment et de l'idée, que l'on voudrait vainement flétrir du nom de folle exaltation. Ce n'est pas avec des débris de vieilles idoles, ce n'est pas non plus en aplatissant nos âmes et en vulgarisant nos intelligences qu'ils résoudront ce problème d'une poésie qui, au lieu de nous porter au suicide, nous soutienne dans nos douleurs. Je sais que l'art a tourné aujourd'hui vers un plat servilisme, vers un plat matérialisme ; mais j'aime encore mieux l'art douloureux de Goethe dans *Werther* et dans *Faust*, que cet art qui, pour les jouissances du présent, trahit toutes les espérances de l'humanité et abandonne honteusement l'idéal. Montrez-nous, poëtes, montrez-nous des cœurs aussi fiers, aussi indépendants que celui que Goethe a voulu peindre ! Seulement donnez un but à cette indépendance, et qu'elle devienne ainsi de l'héroïsme. Montrez-nous l'amour aussi ardent, aussi pur que Gœthe l'a peint dans *Werther*; mais que cet amour sache qu'il y a un amour plus grand, dont il n'est qu'un reflet. Montrez-nous, en un mot, dans toutes vos peintures, le salut de la destinée individuelle lié à celui de la destinée universelle. Mais ne tentez pas de rabattre sur cette ardeur de sentiment et sur cette élévation d'intelligence dont vos devanciers vous ont légué des modèles. Avec les Titans de Gœthe ou de Byron faites des hommes, mais ne leur enlevez pas pour cela leur noble caractère!

L'Allemagne regarde Gœthe comme le plus grand artiste de forme des temps modernes; son style, particulièrement dans *Werther*, est considéré comme le type de la perfection classique : et pourtant il a passé longtemps pour certain en France que le style de *Werther* était aussi bizarre, aussi alambiqué, que les sentiments en étaient étranges. C'était apparemment la faute des traducteurs. A cette époque, la poésie de style, la poésie qui vit de figures et de symboles, était fort peu connue chez nous : la manière dont furent reçus les premiers ouvrages de M. de Châteaubriand le prouve assez. Apprenant l'allemand, il y a quelques années, je fus frappé de la clarté de style de ce *Werther* qui m'avait si fort touché dans ma jeunesse. Je traduisis littéralement chaque phrase, et je trouvai qu'il en résultait un français fort correct. La phrase de Goethe, même lorsqu'elle est très-poétique, est aussi claire que celle de Voltaire. C'est ainsi que cette traduction fut écrite. Elle parut en 1829. En la réimprimant aujourd'hui, j'ai dû me demander si ce livre méritait les anathèmes dont on l'a si souvent chargé. Quelque peu de responsabilité qu'on ait à traduire maintenant un ouvrage aussi connu, on doit y songer pourtant. Werther est, sous bien des rapports, comme dit madame de Staël, « un roman sans égal et sans pareil; » c'est une des plus émouvantes compositions de l'art moderne : son effet sur les imaginations jeunes sera donc toujours redoutable ; mais, pour les raisons que je viens de donner, je crois cette lecture plus salutaire à notre époque que dangereuse.

WERTHER

AU LECTEUR.

J'ai rassemblé avec soin tout ce que j'ai pu recueillir de l'histoire du malheureux Werther, et je vous l'offre ici. Je sais que vous m'en remercierez. Vous ne pouvez refuser votre admiration à son esprit, votre amour à son caractère, ni vos larmes à son sort.

Et toi, homme bon, qui souffres du même mal que lui, puise de la consolation dans ses douleurs, et permets que ce petit livre devienne pour toi un ami, si le destin ou ta propre faute ne t'en ont pas laissé un qui soit plus près de ton cœur.

WERTHER

4 mai 1771.

Que je suis aise d'être parti! Ah! mon ami, qu'est-ce que le cœur de l'homme? Te quitter, toi que j'aime, toi dont j'étais inséparable; te quitter et être content! Mais je sais que tu me le pardonnes. Mes autres liaisons ne semblaient-elles pas tout exprès choisies du sort pour tourmenter un cœur comme le mien? La pauvre Léonore! Et pourtant j'étais innocent. Était-ce ma faute, à moi, si, pendant que je ne songeais qu'à m'amuser des attraits piquants de sa sœur, une funeste passion s'allumait dans son sein? Et pourtant suis-je bien innocent? N'ai-je pas nourri moi-même ses sentiments? Ne me suis-je pas souvent plu à ses transports naïfs qui nous ont fait rire tant de fois, quoiqu'ils ne fussent rien moins que risibles? N'ai-je pas... Oh! qu'est-ce que l'homme, pour qu'il ose se plaindre de lui-même ! Cher ami, je te le promets, je me corrigerai ; je ne veux plus, comme je l'ai toujours fait, savourer jusqu'à la moindre goutte d'amertume que nous envoie le sort. Je jouirai du présent, et le passé sera le passé pour moi. Oui sans doute, mon ami, tu as raison ; les hommes auraient des peines bien moins vives si... (Dieu sait pourquoi ils sont ainsi faits...), s'ils n'appliquaient pas toutes les forces de leur imagination à renouveler sans cesse le souvenir de leurs maux, au lieu de se rendre le présent supportable.

Dis à ma mère que je m'occupe de ses affaires, et que je lui en donnerai sous peu des nouvelles. J'ai parlé à ma tante, cette femme que l'on fait si méchante ; il s'en faut bien que je l'aie trouvée telle : elle est vive, irascible même ; mais son cœur est excellent. Je lui ai exposé les plaintes de ma mère sur cette retenue d'une part d'héritage ; de son côté, elle m'a fait connaître ses droits, ses motifs, et les conditions auxquelles elle est prête à nous rendre ce que nous demandons, et même plus que nous ne demandons. Je ne puis aujourd'hui t'en écrire davantage sur ce point : dis à ma mère que tout ira bien. J'ai vu encore une fois, mon ami, dans cette chétive affaire, que les malentendus et l'indolence causent peut-être plus de désordres dans le monde que la ruse et la méchanceté. Ces deux dernières au moins sont assurément plus rares.

Je me trouve très-bien ici. La solitude de ces

célestes campagnes est un baume pour mon cœur, dont les frissons s'apaisent à la douce chaleur de cette saison où tout renaît. Chaque arbre, chaque haie est un bouquet de fleurs; on voudrait se voir changé en papillon pour nager dans cette mer de parfums et y puiser sa nourriture.

La ville elle-même est désagréable; mais les environs sont d'une beauté ravissante. C'est ce qui engagea le feu comte de M... à planter un jardin sur une de ces collines qui se succèdent avec tant de variété et forment des vallons délicieux. Ce jardin est fort simple; on sent dès l'entrée que ce n'est pas l'ouvrage d'un dessinateur savant, mais que le plan en a été tracé par un homme sensible qui voulait y jouir de lui-même. J'ai déjà donné plus d'une fois des larmes à sa mémoire, dans un pavillon en ruines, jadis sa retraite favorite, et maintenant la mienne. Bientôt je serai maître du jardin. Depuis deux jours que je suis ici, le jardinier m'est déjà dévoué, et il ne s'en trouvera pas mal.

10 mai.

Il règne dans mon âme une étonnante sérénité, semblable à la douce matinée de printemps dont je jouis avec délices. Je suis seul, et je goûte le charme de vivre dans une contrée qui fut créée pour des âmes comme la mienne. Je suis si heureux, mon ami, si abîmé dans le sentiment de ma tranquille existence, que mon talent en souffre. Je ne pourrais pas dessiner un trait, et cependant je ne fus jamais plus grand peintre. Quand les vapeurs de la vallée s'élèvent devant moi, qu'au-dessus de ma tête le soleil lance d'aplomb ses feux sur l'impénétrable voûte de l'obscure forêt, et que seulement quelques rayons épars se glissent au fond du sanctuaire ; que, couché sur la terre dans les hautes herbes, près d'un ruisseau, je découvre dans l'épaisseur du gazon mille petites plantes inconnues ; que mon cœur sent de plus près l'existence de ce petit monde qui fourmille parmi les herbes, de cette multitude innombrable de vermisseaux et d'insectes de toutes les formes ; que je sens la présence du Tout-Puissant qui nous a créés à son image, et le souffle du Tout-Aimant qui nous porte et nous soutient flottants sur une mer d'éternelles délices : mon ami, quand le monde infini commence ainsi à poindre devant mes yeux, et que je réfléchis le ciel dans mon cœur comme l'image d'une bien-aimée, alors je soupire et m'écrie en moi-même : « Ah ! si tu pouvais exprimer ce que tu éprouves ! si tu pouvais exhaler et fixer sur le papier cette vie qui coule en toi avec tant d'abondance et de chaleur, en sorte que le papier devienne le miroir de ton âme, comme ton âme est le miroir d'un Dieu infini !... » Mon ami... Mais je sens que je succombe sous la puissance et la majesté de ces apparitions.

12 mai.

Je ne sais si des génies trompeurs errent dans cette contrée, ou si le prestige vient d'un délire céleste qui s'est emparé de mon cœur; mais tout ce qui m'environne a un air de paradis. A l'entrée du bourg est une fontaine, une fontaine où je suis enchaîné par un charme, comme Mélusine et ses sœurs. Au bas d'une petite colline se présente une grotte; on descend vingt marches, et l'on voit l'eau la plus pure filtrer à travers le marbre. Le petit mur qui forme l'enceinte, les grands arbres qui la couvrent de leur ombre, la fraîcheur du lieu, tout cela vous captive, et en même temps vous cause un certain frémissement. Il ne se passe point de jour que je ne me repose là pendant une heure. Les jeunes filles de la ville viennent y puiser de l'eau, occupation paisible et utile que ne dédaignaient pas jadis les filles mêmes des rois. Quand je suis assis là, la vie patriarcale se retrace vivement à ma mémoire. Je pense comment c'était au bord des fontaines que les jeunes gens faisaient connaissance et qu'on arrangeait les mariages, et que toujours autour des puits et des sources erraient des génies bienfaisants. Oh! jamais il ne s'est rafraîchi au bord d'une fontaine après une route pénible sous un soleil ardent, celui qui ne sent pas cela comme je le sens!

13 mai.

Tu me demandes si tu dois m'envoyer mes livres?... Au nom du ciel! mon ami, ne les laisse pas approcher de moi! Je ne veux plus être guidé, excité, enflammé; ce cœur fermente assez de lui-même : j'ai bien plutôt besoin d'un chant qui me berce, et de ceux-là, j'en ai trouvé en abondance dans mon Homère. Combien de fois n'ai-je pas à endormir mon sang qui bouillonne! car tu n'as rien vu de si inégal, de si inquiet que mon cœur. Ai-je besoin de te le dire, à toi qui as souffert si souvent de me voir passer de la tristesse à une joie extravagante, de la douce mélancolie à une passion furieuse? Aussi je traite mon cœur comme un petit enfant malade. Ne le dis à personne, il y a des gens qui m'en feraient un crime.

15 mai.

Les bonnes gens du hameau me connaissent déjà; ils m'aiment beaucoup, surtout les enfants. Il y a peu de jours encore, quand je m'approchais d'eux, et que d'un ton amical je leur adressais quelque question, ils s'imaginaient que je voulais me moquer d'eux, et me quittaient brusquement. Je ne m'en offensai point ; mais je sentis plus vivement la vérité d'une observation que j'avais déjà faite. Les hommes d'un certain rang se tiennent toujours à une froide distance de leurs inférieurs, comme s'ils craignaient de perdre beaucoup en se laissant approcher, et il se trouve des étourdis et des mauvais plaisants qui n'ont l'air de descendre jusqu'au pauvre peuple qu'afin de le blesser encore davantage.

Je sais bien que nous ne sommes pas tous égaux, que nous ne pouvons l'être ; mais je soutiens que celui qui se croit obligé de se tenir éloigné de ce qu'on nomme le peuple, pour s'en faire respecter, ne vaut pas mieux que le poltron qui, de peur de succomber, se cache devant son ennemi.

Dernièrement je me rendis à la fontaine, j'y trouvai une jeune servante qui avait posé sa cruche sur la dernière marche de l'escalier ; elle cherchait des yeux une compagne qui l'aidât à mettre le vase sur sa tête. Je descendis, et la regardai. « Voulez-vous que je vous aide, mademoiselle ? » lui dis-je. Elle devint rouge comme le feu. « Oh ! monsieur, répondit-elle... — Allons, sans façon... » Elle arrangea son coussinet, et j'y posai la cruche. Elle me remercia, et partit aussitôt.

17 mai.

J'ai fait des connaissances de tout genre, mais je n'ai pas encore trouvé de société. Je ne sais ce que je puis avoir d'attrayant aux yeux des hommes ; ils me recherchent, ils s'attachent à moi, et j'éprouve toujours de la peine quand notre chemin nous fait aller ensemble, ne fût-ce que pour quelques instants. Si tu me demandes comment sont les gens de ce pays-ci, je te répondrai : Comme partout. L'espèce humaine est singulièrement uniforme. La plupart travaillent une grande partie du temps pour vivre, et le peu qui leur en reste de libre leur est tellement à charge, qu'ils cherchent tous les moyens possibles de s'en débarrasser. O destinée de l'homme !

Après tout, ce sont de bonnes gens. Quand je m'oublie quelquefois à jouir avec eux des plaisirs qui restent encore aux hommes, comme de s'amuser à causer avec cordialité autour d'une table bien servie, d'arranger une partie de promenade en voiture, ou un petit bal sans apprêts, tout cela produit sur moi le meilleur effet. Mais il ne faut pas qu'il me souvienne alors qu'il y a en moi d'autres facultés qui se rouillent faute d'être employées, et que je dois cacher avec soin. Cette idée serre le cœur. — Et cependant n'être pas compris, c'est le sort de certains hommes.

Ah ! pourquoi l'amie de ma jeunesse n'est-elle plus ! et pourquoi l'ai-je connue ! Je me dirais : Tu es un fou, tu cherches ce qui ne se trouve point ici-bas... Mais je l'ai possédée, cette amie; j'ai senti ce cœur, cette grande âme, en présence de laquelle je croyais être plus que je n'étais, parce que j'étais tout ce que je pouvais être. Grand Dieu ! une seule faculté de mon âme restait-elle alors inactive? Ne pouvais-je pas devant elle développer en entier cette puissance admirable avec laquelle mon cœur embrasse la nature? Notre commerce était un échange continuel des mouvements les plus profonds du cœur, des traits les plus vifs de l'esprit. Avec elle, tout, jusqu'à la plaisanterie mordante, était empreint de génie. Et maintenant... Hélas! les années qu'elle avait de plus que moi l'ont précipitée avant moi dans la tombe. Jamais je ne l'oublierai; jamais je n'oublierai sa fermeté d'âme et sa divine indulgence.

Je rencontrai, il y a quelques jours, le jeune V... Il a l'air franc et ouvert, sa physionomie est fort heureuse. Il sort de l'université; il ne se croit pas précisément un génie, mais il est au moins bien persuadé qu'il en sait plus qu'un autre. On voit, en effet, qu'il a travaillé; en un mot, il possède un certain fonds de connaissances. Comme il avait appris que je dessine et que je sais le grec (deux phénomènes dans ce pays), il s'est attaché à mes pas. Il m'étala tout son savoir depuis Batteux jusqu'à Wood, depuis de Piles jusqu'à Winckelmann; il m'assura qu'il avait lu en entier le premier volume de la théorie de Sulzer, et qu'il possédait un manuscrit de Heyne sur l'étude de l'antique. Je l'ai laissé dire.

Encore un bien brave homme dont j'ai fait la connaissance, c'est le bailli du prince, personnage franc et loyal. On dit que c'est un plaisir de le voir au milieu de ses enfants : il en a neuf; on fait surtout grand bruit de sa fille aînée. Il m'a invité à l'aller voir; j'irai au premier jour. Il habite à une lieue et demie d'ici, dans un pavillon de chasse du prince; il obtint la permission de s'y retirer après la mort de sa femme, le séjour de la ville et de sa maison lui étant devenu trop pénible.

Du reste, j'ai trouvé sur mon chemin plusieurs caricatures originales. Tout en elles est insupportable, surtout leurs marques d'amitié.

Adieu. Cette lettre te plaira; elle est tout historique.

22 mai.

La vie humaine est un songe : d'autres l'ont dit avant moi, mais cette idée me suit partout. Quand je considère les bornes étroites dans lesquelles sont circonscrites les facultés de l'homme, son activité et son intelligence; quand je vois que nous épuisons toutes nos forces à satisfaire des besoins, et que ces besoins ne tendent qu'à prolonger notre misérable existence ; que notre tranquillité sur bien des questions n'est qu'une résignation fondée sur des rêves, semblable à celle de prisonniers qui auraient couvert de peintures variées et de riantes perspectives les murs de leur cachot; tout cela, mon ami, me rend muet. Je rentre en moi-même, et j'y trouve un monde, mais plutôt en pressentiments et en sombres désirs qu'en réalité et en action; et alors tout vacille devant moi, et je souris, et je m'enfonce plus avant dans l'univers en rêvant toujours. Que chez les enfants tout soit irréflexion, c'est ce que tous les pédagogues ne cessent de répéter; mais que les hommes faits soient de grands enfants qui se traînent en chancelant sur ce globe, sans savoir non plus d'où ils viennent et où ils vont ; qu'ils n'aient point de but plus certain dans leurs actions, et qu'on les gouverne de même avec du biscuit, des gâteaux et des verges, c'est ce que personne ne voudra croire ; et, à mon avis, il n'est point de vérité plus palpable.

Je t'accorde bien volontiers (car je sais ce que tu vas me dire) que ceux-là sont les plus heureux qui, comme les enfants, vivent au jour la journée, promènent leur poupée, l'habillent, la déshabillent, tournent avec respect devant le tiroir où la maman renferme ses dragées, et, quand elle leur en donne, les dévorent avec avidité, et se mettent à crier : *Encore !...* Oui, voilà de fortunées créatures ! Heureux aussi ceux qui donnent un titre imposant à leurs futiles travaux ou même à leurs extravagances, et les passent en compte au genre humain comme des œuvres gigantesques entreprises pour son salut et sa prospérité ! Grand bien leur fasse, à ceux qui peuvent penser et agir ainsi ! Mais celui qui reconnaît avec humilité où tout cela vient aboutir ; qui voit comme ce petit bourgeois décore son petit jardin et en fait un paradis, et comme ce malheureux, sous le fardeau qui l'accable, se traîne sur le chemin sans se rebuter, tous deux également intéressés à contempler une minute de plus la lumière du ciel ; celui-là, dis-je, est tranquille : il bâtit aussi un monde en lui-même ; il est heureux aussi d'être homme ; quelque bornée que soit sa puissance, il entretient dans son cœur le doux sentiment de la liberté ; il sait qu'il peut quitter sa prison quand il lui plaira.

26 mai.

Tu connais d'ancienne date ma manière de m'arranger ; tu sais comment, quand je rencontre un lieu qui me convient, je me fais aisément un petit réduit où je vis à peu de frais. Eh bien ! j'ai encore trouvé ici un coin qui m'a séduit et fixé.

A une lieue de la ville est un village nommé *Wahlheim*[1]. Sa situation sur une colline est très-belle ; en montant le sentier qui y conduit, on embrasse toute la vallée d'un coup d'œil. Une bonne femme, serviable, et vive encore pour son âge, y tient un petit cabaret où elle vend du vin, de la bière et du café. Mais ce qui vaut mieux, il y a deux tilleuls dont les branches touffues couvrent la petite place devant l'église ; des fermes, des granges, des chaumières forment l'enceinte de cette place. Il est impossible de découvrir un coin plus paisible, plus intime, et qui me convienne autant. J'y fais porter de l'auberge une petite table, une chaise ; et là je prends mon café, je lis mon Homère. La première fois que le hasard me conduisit sous ces tilleuls, l'après-midi d'une belle journée, je trouvai la place entièrement solitaire ; tout le monde était aux champs ; il n'y avait qu'un petit garçon de quatre ans assis à terre, ayant entre ses jambes un enfant de six mois, assis de même, qu'il soutenait de ses petits bras contre sa poitrine,

---

[1] Nous prions le lecteur de ne point se donner de peine pour chercher les lieux ici nommés. On s'est vu obligé de changer les véritables noms qui se trouvaient dans l'original.

de manière à lui servir de siége. Malgré la vivacité de ses yeux noirs, qui jetaient partout de rapides regards, il se tenait fort tranquille. Ce spectacle me fit plaisir ; je m'assis sur une charrue placée vis-à-vis, et me mis avec délices à dessiner cette attitude fraternelle. J'y ajoutai un bout de haie, une porte de grange, quelques roues brisées, pêle-mêle, comme tout cela se rencontrait ; et au bout d'une heure, je me trouvai avoir fait un dessin bien composé, vraiment intéressant, sans y avoir rien mis du mien. Cela me confirme dans ma résolution de m'en tenir désormais uniquement à la nature : elle seule est d'une richesse inépuisable, elle seule fait les grands artistes. Il y a beaucoup à dire en faveur des règles, comme à la louange des lois de la société. Un homme qui observe les règles ne produira jamais rien d'absurde ou d'absolument mauvais ; de même que celui qui se laissera guider par les lois et les bienséances ne deviendra jamais un voisin insupportable ni un insigne malfaiteur. Mais, en revanche, toute règle, quoi qu'on en dise, étouffera le vrai sentiment de la nature et sa véritable expression. « Cela est trop fort, t'écries-tu ; la règle ne fait que limiter, qu'élaguer les branches gourmandes. » Mon ami, veux-tu que je te fasse une comparaison ? Il en est de ceci comme de l'amour. Un jeune homme se passionne pour une belle ; il coule auprès d'elle toutes les heures de la journée, et prodigue toutes ses facultés, tout ce qu'il possède, pour lui prouver sans cesse qu'il s'est donné entièrement à elle. Survient quelque bon bourgeois, quelque homme en place, qui lui dit : « Mon jeune monsieur, aimer est de l'homme, seulement vous devez aimer comme il sied à un homme. Réglez bien l'emploi de vos instants ; consacrez-en une partie à votre travail et les heures de loisir à votre maîtresse. Consultez l'état de votre fortune : sur votre superflu, je ne vous défends pas de faire à votre amie quelques petits présents ; mais pas trop souvent, tout au plus le jour de sa fête, l'anniversaire de sa naissance, etc. » Notre jeune homme, s'il suit ces conseils, deviendra fort utilisable, et tout prince fera bien de l'employer dans sa chancellerie ; mais c'en est fait alors de son amour, et, s'il est artiste, adieu son talent. O mes amis ! pourquoi le torrent du génie déborde-t-il si rarement ? pourquoi si rarement soulève-t-il ses flots et vient-il secouer vos âmes léthargiques ? Mes chers amis, c'est que là-bas sur les deux rives habitent des hommes graves et réfléchis dont les maisonnettes, les petits bosquets, les planches de tulipes et les potagers seraient inondés ; et à force d'opposer des digues au torrent et de lui faire des saignées, ils savent prévenir le danger qui les menace.

27 mai.

Je me suis perdu, à ce que je vois, dans l'enthousiasme, les comparaisons, la déclamation, et, au milieu de tout cela, je n'ai pas achevé de te raconter ce que devinrent les deux enfants. Absorbé dans le sentiment d'artiste qui t'a valu hier une lettre assez décousue, je restai bien deux heures assis sur ma charrue. Vers le soir, une jeune femme tenant un panier à son bras vient droit aux enfants, qui n'avaient pas bougé, et crie de loin : « Philippe, tu es un bon garçon ! » Elle me fait un salut, que je lui rends. Je me lève, m'approche, et lui demande si elle est la mère de ces enfants. Elle me répond que oui, donne un petit pain blanc à l'aîné, prend le plus jeune, et l'embrasse avec toute la tendresse d'une mère. « J'ai donné, me dit-elle, cet enfant à tenir à Philippe, et j'ai été à la ville, avec mon aîné, chercher du pain blanc, du sucre et un poêlon de terre. » Je vis tout cela dans son panier, dont le couvercle était tombé. « Je ferai ce soir une panade à mon petit Jean (c'était le nom du plus jeune). Hier mon espiègle d'aîné a cassé le poêlon en se battant avec Philippe pour le gratin de la bouillie. » Je demandai où était l'aîné ; à peine m'avait-elle répondu qu'il courait après les oies dans le pré, qu'il revint en sautant, et apportant une baguette de noisetier à son frère cadet. Je continuai à m'entretenir avec cette femme ; j'appris qu'elle était fille du maître d'école, et que son mari était allé en Suisse pour recueillir la succession d'un cousin. « Ils ont voulu le tromper, me dit-elle ; ils ne répondaient pas à ses lettres. Eh bien ! il y est allé lui-même. Pourvu qu'il ne lui soit point arrivé d'accident ! Je n'en reçois point de nouvelles. » J'eus de la peine à me séparer de cette femme : je donnai un kreutzer à chacun des deux enfants, et un autre à la mère, pour acheter un pain blanc au petit quand elle irait à la ville, et nous nous quittâmes ainsi.

Mon ami, quand mon sang s'agite et bouillonne, il n'y a rien qui fasse mieux taire tout ce tapage que la vue d'une créature comme celle-ci, qui dans une heureuse paix parcourt le cercle étroit de son existence, trouve chaque jour le nécessaire, et voit tomber les feuilles sans penser à autre chose, sinon que l'hiver approche.

Depuis ce temps, je vais là très-souvent. Les enfants se sont tout à fait familiarisés avec moi. Je leur donne du sucre en prenant mon café ; le soir, nous partageons les tartines et le lait caillé. Tous les dimanches, ils ont leur kreutzer ; et si je n'y suis pas à l'heure de l'église, la cabaretière a ordre de faire la distribution.

Ils ne sont pas farouches, et ils me racontent toutes sortes d'histoires : je m'amuse surtout de leurs petites passions et de la naïveté de leur jalousie quand d'autres enfants du village se rassemblent autour de moi.

J'ai eu beaucoup de peine à rassurer la mère, toujours inquiète de l'idée « qu'ils incommoderaient monsieur. »

30 mai.

Ce que je te disais dernièrement de la peinture peut certainement s'appliquer aussi à la poésie. Il ne s'agit que de reconnaître le beau, et d'oser l'exprimer : c'est, à la vérité, demander beaucoup en peu de mots. J'ai été aujourd'hui témoin d'une scène qui, bien rendue, ferait la plus belle idylle du monde. Mais pourquoi ces mots de poésie, de scène et d'idylle? pourquoi toujours se travailler et se modeler sur des types, quand il ne s'agit que de se laisser aller et de prendre intérêt à un accident de la nature?

Si, après ce début, tu espères du grand et du magnifique, ton attente sera trompée. Ce n'est qu'un simple paysan qui a produit toute mon émotion. Selon ma coutume, je raconterai mal; et je pense que, selon la tienne, tu me trouveras outré. C'est encore Wahlheim, et toujours Wahlheim, qui enfante ces merveilles.

Une société s'était réunie sous les tilleuls pour prendre le café; comme elle ne me plaisait pas, je trouvai un prétexte pour ne point lier conversation.

Un jeune paysan sortit d'une maison voisine, et vint raccommoder quelque chose à la charrue que j'ai dernièrement dessinée. Son air me plut; je l'accostai ; je lui adressai quelques questions sur sa situation, et en un moment la connaissance fut faite d'une manière assez intime, comme il m'arrive ordinairement avec ces bonnes gens. Il me raconta qu'il était au service d'une veuve qui le traitait avec bonté. Il m'en parla tant, et en fit tellement l'éloge, que je découvris bientôt qu'il s'était dévoué à elle de corps et d'âme. « Elle n'est plus

6

jeune, me dit-il ; elle a été malheureuse avec son premier mari, et ne veut point se remarier. » Tout son récit montrait si vivement combien à ses yeux elle était belle, ravissante, à quel point il souhaitait qu'elle voulût faire choix de lui pour effacer le souvenir des torts du défunt, qu'il faudrait te répéter ses paroles mot pour mot, si je voulais te peindre la pure inclination, l'amour et la fidélité de cet homme. Il faudrait posséder le talent du plus grand poëte pour rendre l'expression de ses gestes, l'harmonie de sa voix et le feu de ses regards. Non, aucun langage ne représenterait la tendresse qui animait ses yeux et son maintien ; je ne ferais rien que de gauche et de lourd. Je fus particulièrement touché des craintes qu'il avait que je ne vinsse à concevoir des idées injustes sur ses rapports avec elle, ou à la soupçonner d'une conduite qui ne fût pas irréprochable. Ce n'est que dans le plus profond de mon cœur que je goûte bien le plaisir que j'avais à l'entendre parler des attraits de cette femme qui, sans charmes de jeunesse, le séduisait et l'enchaînait irrésistiblement. De ma vie je n'ai vu désirs plus ardents, accompagnés de tant de pureté ; je puis même le dire, je n'avais jamais imaginé, rêvé cette pureté. Ne me gronde pas si je t'avoue qu'au souvenir de tant d'innocence et d'amour vrai, je me sens consumer, que l'image de cette tendresse me poursuit partout, et que, comme embrasé des mêmes feux, je languis, je me meurs.

Je vais chercher à voir au plus tôt cette femme. Mais non, en y pensant bien, je ferai mieux de l'éviter. Il vaut mieux ne la voir que par les yeux de son amant ; peut-être aux miens ne paraîtrait-elle pas telle qu'elle est à présent devant moi ; et pourquoi me gâter une si belle image?

16 juin.

Pourquoi je ne t'écris pas? tu peux me demander cela, toi qui es si savant! Tu devais deviner que je me trouve bien, et même... Bref, j'ai fait une connaissance qui touche de plus près à mon cœur. J'ai... je n'en sais rien.

Te raconter par ordre comment il s'est fait que je suis venu à connaître une des plus aimables créatures, cela serait difficile. Je suis content et heureux, par conséquent mauvais historien.

Un ange! Fi! chacun en dit autant de la sienne, n'est-ce pas? Et pourtant je ne suis pas en état de t'expliquer combien elle est parfaite, pourquoi elle est parfaite. Il suffit, elle asservit tout mon être.

Tant d'ingénuité avec tant d'esprit! tant de bonté avec tant de force de caractère! et le repos de l'âme au milieu de la vie la plus active!

Tout ce que je dis là d'elle n'est que du verbiage, de pitoyables abstractions qui ne rendent pas un seul de ses traits. Une autre fois... non, pas une autre fois; je vais te le raconter tout de suite. Si je ne le fais pas à l'instant, cela ne se fera jamais : car, entre nous, depuis que j'ai commencé ma lettre, j'ai déjà été tenté trois fois de jeter ma plume et de faire seller mon cheval pour sortir. Cependant je m'étais promis ce matin que je ne sortirais point. A tout moment je vais voir à la fenêtre si le soleil est encore bien haut...

Je n'ai pu résister, il a fallu aller chez elle. Me voilà de retour. Mon ami, je ne me coucherai pas sans t'écrire. Je vais t'écrire tout en mangeant ma beurrée. Quelles délices pour mon âme que de la contempler au milieu du cercle de ses frères et sœurs, ces huit enfants si vifs, si aimables!

Si je continue sur ce ton, tu ne seras guère plus instruit à la fin qu'au commencement. Écoute donc; je vais essayer d'entrer dans les détails.

Je te mandai l'autre jour que j'avais fait la connaissance du bailli S..., et qu'il m'avait prié de l'aller voir bientôt dans son ermitage, ou plutôt dans son petit royaume. Je négligeai son invitation, et je n'aurais peut-être jamais été le visiter, si le hasard ne m'eût découvert le trésor enfoui dans cette tranquille retraite.

Nos jeunes gens avaient arrangé un bal à la campagne, je consentis à être de la partie. J'offris la main à une jeune personne de cette ville, douce, jolie, mais du reste assez insignifiante. Il fut réglé que je conduirais ma danseuse et sa cousine en voiture au lieu de la réunion, et que nous prendrions en chemin Charlotte S... « Vous allez voir une bien jolie personne, » me dit ma compagne quand nous traversions la longue forêt éclaircie qui conduit au pavillon de chasse. « Prenez garde de devenir amoureux! ajouta la cousine. — Pourquoi donc? — Elle est déjà promise à un galant homme que la mort de son père a obligé de s'absenter pour ses affaires, et qui est allé solliciter un emploi important. » J'appris ces détails avec assez d'indifférence.

Le soleil allait bientôt se cacher derrière les collines, quand notre voiture s'arrêta devant la porte de la cour. L'air était lourd ; les dames témoignèrent leur crainte d'un orage que semblaient annoncer les nuages grisâtres et sombres amoncelés sur nos têtes. Je dissipai leur inquiétude en affectant une grande connaissance du temps, quoique je commençasse moi-même à me douter que la fête serait troublée.

J'avais mis pied à terre : une servante qui parut à la porte nous pria d'attendre un instant mademoiselle Charlotte, qui allait descendre. Je traversai la cour pour m'approcher de cette jolie maison ; je montai l'escalier, et en entrant dans la première chambre j'eus le plus ravissant spectacle que j'aie vu de ma vie. Six enfants, de deux ans jusqu'à onze, se pressaient autour d'une jeune fille d'une taille moyenne, mais bien prise. Elle avait une simple robe blanche, avec des nœuds couleur de rose pâle aux bras et au sein. Elle tenait un pain bis, dont elle distribuait des morceaux à chacun, en proportion de son âge et de son appétit. Elle donnait avec tant de douceur, et chacun disait *merci* avec tant de naïveté ! Toutes les petites mains étaient en l'air avant que le morceau fût coupé. A mesure qu'ils recevaient leur souper, les uns s'en allaient en sautant ; les autres, plus posés, se rendaient à la porte de la cour pour voir les belles dames et la voiture qui devait emmener leur chère Lolotte. « Je vous demande pardon, me dit-elle, de vous avoir donné la peine de monter, et je suis fâchée de faire attendre ces dames. Ma toilette et les petits soins du ménage pour le temps de mon absence m'ont fait oublier de donner à goûter aux enfants, et ils ne veulent pas que d'autres que moi leur coupent du pain. » Je lui fis un compliment insignifiant, et mon âme tout entière s'attachait à sa figure, à sa voix, à son maintien. J'eus à peine le temps de me remettre de ma surprise pendant qu'elle courut dans une chambre voisine prendre ses gants et son éventail. Les enfants me regardaient à quelque distance et de côté. J'avançai vers le plus jeune, qui avait une physionomie très-heureuse : il reculait effarouché, quand Charlotte entra, et lui dit : « Louis, donne la main à ton cousin. » Il me la donna d'un air rassuré ; et, malgré son petit nez morveux, je ne pus m'empêcher de l'embrasser de bien bon cœur. » Cousin ! dis-je ensuite en présentant la main à Charlotte, croyez-vous que je sois digne du bonheur de vous être allié ? — Oh ! reprit-elle avec un sourire malin, notre parenté est si étendue, j'ai tant de cousins, et je serais bien fâchée que vous fussiez le moins bon de la famille ! » En partant, elle chargea Sophie, l'aînée après elle et âgée de onze ans, d'avoir l'œil sur les enfants, et d'embrasser le papa quand il reviendrait de sa promenade. Elle dit aux petits : « Vous obéirez à votre sœur Sophie comme à moi-même. » Quelques-uns le promirent ; mais une

petite blondine de six ans dit d'un air capable :
« Ce ne sera cependant pas toi, Lolotte! et nous
aimons bien mieux que ce soit toi. » Les deux
aînés des garçons étaient grimpés derrière la voiture : à ma prière, elle leur permit d'y rester jusqu'à l'entrée du bois, pourvu qu'ils promissent de
ne pas se faire de niches et de se bien tenir.

On se place. Les dames avaient eu à peine le
temps de se faire les compliments d'usage, de se
communiquer leurs remarques sur leur toilette,
particulièrement sur les chapeaux, et de passer
en revue la société qu'on s'attendait à trouver,
lorsque Charlotte ordonna au cocher d'arrêter, et
fit descendre ses frères. Ils la prièrent de leur
donner encore une fois sa main à baiser : l'aîné y
mit toute la tendresse d'un jeune homme de quinze
ans, le second beaucoup d'étourderie et de vivacité. Elle les chargea de mille caresses pour les
petits, et nous continuâmes notre route.

« Avez-vous achevé, dit la cousine, le livre que
je vous ai envoyé? — Non, répondit Charlotte; il
ne me plaît pas; vous pouvez le reprendre. Le précédent ne valait pas mieux. » Je fus curieux de
savoir quels étaient ces livres. A ma grande surprise, j'appris que c'étaient les œuvres de ***[1]. Je
trouvais un grand sens dans tout ce qu'elle disait;
je découvrais, à chaque mot, de nouveaux charmes,

---

[1] Nous nous voyons obligé de supprimer ce passage, afin de ne causer de peine à personne, quelque peu d'importance que puisse attacher un écrivain aux jugements d'une jeune fille et d'un jeune homme à l'esprit aussi inconstant.

de nouveaux rayons d'esprit dans ses traits que semblait épanouir la joie de sentir que je la comprenais.

« Quand j'étais plus jeune, dit-elle, je n'aimais rien tant que les romans. Dieu sait quel plaisir c'était pour moi de me retirer le dimanche dans un coin solitaire pour partager de toute mon âme la félicité ou les infortunes d'une miss Jenny ! Je ne nie même pas que ce genre n'ait encore pour moi quelque charme; mais, puisque j'ai si rarement aujourd'hui le temps de prendre un livre, il faut du moins que celui que je lis soit entièrement de mon goût. L'auteur que je préfère est celui qui me fait retrouver le monde où je vis, et qui peint ce qui m'entoure, celui dont les récits intéressent mon cœur et me charment autant que ma vie domestique, qui, sans être un paradis, est cependant pour moi la source d'un bonheur inexprimable. »

Je m'efforçai de cacher l'émotion que me donnaient ces paroles; je n'y réussis pas longtemps. Lorsque je l'entendis parler avec la plus touchante vérité du *Vicaire de Wakefield* et de quelques autres livres [1], je fus transporté hors de moi, et me mis à lui dire sur ce sujet tout ce que j'avais dans la tête. Ce fut seulement quand Charlotte adressa la parole à nos deux compagnes, que je m'aperçus qu'elles étaient là, les yeux ouverts, comme si elles n'y eussent pas été. La cousine me regarda plus

[1] On a supprimé ici les noms de quelques-uns de nos auteurs : celui qui partage le sentiment de Charlotte à leur égard trouvera leurs noms dans son cœur; les autres n'en ont pas besoin.

d'une fois d'un air moqueur dont je m'embarrassai fort peu.

La conversation tomba sur le plaisir de la danse. « Que cette passion soit un défaut ou non, dit Charlotte, je vous avouerai franchement que je ne connais rien au-dessus de la danse. Quand j'ai quelque chose qui me tourmente, je n'ai qu'à jouer une contredanse sur mon clavecin, d'accord ou non, et tout est dissipé. »

Comme je dévorais ses yeux noirs pendant cet entretien! comme mon âme était attirée sur ses lèvres si vermeilles, sur ses joues si fraîches! comme, perdu dans le sens de ses discours et dans l'émotion qu'ils me causaient, souvent je n'entendais pas les mots qu'elle employait! Tu auras une idée de tout cela, toi qui me connais. Bref, quand nous arrivâmes devant la maison du rendez-vous, quand je descendis de voiture, j'étais comme un homme qui rêve, et tellement enseveli dans le monde des rêveries qu'à peine je remarquai la musique, dont l'harmonie venait au-devant de nous du fond de la salle illuminée.

M. Audran et un certain N... N... (comment retenir tous ces noms?), qui étaient les danseurs de la cousine et de Charlotte, nous reçurent à la portière, s'emparèrent de leurs dames, et je montai avec la mienne.

Nous dansâmes d'abord plusieurs menuets. Je priai toutes les femmes l'une après l'autre, et les plus maussades étaient justement celles qui ne pouvaient se déterminer à donner la main pour en finir. Charlotte et son danseur commencèrent une anglaise, et tu sens combien je fus charmé quand elle vint à son tour figurer avec nous ! Il faut la voir danser ! Elle y est de tout son cœur, de toute son âme ; tout en elle est harmonie ; elle est si peu gênée, si libre, qu'elle semble ne sentir rien au monde, ne penser à rien qu'à la danse ; et sans doute, en ce moment, rien autre chose n'existe plus pour elle.

Je la priai pour la seconde contredanse ; elle accepta pour la troisième, et m'assura avec la plus aimable franchise qu'elle dansait très-volontiers les allemandes. « C'est ici la mode, continua-t-elle, que pour les allemandes chacun conserve la danseuse qu'il amène ; mais mon cavalier valse mal, et il me saura gré de l'en dispenser. Votre dame n'y est pas exercée, elle ne s'en soucie pas non plus. J'ai remarqué, dans les anglaises, que vous valsiez bien : si donc vous désirez que nous valsions ensemble, allez me demander à mon cavalier, et je vais en parler de mon côté à votre dame. » J'acceptai la proposition, et il fut bientôt arrangé que pendant notre valse le cavalier de Charlotte causerait avec ma danseuse.

On commença l'allemande. Nous nous amusâmes d'abord à mille passes de bras. Quelle grâce, que de souplesse dans tous ses mouvements ! Quand on en vint aux valses, et que nous roulâmes les uns autour des autres comme les sphères célestes, il y eut d'abord quelque confusion, peu de danseurs étant au fait. Nous fûmes assez prudents pour attendre qu'ils eussent jeté leur feu ; et les plus gauches ayant renoncé à la partie, nous nous emparâmes du parquet, et reprîmes avec une nouvelle ardeur, accompagnés par Audran et sa danseuse. Jamais je ne me sentis si agile. Je n'étais plus un homme. Tenir dans ses bras la plus charmante des créatures! voler avec elle comme l'orage! voir tout passer, tout s'évanouir autour de soi! sentir!... Wilhelm, pour être sincère, je fis alors le serment qu'une femme que j'aimerais, sur laquelle j'aurais des prétentions, ne valserait jamais qu'avec moi, dussé-je périr! tu me comprends.

Nous fîmes quelques tours de salle en marchant pour reprendre haleine; après quoi elle s'assit. J'allai lui chercher des oranges que j'avais mises en réserve; c'étaient les seules qui fussent restées. Ce rafraîchissement lui fit grand plaisir; mais, à chaque quartier qu'elle offrait, par procédé, à une indiscrète voisine, je me sentais percer d'un coup de stylet.

A la troisième contredanse anglaise, nous étions le second couple. Comme nous descendions la colonne, et que, ravi, je dansais avec elle, enchaîné à son bras et à ses yeux, où brillait le plaisir le plus pur et le plus innocent, nous vînmes figurer devant une femme qui n'était pas de la première jeunesse, mais qui m'avait frappé par son aimable physionomie. Elle regarda Charlotte en souriant, la menaça du doigt, et prononça deux fois en passant le nom d'Albert d'un ton significatif.

« Quel est cet Albert, dis-je à Charlotte, s'il n'y a point d'indiscrétion à le demander? » Elle allait me répondre, quand il fallut nous séparer pour faire la grande chaîne. En repassant devant elle, je crus remarquer une expression pensive sur son front.

« Pourquoi vous le cacherais-je ? me dit-elle en m'offrant la main pour la promenade ; Albert est un galant homme auquel je suis promise. » Ce n'était point une nouvelle pour moi, puisque ces dames me l'avaient dit en chemin ; et pourtant cette idée me frappa comme une chose inattendue, lorsqu'il fallut l'appliquer à une personne que quelques instants avaient suffi pour me rendre si chère. Je me troublai, je brouillai les figures, tout fut dérangé ; il fallut que Charlotte me menât, en me tirant de côté et d'autre ; elle eut besoin de toute sa présence d'esprit pour rétablir l'ordre.

La danse n'était pas encore finie, que les éclairs qui brillaient depuis longtemps à l'horizon, et que j'avais toujours donnés pour des éclairs de chaleur, commencèrent à devenir beaucoup plus forts ; le bruit du tonnerre couvrit la musique. Trois femmes s'échappèrent des rangs, leurs cavaliers les suivirent ; le désordre devint général, et l'orchestre se tut. Il est naturel, lorsqu'un accident ou une terreur subite nous surprend au milieu d'un plaisir, que l'impression en soit plus grande qu'en tout autre temps, soit à cause du contraste, soit parce que tous nos sens, étant vivement éveillés, sont plus susceptibles d'éprouver une émotion forte et rapide. C'est à cela que j'attribue les étranges grimaces que je vis faire à plusieurs femmes. La

plus sensée alla se réfugier dans un coin, le dos
tourné à la fenêtre, et se boucha les oreilles. Une
autre, à genoux devant elle, cachait sa tête dans le
sein de la première. Une troisième, qui s'était
glissée entre les deux, embrassait sa petite sœur
en versant des larmes. Quelques-unes voulaient
retourner chez elles ; d'autres, qui savaient encore
moins ce qu'elles faisaient, n'avaient plus même
assez de présence d'esprit pour réprimer l'audace
de nos jeunes étourdis, qui semblaient fort occupés à intercepter, sur les lèvres des belles éplorées,
les ardentes prières qu'elles adressaient au ciel.
Une partie des hommes étaient descendus pour fu-
mer tranquillement leur pipe ; le reste de la société
accepta la proposition de l'hôtesse, qui s'avisa
fort à propos de nous indiquer une chambre où
il y avait des volets et des rideaux. A peine fûmes-
nous entrés, que Charlotte se mit à former un
cercle de toutes les chaises ; et, tout le monde
s'étant assis à sa prière, elle proposa un jeu.

A ce mot, je vis plusieurs de nos jeunes gens,
dans l'espoir d'un doux gage, se rengorger d'avance
et se donner un air aimable. « Nous allons jouer
à compter, dit-elle ; faites attention ! Je vais tourner toujours de droite à gauche ; il faut que chacun
nomme le nombre qui lui tombe, cela doit aller
comme un feu roulant. Qui hésite ou se trompe
reçoit un soufflet, et ainsi de suite, jusqu'à mille. »
C'était charmant à voir. Elle tournait en rond, le
bras tendu. Un, dit le premier ; deux, le second ;
trois le suivant, etc. Alors elle alla plus vite,

toujours plus vite. L'un manque : paf! un soufflet. Le voisin rit, manque aussi : paf! nouveau soufflet; et elle d'augmenter toujours de vitesse. J'en reçus deux pour ma part, et crus remarquer, avec un plaisir secret, qu'elle me les appliquait plus fort qu'à tout autre. Des éclats de rire et un vacarme universel mirent fin au jeu avant que l'on eût compté jusqu'à mille. Alors les connaissances intimes se rapprochèrent. L'orage était passé. Moi, je suivis Charlotte dans la salle. « Les soufflets, me dit-elle en chemin, leur ont fait oublier le tonnerre et tout. » Je ne pus rien lui répondre. « J'étais une des plus peureuses, continua-t-elle; mais, en affectant du courage pour en donner aux autres, je suis vraiment devenue courageuse. » Nous nous approchâmes de la fenêtre. Le tonnerre se faisait encore entendre dans le lointain; une pluie bienfaisante tombait avec un doux bruit sur la terre; l'air était rafraîchi et nous apportait par bouffées les parfums qui s'exhalaient des plantes. Charlotte était appuyée sur son coude; elle promena ses regards sur la campagne, elle les porta vers le ciel, elle les ramena sur moi, et je vis ses yeux remplis de larmes. Elle posa sa main sur la mienne, et dit : *O Klopstock!* Je me rappelai aussitôt l'ode sublime qui occupait sa pensée, et je me sentis abîmé dans le torrent de sentiments qu'elle versait sur moi en cet instant. Je ne pus le supporter; je me penchai sur sa main, que je baisai en la mouillant de larmes délicieuses, et de nouveau je contemplai ses yeux... Divin Klopstock!

que n'as-tu vu ton apothéose dans ce regard! et moi, puissé-je n'entendre plus de ma vie prononcer ton nom si souvent profané !

19 juin.

Je ne sais plus où dernièrement j'en suis resté de mon récit. Tout ce que je sais, c'est qu'il était deux heures du matin quand je me couchai, et que, si j'avais pu causer avec toi, au lieu d'écrire, je t'aurais peut-être tenu jusqu'au grand jour.

Je ne t'ai pas conté ce qui s'est passé à notre retour du bal ; mais le temps me manque aujourd'hui.

C'était le plus beau lever de soleil ; il était charmant de traverser la forêt humide et les campagnes rafraîchies. Nos deux voisines s'assoupirent. Elle me demanda si je ne voulais pas en faire autant. « De grâce, me dit-elle, ne vous gênez pas pour moi. — Tant que je vois ces yeux ouverts, lui répondis-je (et je la regardai fixement), je ne puis fermer les miens. » Nous tînmes bon jusqu'à sa porte. Une servante vint doucement nous ouvrir, et, sur ses questions, l'assura que son père et les enfants se portaient bien et dormaient encore. Je la quittai en lui demandant la permission de la revoir le jour même ; elle y consentit, et je l'ai revue. Depuis ce temps, soleil, lune, étoiles, peuvent s'arranger à leur fantaisie ; je ne sais plus quand il est jour, quand il est nuit : l'univers autour de moi a disparu.

21 juin.

Je coule des jours aussi heureux que ceux que Dieu réserve à ses élus ; quelque chose qui m'arrive désormais, je ne pourrai pas dire que je n'ai pas connu le bonheur, le bonheur le plus pur de la vie. Tu connais mon Wahlheim, j'y suis entièrement établi ; de là je n'ai qu'une demi-lieue jusqu'à Charlotte ; là je me sens moi-même, je jouis de toute la félicité qui a été donnée à l'homme.

L'aurais-je pensé, quand je prenais ce Wahlheim pour but de mes promenades, qu'il était si près du ciel ? Combien de fois, dans mes longues courses, tantôt du haut de la montagne, tantôt de la plaine au delà de la rivière, ai-je aperçu ce pavillon qui renferme aujourd'hui tous mes vœux !

Cher Wilhelm, j'ai réfléchi sur ce désir de l'homme de s'étendre, de faire de nouvelles découvertes, d'errer çà et là ; et aussi sur ce penchant intérieur à se restreindre volontairement, à se borner, à suivre l'ornière de l'habitude, sans plus s'inquiéter de ce qui est à droite et à gauche.

C'est singulier ! lorsque je vins ici, et que de la colline je contemplai cette belle vallée, comme je me sentis attiré de toutes parts ! Ici le petit bois... ah ! si tu pouvais t'enfoncer sous son ombrage !... Là une cime de montagne... ah ! si de là tu pouvais embrasser la vaste étendue !... Cette chaîne de collines et ces paisibles vallons... oh ! que ne puis-je m'y égarer ! J'y volais et je revenais sans avoir trouvé ce que je cherchais. Il en est de l'éloignement comme de l'avenir : un horizon immense, mystérieux, repose devant notre âme ; le sentiment s'y plonge comme notre œil, et nous aspirons à donner toute notre existence pour nous remplir avec délices d'un seul sentiment grand et majestueux. Nous courons, nous volons ; mais, hélas ! quand nous y sommes, quand le lointain est devenu proche, rien n'est changé, et nous nous retrouvons avec notre misère, avec nos étroites limites ; et de nouveau notre âme soupire après le bonheur qui vient de lui échapper.

Ainsi le plus turbulent vagabond soupire à la fin après sa patrie, et trouve dans sa cabane, auprès de sa femme, dans le cercle de ses enfants, dans les soins qu'il se donne pour leur nourriture, les délices qu'il cherchait vainement dans le vaste monde.

Lorsque, le matin, dès le lever du soleil, je me rends à mon cher Wahlheim ; que je cueille moi-même mes petits pois dans le jardin de mon hôtesse ; que je m'assieds pour les écosser en lisant Homère ; que je choisis un pot dans la petite cuisine ; que je coupe du beurre, mets mes pois au feu, les couvre, et m'assieds auprès pour les remuer de temps en temps, alors je sens vivement comment les fiers amants de Pénélope pouvaient tuer eux-mêmes, dépecer et faire rôtir les bœufs et les pourceaux. Il n'y a rien qui me remplisse d'un sentiment doux et vrai comme ces traits de la vie patriarcale, dont je puis sans affectation, grâce à Dieu, entrelacer ma vie.

Que je suis heureux d'avoir un cœur fait pour

sentir la joie innocente et simple de l'homme qui met sur sa table le chou qu'il a lui-même élevé ! Il ne jouit pas seulement du chou, mais il se représente à la fois la belle matinée où il le planta, les délicieuses soirées où il l'arrosa, et le plaisir qu'il éprouvait chaque jour en le voyant croître.

20 juin.

Avant-hier le médecin vint de la ville voir le bailli. Il me trouva à terre, entouré des enfants de Charlotte. Les uns grimpaient sur moi, les autres me pinçaient ; moi, je les chatouillais, et tous ensemble nous faisions un bruit épouvantable. Le docteur, véritable poupée savante, toujours occupé, en parlant, d'arranger les plis de ses manchettes et d'étaler un énorme jabot, trouva cela au-dessous de la dignité d'un homme sensé. Je m'en aperçus bien à sa mine. Je n'en fus point déconcerté. Je lui laissai débiter les choses les plus profondes, et je relevai le château de cartes que les enfants avaient renversé. Aussi, de retour à la ville, le docteur n'a-t-il pas manqué de dire à qui a voulu l'entendre que les enfants du bailli n'étaient déjà que trop mal élevés ; mais que ce Werther achevait maintenant de les gâter tout à fait.

Oui, mon ami, c'est aux enfants que mon cœur s'intéresse le plus sur la terre. Quand je les examine, et que je vois dans ces petits êtres le germe de toutes les vertus, de toutes les facultés qu'ils auront si grand besoin de développer un jour ;

quand je découvre dans leur opiniâtreté ce qui deviendra constance et force de caractère ; quand je reconnais dans leur pétulance et leurs espiègleries même l'humeur gaie et légère qui les fera glisser à travers les écueils de la vie ; et tout cela si franc, si pur !... alors je répète sans cesse les paroles du Maître : *Si vous ne devenez semblable à l'un d'eux.* Et cependant, mon ami, ces enfants, nos égaux, et que nous devrions prendre pour modèles, nous les traitons comme nos sujets !... Il ne faut pas qu'ils aient des volontés !... N'avons-nous pas les nôtres ? Où donc est notre privilége ? Est-ce parce que nous sommes plus âgés et plus sages ? Dieu du ciel ! tu vois de vieux enfants et de jeunes enfants, et rien de plus ; et depuis longtemps ton Fils nous a fait connaître ceux qui te plaisent davantage. Mais ils croient en lui et ne l'écoutent point (c'est encore là une ancienne vérité), et ils rendent leurs enfants semblables à eux-mêmes, et.... Adieu, Wilhelm ; je ne veux pas radoter davantage là-dessus.

1er juillet.

Tout ce que Charlotte doit être pour un malade, je le sens à mon pauvre cœur, bien plus souffrant que tel qui languit malade dans un lit. Elle va passer quelques jours à la ville, chez une excellente femme qui, d'après l'aveu des médecins, approche de sa fin et, dans ses derniers moments, veut avoir Charlotte auprès d'elle.

J'allai, la semaine dernière, visiter avec elle le

pasteur de Saint-***, petit village situé dans les montagnes, à une lieue d'ici. Nous arrivâmes sur les quatre heures. Elle avait amené sa sœur cadette. Lorsque nous entrâmes dans la cour du presbytère, ombragée par deux gros noyers, nous vîmes le bon vieillard assis sur un banc, à la porte de la maison. Dès qu'il aperçut Charlotte, il sembla reprendre une vie nouvelle; il oublia son bâton noueux, et se hasarda à venir au-devant d'elle. Elle courut à lui, le força de se rasseoir, se mit à ses côtés, lui présenta les salutations de son père, et embrassa son petit garçon, un enfant gâté, quelque malpropre et désagréable qu'il fût. Si tu avais vu comme elle s'occupait du vieillard, comme elle élevait la voix pour se faire entendre de lui, car il est à moitié sourd; comme elle lui racontait la mort subite de jeunes gens robustes; comme elle vantait la vertu des eaux de Carlsbad, en approuvant sa résolution d'y passer l'été prochain; comme elle trouvait qu'il avait bien meilleur visage et l'air plus vif depuis qu'elle ne l'avait vu! Pendant ce temps j'avais rendu mes devoirs à la femme du pasteur. Le vieillard était tout à fait joyeux. Comme je ne pus m'empêcher de louer les beaux noyers qui nous prêtaient un ombrage si agréable, il se mit, quoique avec quelque difficulté, à nous faire leur histoire. « Quant au vieux, dit-il, nous ignorons qui l'a planté : les uns nomment tel pasteur, les autres tel autre. Mais le jeune est de l'âge de ma femme, cinquante ans au mois d'octobre. Son père le planta le matin du jour de sa naissance; elle vint au monde vers le soir. C'était mon prédécesseur. On ne peut dire combien cet arbre lui était cher : il ne me l'est certainement pas moins. Ma femme tricotait, assise sur une poutre au pied de ce noyer, lorsque, pauvre étudiant, j'entrai pour la première fois dans cette cour, il y a vingt-sept ans. » Charlotte lui demanda où était sa fille : on nous dit qu'elle était allée à la prairie, avec M. Schmidt, voir les ouvriers; et le vieillard continua son récit. Il nous conta comment son prédécesseur l'avait pris en affection, comment il plut à la jeune fille, comment il devint d'abord le vicaire du père, et puis son successeur. Il venait à peine de finir son histoire, lorsque sa fille, accompagnée de M. Schmidt, revint par le jardin. Elle fit à Charlotte l'accueil le plus empressé et le plus cordial. Je dois avouer qu'elle ne me déplut pas. C'est une petite brune, vive et bien faite, qui ferait passer agréablement le temps à la campagne. Son amant (car nous donnâmes tout de suite cette qualité à M. Schmidt), homme de bon ton, mais très-froid, ne se mêla point de notre conversation, quoique Charlotte l'y excitât sans cesse. Ce qui me fit le plus de peine, c'est que je crus remarquer, à l'expression de sa physionomie, que c'était plutôt par caprice ou mauvaise humeur que par défaut d'esprit qu'il se dispensait d'y prendre part. Cela devint bientôt plus clair : car, dans un tour de promenade que nous fîmes, Frédérique s'étant attachée à Charlotte, et se trouvant aussi quelquefois seule avec moi, le visage de M. Schmidt, déjà brun naturellement, se couvrit d'une teinte si sombre, qu'il était temps que Charlotte me tirât par le bras et me fît signe d'être moins galant auprès de Frédérique. Rien ne me fait tant de peine que de voir les hommes se tourmenter mutuellement ; mais je souffre surtout quand des jeunes gens à la fleur de l'âge, et dont le cœur serait disposé à s'ouvrir à tous les plaisirs, gâtent par des sottises le peu de beaux jours qui leur sont réservés, sauf à s'apercevoir trop tard de l'irréparable abus qu'ils en ont fait. Cela m'agitait ; et lorsque, le soir, de retour au presbytère, nous prîmes le lait dans la cour, la conversation étant tombée sur les peines et les plaisirs de la vie, je ne pus m'empêcher de saisir cette occasion pour parler de toute ma force contre la mauvaise humeur. « Nous nous plaignons souvent, dis-je, que nous avons si peu de beaux jours et tant de mauvais ; il me semble que la plupart du temps nous nous plaignons à tort. Si notre cœur était toujours ouvert au bien que Dieu nous envoie chaque jour, nous aurions alors assez de force pour supporter le mal quand il se présente. — Mais nous ne sommes pas maîtres de notre humeur, dit la femme du pasteur ; combien elle dépend du corps ! On est triste par tempérament ; et, quand on souffre, rien ne plaît, on est mal partout. » Je lui accordai cela. « Ainsi traitons la mauvaise humeur, continuai-je, comme une maladie, et demandons-nous s'il n'y a point de moyen de guérison. — Oui, dit Charlotte ; et je crois que du moins nous y pouvons beaucoup. Je le sais par expérience. Si quelque chose me tourmente et que je me sente attrister, je cours au jardin : à peine ai-je chanté deux ou trois airs de danse en me promenant, que tout est dissipé. — C'est ce que je voulais dire, repris-je : il en est de la mauvaise humeur comme de la paresse, car c'est une espèce de paresse ; notre nature est fort encline à l'indolence ; et cependant, si nous avons la force de nous évertuer, le travail se fait avec aisance, et nous trouvons un véritable plaisir dans l'activité. » Frédérique m'écoutait attentivement. Le jeune homme m'objecta que l'on n'était pas maître de soi-même, ou que du moins on ne pouvait pas commander à ses sentiments. « Il s'agit ici, répliquai-je, d'un sentiment désagréable dont chacun serait bien aise d'être délivré, et personne ne connaît l'étendue de ses forces avant de les avoir mises à l'épreuve. Assurément un malade consultera tous les médecins, et il ne refusera pas le régime le plus austère, les potions les plus amères, pour recouvrer sa santé si précieuse. » Je vis que le bon vieillard s'efforçait de prendre part à notre discussion ; j'élevai la voix en lui adressant la parole. « On prêche contre tant de vices, lui dis-je ; je ne sache point qu'on se soit occupé, en chaire, de la mauvaise humeur[1]. — C'est aux prédicateurs des villes à le faire, répondit-il ; les gens de la campagne ne connaissent pas l'humeur. Il n'y aurait pourtant pas de mal d'en dire quelque chose de temps en

---

[1] Nous avons maintenant un excellent sermon de Lavater sur ce sujet, parmi ses sermons sur le livre de Jonas.

temps : ce serait une leçon pour nos femmes, au moins, et pour M. le bailli. » Tout le monde rit, il rit lui-même de bon cœur, jusqu'à ce qu'il lui prit une toux qui interrompit quelque temps notre entretien. Le jeune homme reprit la parole : « Vous avez nommé la mauvaise humeur un vice ; cela me semble exagéré. — Pas du tout, lui répondis-je, si ce qui nuit à soi-même et au prochain mérite ce nom. N'est-ce pas assez que nous ne puissions pas nous rendre mutuellement heureux? faut-il encore nous priver les uns les autres du plaisir que chacun peut goûter au fond de son cœur ? Nommez-moi l'homme de mauvaise humeur qui possède assez de force pour la cacher, pour la supporter seul, sans troubler la joie de ceux qui l'entourent. Ou plutôt la mauvaise humeur ne vient-elle pas d'un mécontentement de nous-mêmes, d'un dépit causé par le sentiment du peu que nous valons, auquel se joint l'envie excitée par une folle vanité? Nous voyons des hommes heureux qui ne nous doivent rien de leur bonheur, et cela nous est insupportable. » Charlotte sourit de la vivacité de mes expressions ; une larme que j'aperçus dans les yeux de Frédérique m'excita à continuer. « Malheur à ceux, m'écriai-je, qui se servent du pouvoir qu'ils ont sur un cœur pour lui ravir les jouissances pures qui y germent d'elles-mêmes ! Tous les présents, toutes les complaisances du monde, ne dédommagent pas d'un moment de plaisir empoisonné par le dépit et l'odieuse conduite d'un tyran! »

Mon cœur était plein dans cet instant; mille souvenirs oppressaient mon âme, et les larmes me vinrent aux yeux.

« Si chacun de nous, m'écriai-je, se disait tous les jours : Tu n'as d'autre pouvoir sur tes amis que de leur laisser leurs plaisirs, et d'augmenter leur bonheur en le partageant avec eux. Est-il en ta puissance, lorsque leur âme est agitée par une passion violente, ou flétrie par la douleur, d'y verser une goutte de consolation?

« Et lorsque l'infortunée que tu auras minée dans ses beaux jours succombera enfin à sa dernière maladie; lorsqu'elle sera là, couchée devant toi, dans le plus triste abattement; qu'elle lèvera au ciel des yeux éteints et que la sueur de la mort séchera sur son front; que, debout devant son lit, comme un condamné, tu sentiras que tu ne peux rien faire avec tout ton pouvoir; que tu seras déchiré d'angoisses, et que vainement tu voudras tout donner pour faire passer dans cette pauvre créature mourante un peu de confortation, une étincelle de courage !... »

Le souvenir d'une scène semblable, dont j'ai été témoin, se retraçait à mon imagination dans toute sa force. Je portai mon mouchoir à mes yeux, et je quittai la société. La voix de Charlotte, qui me criait : « Allons, partons ! » me fit revenir à moi. Comme elle m'a grondé en chemin sur l'exaltation que je mets à tout ! que j'en serais victime, que je devais me ménager ! O cher ange ! je veux vivre pour toi.

6 juillet.

Elle est toujours près de sa mourante amie, et toujours la même : toujours cet être bienfaisant, dont le regard adoucit les souffrances et fait des heureux. Hier soir, elle alla se promener avec Marianne et la petite Amélie ; je le savais, je les rencontrai, et nous marchâmes ensemble. Après avoir fait près d'une lieue et demie, nous retournâmes vers la ville, et nous arrivâmes à cette fontaine qui m'était déjà si chère, et qui maintenant me l'est mille fois davantage. Charlotte s'assit sur le petit mur, nous restâmes debout devant elle. Je regardai tout autour de moi, et je sentis revivre en moi le temps où mon cœur était si seul. « Fontaine chérie, dis-je en moi-même, depuis ce temps je ne me repose plus à ta douce fraîcheur, et quelquefois, en passant rapidement près de toi, je ne t'ai pas même regardée ! » Je regardais en bas, et je vis monter la petite Amélie, tenant un verre d'eau avec grande précaution. Je contemplai Charlotte, et sentis tout ce que j'ai placé en elle. Cependant Amélie vint avec son verre ; Marianne voulut le lui prendre. « Non, s'écria l'enfant avec l'expression la plus aimable, non ! c'est à toi, Lolotte, à boire la première. » Je fus si ravi de la vérité, de la bonté avec laquelle elle disait cela, que je ne pus rendre ce que j'éprouvais qu'en prenant la petite dans mes bras, et en l'embrassant avec tant de force qu'elle se mit à pleurer et à crier. « Vous lui avez fait mal, » dit Charlotte. J'étais consterné.

« Viens, Amélie, continua-t-elle en la prenant par la main pour descendre les marches ; lave-toi dans l'eau fraîche, vite, vite : ce ne sera rien. » Je restais à regarder avec quel soin l'enfant se frottait les joues de ses petites mains mouillées, et avec quelle bonne foi elle croyait que cette fontaine merveilleuse enlevait toute souillure, et lui épargnerait la honte de se voir pousser une vilaine barbe. Charlotte avait beau lui dire : « C'est assez, » la petite continuait toujours de se frotter, comme si beaucoup eût dû faire plus d'effet que peu. Je t'assure, Wilhelm, que je n'assistai jamais avec plus de respect à un baptême, et lorsque Charlotte remonta, je me serais volontiers prosterné devant elle, comme devant un prophète qui vient d'effacer les iniquités d'une nation.

Le soir, je ne pus m'empêcher, dans la joie de mon cœur, de raconter cette scène à un homme que je supposais sensible parce qu'il a de l'esprit ; mais je m'adressais bien ! Il me dit que Charlotte avait eu grand tort ; qu'il ne fallait jamais rien faire accroire aux enfants ; que c'était donner naissance à une infinité d'erreurs, et ouvrir la voie à la superstition, contre laquelle il fallait, au contraire, les prémunir de bonne heure. Je me rappelai qu'il avait fait baptiser un de ses enfants il y a huit jours ; je le laissai dire, et dans le fond de mon cœur je restai fidèle à la vérité. Nous devons en user avec les enfants comme Dieu en use avec nous, lui qui ne nous rend jamais plus heureux que lorsqu'il nous laisse errer dans une douce illusion.

8 juillet.

Que l'on est enfant! quel prix on attache à un regard! que l'on est enfant! Nous étions allés à Wahlheim. Les dames étaient en voiture. Pendant la promenade je crus voir dans les yeux noirs de Charlotte... Je suis un fou; pardonne-moi. Il aurait fallu les voir, ces yeux! Pour en finir (car je tombe de sommeil), quand il fallut revenir, les dames montèrent en voiture. Le jeune W..., Selstadt, Audran et moi, nous entourions le carrosse. On causa par la portière avec ces messieurs, qui sont pleins de légèreté et d'étourderie. Je cherchais les yeux de Charlotte. Ah! ils allaient de l'un à l'autre; mais moi, qui étais entièrement, uniquement occupé d'elle, ils ne tombaient pas sur moi! Mon cœur lui disait mille adieux, et elle ne me voyait point! La voiture partit, et une larme vint mouiller ma paupière. Je la suivis des yeux, et je vis sortir par la portière la coiffure de Charlotte; elle se penchait pour regarder. Hélas! était-ce moi? Mon ami, je flotte dans cette incertitude : c'est là ma consolation. Peut-être me cherchait-elle du regard! peut-être! Bonne nuit. Oh! que je suis enfant!

10 juillet.

Quelle sotte figure je fais en société lorsqu'on parle d'elle! Si tu me voyais quand on me demande gravement si elle me plaît! *Plaire!* je hais ce mot à la mort! Quel homme ce doit être que celui à qui Charlotte *plaît*, dont elle ne remplit pas tous les sens et tout l'être ! *Plaire !* Dernièrement quelqu'un me demandait si Ossian me plaisait !

---

11 juillet.

Madame M... est fort mal. Je prie pour sa vie, car je souffre avec Charlotte. Je vois quelquefois Charlotte chez une amie. Elle m'a fait aujourd'hui un singulier récit. Le vieux M... est un vilain avare qui a bien tourmenté sa femme pendant toute sa vie, et qui la tenait serrée de fort près ; elle a cependant toujours su se tirer d'affaire. Il y a quelques jours, lorsque le médecin l'eut condamnée, elle fit appeler son mari en présence de Charlotte, et elle lui parla ainsi : « Il faut que je t'avoue une chose qui, après ma mort, pourrait causer de l'embarras et du chagrin. J'ai conduit jusqu'à présent notre ménage avec autant d'ordre et d'économie qu'il m'a été possible ; mais il faut que tu me pardonnes de t'avoir trompé pendant trente ans. Au commencement de notre mariage, tu fixas une somme très-modique pour la table et les autres dépenses de la maison. Notre ménage devint plus fort, notre commerce s'étendait ; je ne pus jamais obtenir que tu augmentasses en proportion la somme fixée. Tu sais que, dans le temps de nos plus grandes dépenses, tu exigeas qu'elles fussent couvertes avec sept florins par semaine. Je me soumis ; mais chaque semaine je prenais le surplus dans ta caisse, ne craignant pas qu'on soupçonnât la maîtresse de la maison de voler ainsi chez elle. Je n'ai rien dissipé. Pleine de confiance, je serais allée au-devant de l'éternité sans faire cet aveu ; mais celle qui dirigera le ménage après moi n'aurait pu se tirer d'affaire avec le peu que tu lui aurais donné, et tu aurais toujours soutenu que ta première femme n'avait pas eu besoin de plus. »

Je m'entretins avec Charlotte de l'inconcevable aveuglement de l'esprit humain. Il est incroyable qu'un homme ne soupçonne pas quelque dessous de cartes, lorsque avec sept florins on fait face à des dépenses qui doivent monter au double. J'ai cependant connu des personnes qui ne se seraient pas étonnées de voir dans leur maison l'inépuisable cruche d'huile du prophète.

---

15 juillet.

Non, je ne me trompe pas ! je lis dans ses yeux noirs le sincère intérêt qu'elle prend à moi et à mon sort. Oui, je sens, et là-dessus je puis m'en rapporter à mon cœur, je sens qu'elle... Oh ! l'oserai-je ? oserai-je prononcer ce mot qui vaut le ciel ?... Elle m'aime !

Elle m'aime ! combien je me deviens cher à moi-même ! combien... j'ose te le dire à toi, tu m'entendras... combien je m'adore depuis qu'elle m'aime !

Est-ce présomption, témérité, ou ai-je bien le

sentiment de ma situation?... Je ne connais pas l'homme que je craignais de rencontrer dans le cœur de Charlotte ; et pourtant, lorsqu'elle parle de son prétendu avec tant de chaleur, avec tant d'affection, je suis comme celui à qui l'on enlève ses titres et ses honneurs, et qui est forcé de rendre son épée.

16 juillet.

Oh ! quel feu court dans toutes mes veines lorsque par hasard mon doigt touche le sien, lorsque nos pieds se rencontrent sous la table ! Je me retire comme du feu ; mais une force secrète m'attire de nouveau ; il me prend un vertige, le trouble est dans tous mes sens. Ah ! son innocence, la pureté de son âme, ne lui permettent pas de concevoir combien les plus légères familiarités me mettent à la torture ! Lorsqu'en parlant elle pose sa main sur la mienne, que dans la conversation elle se rapproche de moi, que son haleine peut atteindre mes lèvres, alors je crois que je vais m'anéantir, comme si j'étais frappé de la foudre. Et, Wilhelm, si j'osais jamais... cette pureté du ciel, cette confiance ; tu me comprends. Non, mon cœur n'est pas si corrompu ! mais faible ! bien faible ! et n'est-ce pas là de la corruption ?

Elle est sacrée pour moi ; tout désir se tait en sa présence. Je ne sais ce que je suis quand je suis auprès d'elle : c'est comme si mon âme se versait et coulait dans tous mes nerfs. Elle a un air qu'elle joue sur le clavecin avec la suavité d'un ange, si simplement et avec tant d'âme! C'est son air favori, et il me remet de toute peine, de tout trouble, de toute idée sombre, dès qu'elle en joue seulement la première note.

Aucun prodige de la puissance magique que les anciens attribuaient à la musique ne me paraît maintenant invraisemblable : ce simple chant a sur moi tant de puissance! et comme elle sait me le faire entendre à propos, dans des moments où je serais homme à me tirer une balle dans la tête! Alors l'égarement et les ténèbres de mon âme se dissipent, et je respire de nouveau plus librement.

18 juillet.

Wilhelm, qu'est-ce que le monde pour notre cœur sans l'amour? ce qu'une lanterne magique est sans lumière : à peine y introduisez-vous le flambeau, qu'aussitôt les images les plus variées se peignent sur la muraille; et lors même que tout cela ne serait que fantômes, encore ces fantômes font-ils notre bonheur quand nous nous tenons là, éveillés, et que, comme des enfants, nous nous extasions sur ces apparitions merveilleuses. Aujourd'hui je ne pouvais aller voir Charlotte, j'étais emprisonné dans une société d'où il n'y avait pas moyen de m'échapper. Que faire? J'envoyai chez elle mon domestique, afin d'avoir au moins près de moi quelqu'un qui eût approché d'elle dans la journée. Avec quelle impatience j'attendais son retour! avec quelle joie je le revis! Si j'avais osé, je me serais jeté à son cou, et je l'aurais embrassé.

On prétend que la pierre de Bologne, exposée au soleil, se pénètre de ses rayons, et éclaire quelque temps dans la nuit. Il en était ainsi pour moi de ce jeune homme. L'idée que les yeux de Charlotte s'étaient arrêtés sur ses traits, sur ses joues, sur les boutons et le collet de son habit, me rendait tout cela si cher, si sacré! Je n'aurais pas donné ce garçon pour mille écus! sa présence me faisait tant de bien!... Dieu te préserve d'en rire, Wilhelm! Sont-ce là des fantômes? est-ce une illusion que d'être heureux?

19 juillet.

Je la verrai! voilà mon premier mot lorsque je m'éveille, et qu'avec sérénité je regarde le beau soleil levant; je la verrai! Et alors je n'ai plus, pour toute la journée, aucun autre désir. Tout va là, tout s'engouffre dans cette perspective.

20 juillet.

Votre idée de me faire partir avec l'ambassadeur de *** ne sera pas encore la mienne. Je n'aime pas la dépendance, et de plus tout le monde sait que cet homme est des plus difficiles à vivre. Ma mère, dis-tu, voudrait me voir une occupation : cela m'a fait rire. Ne suis-je donc pas occupé à présent? Et, au fond, n'est-ce pas la même chose que je compte des pois ou des lentilles? Tout, dans cette vie, aboutit à des niaiseries; et celui qui, pour plaire aux autres, sans besoin et sans goût, se tue à travailler pour de l'argent, pour des honneurs, ou pour tout ce qu'il vous plaira, est à coup sûr un imbécile.

24 juillet.

Puisque tu tiens tant à ce que je ne néglige pas le dessin, je ferais peut-être mieux de me taire sur ce point que de t'avouer que depuis longtemps je m'en suis bien peu occupé.

Jamais je ne fus plus heureux, jamais ma sensibilité pour la nature, jusqu'au caillou, jusqu'au brin d'herbe, ne fut plus pleine et plus vive; et cependant.... je ne sais comment m'exprimer.... mon imagination est devenue si faible, tout nage et vacille tellement devant mon âme, que je ne puis saisir un contour; mais je me figure que, si j'avais de l'argile ou de la cire, je réussirais mieux. Si cela dure, je prendrai de l'argile et je la pétrirai, dussé-je ne faire que des boulettes.

J'ai commencé déjà trois fois le portrait de Charlotte, et trois fois je me suis fait honte; cela me chagrine d'autant plus qu'il y a peu de temps je réussissais fort bien à saisir la ressemblance. Je me suis donc borné à prendre sa silhouette, et il faudra bien que je m'en contente.

26 juillet.

Oui, chère Charlotte, je m'acquitterai de tout. Seulement donnez-moi plus souvent des commissions; donnez-m'en bien souvent. Je vous prie d'une chose : plus de sable sur les billets que vous m'écrivez ! Aujourd'hui je portai vivement votre lettre à mes lèvres, et le sable craqua sous mes dents.

26 juillet.

Je me suis déjà proposé bien des fois de ne pas la voir si souvent. Mais le moyen de tenir cette résolution ! Tous les jours je succombe à la tentation. Tous les soirs je me dis avec un serment : « Demain tu ne la verras pas; » et lorsque le matin arrive, je trouve quelque raison invincible de la voir; et, avant que je m'en aperçoive, je suis auprès d'elle. Tantôt elle m'a dit le soir : « Vous viendrez demain, n'est-ce pas? » Qui pourrait ne pas y aller? Tantôt elle m'a donné une commission, et je trouve qu'il est plus convenable de lui porter moi-même la réponse. Ou bien, la journée est si belle ! je vais à Wahlheim, et quand j'y suis... il n'y a plus qu'une demi-lieue jusque chez elle ! je suis trop près de son atmosphère... son voisinage m'attire... et m'y voilà encore ! Ma grand'mère nous faisait un conte d'une montagne d'aimant : les vaisseaux qui s'en approchaient trop perdaient tout à coup leurs ferrements, les clous volaient à la montagne, et les malheureux matelots s'abîmaient entre les planches qui croulaient sous leurs pieds.

---

30 juillet.

Albert est arrivé, et moi, je vais partir. Fût-il le meilleur, le plus généreux des hommes, et lors même que je serais disposé à reconnaître sa supériorité sur moi à tous égards, il me serait insupportable de le voir posséder sous mes yeux tant de perfections !... Posséder ! il suffit, mon ami ; le prétendu est arrivé ! C'est un homme honnête et bon, qui mérite qu'on l'aime. Heureusement je n'étais pas présent à sa réception, j'aurais eu le cœur trop déchiré. Il est si bon qu'il n'a pas encore embrassé une seule fois Charlotte en ma présence. Que Dieu l'en récompense ! Rien que le respect qu'il témoigne à cette jeune femme me force à l'aimer. Il semble me voir avec plaisir, et je soupçonne que c'est l'ouvrage de Charlotte, plutôt que l'effet de son propre mouvement : car là-dessus les femmes sont très-adroites, et elles ont raison ; quand elles peuvent entretenir deux adorateurs en bonne intelligence, quelque rare que cela soit, c'est tout profit pour elles.

Du reste, je ne puis refuser mon estime à Albert. Son calme parfait contraste avec ce caractère ardent et inquiet que je ne puis cacher. Il est homme de sentiment, et apprécie ce qu'il possède en Charlotte. Il paraît peu sujet à la mauvaise humeur ; et tu sais que, de tous les défauts des hommes, c'est celui que je hais le plus.

Il me considère comme un homme qui a quelque mérite ; mon attachement pour Charlotte, le vif intérêt que je prends à tout ce qui la touche, augmentent son triomphe, et il l'en aime d'autant plus. Je n'examine pas si quelquefois il ne la tourmente point par quelque léger accès de jalousie : à sa place, j'aurais au moins de la peine à me défendre entièrement de ce démon.

Quoi qu'il en soit, le bonheur que je goûtais près de Charlotte a disparu. Est-ce folie? est-ce stupidité? Qu'importe le nom! la chose parle assez d'elle-même! Avant l'arrivée d'Albert, je savais tout ce que je sais maintenant; je savais que je n'avais point de prétentions à former sur elle, et je n'en formais aucune... j'entends autant qu'il est possible de ne rien désirer à la vue de tant de charmes... Et aujourd'hui l'imbécile s'étonne et ouvre de grands yeux, parce que l'autre arrive en effet et lui enlève la belle.

Je grince les dents, et je m'indigne contre ceux qui peuvent dire qu'il faut que je me résigne, puisque la chose ne peut être autrement... Délivrez-moi de ces automates. Je cours les forêts, et lorsque je reviens près de Charlotte, que je trouve Albert auprès d'elle dans le petit jardin, sous le berceau, et que je me sens forcé de ne pas aller plus loin, je deviens fou à lier, et je fais mille extravagances. « Pour l'amour de Dieu, me disait Charlotte aujourd'hui, je vous en prie, plus de scène comme celle d'hier soir! Vous êtes effrayant quand vous êtes si gai ! » Entre nous, j'épie le moment où les affaires appellent Albert au dehors : aussitôt je suis près d'elle, et je suis toujours content quand je la trouve seule.

8 août.

De grâce, mon cher Wilhelm, ne crois pas que je pensais à toi quand je traitais d'insupportables les hommes qui exigent de nous de la résignation dans les maux inévitables. Je n'imaginais pas, en vérité, que tu pusses être de cette opinion; et pourtant, au fond, tu as raison. Seulement une observation, mon cher. Dans ce monde il est très-rare que tout aille par oui ou par non. Il y a dans les sentiments et la manière d'agir autant de nuances qu'il y a de degrés depuis le nez aquilin jusqu'au nez camus.

Tu ne trouveras donc pas mauvais que, tout en reconnaissant la justesse de ton argument, j'échappe pourtant à ton dilemme.

« *Ou* tu as quelque espoir de réussir auprès de Charlotte, dis-tu, *ou* tu n'en as point. » Bien ! « Dans le premier cas, cherche à réaliser cet espoir et à obtenir l'accomplissement de tes vœux; dans le second, ranime ton courage, et délivre-toi d'une malheureuse passion qui finira par consumer tes forces. » Mon ami, cela est bien dit... et bientôt dit !

Et ce malheureux, dont la vie s'éteint, minée par une lente et incurable maladie, peux-tu exiger de lui qu'il mette fin à ses tourments par un coup de poignard? et le mal qui dévore ses forces ne lui ôte-t-il pas en même temps le courage de s'en délivrer?

Tu pourrais, à la vérité, m'opposer une comparaison du même genre : « Qui n'aimerait mieux se faire amputer un bras que de risquer sa vie par peur et par hésitation? » Je ne sais pas trop... Mais ne nous jetons pas de comparaisons à la tête. En voilà bien assez. Oui, mon ami, il me prend quelquefois un accès de courage exalté, sauvage; et alors... si je savais seulement où... j'irais.

Le même jour, au soir.

Mon journal, que je négligeais depuis quelque temps, m'est tombé aujourd'hui sous la main. J'ai été étonné de voir que c'est bien sciemment que j'ai fait pas à pas tant de chemin. J'ai toujours vu si clairement ma situation! et je n'en ai pas moins agi comme un enfant. Aujourd'hui je vois tout aussi clair, et il n'y a pas plus d'apparence que je me corrige.

10 août.

Je pourrais mener la vie la plus douce, la plus heureuse, si je n'étais pas un fou. Des circonstances aussi favorables que celles où je me trouve se réunissent rarement pour rendre un homme heureux. Tant il est vrai que c'est notre cœur seul qui fait son malheur ou sa félicité... Être membre de la famille la plus aimable; me voir aimé du père comme un fils, des jeunes enfants comme un père; et de Charlotte!... Et cet excellent Albert, qui ne trouble mon bonheur par aucune marque d'humeur, qui m'accueille si cordialement, pour qui je suis, après Charlotte, ce qu'il aime le mieux au monde!... Mon ami, c'est un plaisir de nous entendre lorsque nous nous promenons ensemble, et que nous nous entretenons de Charlotte : on n'a jamais rien imaginé de plus ridicule que notre situation; et cependant dans ces moments plus d'une fois les larmes me viennent aux yeux.

Quand il me parle de la digne mère de Charlotte, quand il me raconte comment, en mourant, elle remit à sa fille son ménage et ses enfants, et lui recommanda sa fille à lui-même; comment dès lors un nouvel esprit anima Charlotte; comment elle est devenue, pour les soins du ménage, et de toute manière, une véritable mère; comment aucun instant ne se passe pour elle sans sollicitude et sans travail, et comment sa vivacité, sa gaieté ne l'ont pourtant jamais quittée;... alors je marche nonchalamment à côté de lui, et je cueille des fleurs sur le chemin; je les réunis soigneusement dans un bouquet, et je les jette dans le torrent, et je les suis de l'œil pour les voir enfoncer petit à petit... Je ne sais si je t'ai écrit qu'Albert restera ici, et qu'il va obtenir de la cour, où il est très-bien vu, un emploi dont le revenu est fort honnête. Pour l'ordre et l'aptitude aux affaires, j'ai rencontré peu de personnes qu'on pût lui comparer.

12 août.

En vérité, Albert est le meilleur homme qui soit sous le ciel. J'ai eu hier avec lui une singulière scène. J'étais allé le voir pour prendre congé de lui, car il m'avait pris fantaisie de faire un tour à cheval dans les montagnes; et c'est même de là que t'écris en ce moment. En allant et venant dans sa chambre, j'aperçus ses pistolets. « Prêtez-moi vos pistolets pour mon voyage, lui dis-je. — Je ne demande pas mieux, répondit-il; mais vous prendrez la peine de les charger, ils ne sont là que pour la forme. » J'en détachai un, et il continua : « Depuis que ma prévoyance m'a joué un si mauvais tour, je ne veux plus rien avoir à démêler avec de pareilles armes. Je fus curieux de savoir ce qui lui était arrivé. « J'étais allé, reprit-il, passer trois mois à la campagne, chez un de mes amis; j'avais une paire de pistolets non chargés, et je dormais tranquille. Un après-dîner que le temps était pluvieux et que j'étais à ne rien faire, je ne sais comment il me vint dans l'idée que nous pourrions être attaqués, que je pourrais avoir besoin de mes pistolets, et que... Vous savez comment cela va. Je les donnai au domestique pour les nettoyer et les charger. Il se mit à badiner avec la servante en cherchant à lui faire peur, et, Dieu sait comment, le pistolet part, la baguette étant encore dans le canon, la baguette va frapper la servante à la main droite et lui fracasse le pouce. J'eus à supporter les cris, les lamentations, et il me fallut encore payer le traitement. Aussi, depuis cette époque, mes armes ne sont-elles jamais chargées. Voyez, mon cher, à quoi sert la prévoyance ! On ne voit jamais le danger. Cependant... » Tu sais que j'aime beaucoup Albert ; mais je n'aime pas ses *cependant* : car n'est-il pas évident que toute règle générale a des exceptions ? Mais telle est la scrupuleuse équité de cet excellent homme : quand il croit avoir avancé quelque chose d'exagéré, de trop général ou de douteux, il ne cesse de limiter, de modifier, d'ajouter ou de retrancher, jusqu'à ce qu'il ne reste plus rien de sa proposition. A cette occasion il se perdit dans son texte. Bientôt je n'entendis plus un mot de ce qu'il disait ; je tombai dans des rêveries ; puis tout à coup je m'appliquai brusquement la bouche du pistolet sur le front, au-dessus de l'œil droit. « Fi ! dit Albert en me reprenant l'arme, que signifie cela ? — Il n'est pas chargé, lui répondis-je. — Et s'il l'était, à quoi bon ! ajouta-t-il avec impatience. Je ne puis concevoir comment un homme peut être assez fou pour se brûler la cervelle ; l'idée seule m'en fait horreur.

— Vous autres hommes, m'écriai-je, vous ne pouvez parler de rien sans dire tout d'abord : *Cela est fou, cela est sage ; cela est bon, cela est mauvais !* Qu'est-ce que cela veut dire ? Avez-vous approfondi les véritables motifs d'une action ? avez-vous démêlé les raisons qui l'ont produite, qui devaient la produire ? Si vous aviez fait cela, vous ne seriez pas si prompts dans vos jugements.

— Vous conviendrez, dit Albert, que certaines

actions sont et restent criminelles, quels qu'en soient les motifs. »

Je haussai les épaules, et je lui accordai ce point. « Cependant, mon cher, continuai-je, il se trouve encore ici quelques exceptions. Sans aucun doute, le vol est un crime ; mais l'homme qui, pour s'empêcher de mourir de faim, lui et sa famille, se laisse entraîner au vol, mérite-t-il la pitié ou le châtiment? Qui jettera la première pierre à l'époux outragé qui, dans sa juste fureur, immole une femme infidèle et son vil séducteur? à cette jeune fille qui, dans un moment de délire, s'abandonne aux charmes entraînants de l'amour? Nos lois mêmes, ces froides pédantes, se laissent toucher et retiennent leurs coups.

— Ceci est autre chose, reprit Albert : car un homme emporté par une passion trop forte perd la faculté de réfléchir, et doit être regardé comme un homme ivre ou comme un insensé.

—Voilà bien mes gens raisonnables ! m'écriai-je en souriant. Passion ! ivresse ! folie ! Hommes moraux ! vous êtes d'une impassibilité merveilleuse. Vous injuriez l'ivrogne, vous vous détournez de l'insensé ; vous passez outre, comme le prêtre, et remerciez Dieu, comme le pharisien, de ce qu'il ne vous a pas faits semblables à l'un d'eux. J'ai été plus d'une fois pris de vin, et souvent mes passions ont approché de la démence, et je ne me repens ni de l'un ni de l'autre ; car j'ai appris à concevoir comment tous les hommes extraordinaires qui ont fait quelque chose de grand, quelque chose qui semblait impossible, ont dû de tout temps être déclarés par la foule ivres et insensés.

« Et, dans la vie ordinaire même, n'est-il pas insupportable d'entendre dire, quand un homme fait une action tant soit peu honnête, noble et inattendue : Cet homme est ivre ou fou ? Rougissez ; car c'est à vous de rougir, vous qui n'êtes ni ivres ni fous !

— Voilà encore de vos extravagances ! dit Albert. Vous exagérez tout ; et, à coup sûr, vous avez ici au moins le tort d'assimiler le suicide, dont il est question maintenant, aux actions qui demandent de l'énergie, tandis qu'on ne peut le regarder que comme une faiblesse : car, de bonne foi, il est plus aisé de mourir que de supporter avec constance une vie pleine de tourments. »

Peu s'en fallut que je ne rompisse l'entretien : car rien ne me met hors des gonds comme de voir quelqu'un venir avec un lieu commun insignifiant, lorsque je parle de cœur. Je me retins cependant : j'avais déjà si souvent entendu ce lieu commun, et je m'en étais indigné tant de fois ! Je lui répliquai avec un peu de vivacité : « Vous appelez cela faiblesse ! Je vous en prie, ne vous laissez pas séduire par l'apparence. Un peuple gémit sous le joug insupportable d'un tyran : oserez-vous l'appeler faible lorsque enfin il se lève et brise ses chaînes ? Cet homme qui voit les flammes menacer sa maison, et dont la frayeur tend tous les muscles, qui enlève aisément des fardeaux que de sang-froid il aurait à peine remués ; cet autre qui, furieux d'un outrage, attaque six hommes et les terrasse, oserez-vous bien les appeler faibles ? Eh ! mon ami, si des efforts sont de la force, comment des efforts extrêmes seraient-ils le contraire ? » Albert me regarda, et dit : « Je vous demande pardon ; mais les exemples que vous venez de citer ne me semblent point applicables ici. — C'est possible, repartis-je ; on m'a déjà souvent reproché que mes raisonnements touchaient au radotage. Voyons donc si nous ne pourrons pas nous représenter d'une autre manière ce qui doit se passer dans l'âme d'un homme qui se détermine à rejeter le fardeau de la vie, ce fardeau si cher à d'autres : car nous n'avons vraiment le droit de juger une chose qu'autant que nous la comprenons.

« La nature humaine a ses bornes, continuai-je ; elle peut jusqu'à un certain point supporter la joie, la peine, la douleur ; ce point passé, elle succombe. La question n'est donc pas de savoir si un homme est faible ou s'il est fort, mais s'il peut soutenir le poids de ses souffrances, qu'elles soient morales ou physiques ; et je trouve aussi étonnant que l'on nomme lâche le malheureux qui se prive de la vie que si l'on donnait ce nom au malade qui succombe à une fièvre maligne.

— Voilà un étrange paradoxe ! s'écria Albert. — Cela est plus vrai que vous ne croyez, répondis-je. Vous conviendrez que nous qualifions de maladie mortelle celle qui attaque le corps avec tant de violence que les forces de la nature sont en partie détruites, en partie affaiblies, en sorte qu'aucune crise salutaire ne peut plus rétablir le cours ordinaire de la vie.

« Eh bien ! mon ami, appliquons ceci à l'esprit. Regardez l'homme dans sa faiblesse ; voyez comme des impressions agissent sur lui, comme des idées se fixent en lui, jusqu'à ce qu'enfin la passion toujours croissante le prive de toute force de volonté, et le perde.

« Et vainement un homme raisonnable et de sang-froid, qui contemplera l'état de ce malheureux, lui donnera-t-il de beaux conseils ; il ne lui sera pas plus utile que l'homme sain ne l'est au malade, à qui il ne saurait communiquer la moindre partie de ses forces. »

J'avais trop généralisé mes idées pour Albert. Je lui rappelai une jeune fille que l'on trouva morte dans l'eau, il y a quelque temps, et je lui répétai son histoire. C'était une bonne créature, tout entière à ses occupations domestiques, travaillant toute la semaine, et n'ayant d'autre plaisir que de se parer le dimanche de quelques modestes atours achetés à grand'peine, d'aller avec ses compagnes se promener aux environs de la ville, ou de danser quelquefois aux grandes fêtes, et qui quelquefois aussi passait une heure de loisir à causer avec une voisine au sujet d'une rixe ou d'une médisance. Enfin la nature lui fait sentir d'autres besoins, qui s'accroissent encore par les flatteries des hommes. Ses premiers plaisirs lui deviennent peu à peu insipides, jusqu'à ce qu'elle rencontre un homme vers lequel un sentiment inconnu l'entraîne irrésistiblement, sur lequel elle fonde toutes ses espérances, pour lequel tout le monde autour d'elle est oublié. Elle ne voit plus, n'entend plus, ne désire plus que lui seul. Comme elle n'est pas corrompue par les frivoles jouissances de la vanité et de la coquetterie, ses désirs vont droit au but : elle veut lui appartenir, elle veut devoir à un lien éternel le bonheur qu'elle cherche et tous les plaisirs après lesquels elle aspire. Des promesses réitérées qui mettent le sceau à toutes ses espérances, de téméraires caresses qui augmentent ses désirs, s'emparent de toute son âme. Elle nage dans un délicieux sentiment d'elle-même, dans un avant-goût de tous les plaisirs ; elle est montée au plus haut ; elle tend enfin ses bras pour embrasser tous ses désirs... Et son amant l'abandonne. La voilà glacée, privée de connaissance, devant un abîme. Tout est obscurité autour d'elle ; aucune perspective, aucune consolation, aucun bon pressentiment : car celui-là l'a délaissée dans lequel seul elle sentait son existence! Elle ne voit point le vaste univers qui est devant elle, ni le nombre de ceux qui pourraient remplacer la perte qu'elle a faite. Aveuglée, accablée de l'excessive peine de son cœur, elle se précipite, pour étouffer tous ses tourments, dans une mort qui tout embrasse et tout termine. Voilà l'histoire de bien des hommes. « Dites-moi, Albert, n'est-ce pas la même marche que celle de la maladie? La nature ne trouve aucune issue pour sortir du labyrinthe des forces déréglées et agissantes en sens contraires, et l'homme doit mourir.

« Malheur à celui qui oserait dire : L'insensée! si elle eût attendu, si elle eût laissé agir le temps, son désespoir se serait calmé; elle aurait trouvé bientôt un consolateur. C'est comme si l'on disait : L'insensé, qui meurt de la fièvre! s'il avait attendu que ses forces fussent revenues, que son sang fût purifié, tout se serait rétabli, et il vivrait encore aujourd'hui. »

Albert, qui ne trouvait point encore cette comparaison frappante, me fit des objections, entre autres celle-ci. Je venais de citer une jeune fille simple et bornée; mais il ne pouvait concevoir comment on excuserait un homme d'esprit, dont les facultés sont plus étendues et qui saisit mieux tous les rapports. « Mon ami, m'écriai-je, l'homme est toujours l'homme; la petite dose d'esprit que l'un a de plus que l'autre fait bien peu dans la balance, quand les passions bouillonnent et que les bornes prescrites à l'humanité se font sentir. Il y a plus... Mais nous en parlerons un autre jour, » lui dis-je en prenant mon chapeau. Oh! mon cœur était si plein! Nous nous séparâmes sans nous être entendus. Il est si rare, dans ce monde, que l'on s'entende!

15 août.

Il est pourtant vrai que rien dans le monde ne nous rend nécessaires aux autres comme l'affection que nous avons pour eux. Je sens que Charlotte serait fâchée de me perdre, et les enfants n'ont d'autre idée que celle de me voir toujours revenir le lendemain. J'étais allé aujourd'hui accorder le clavecin de Charlotte ; je n'ai jamais pu y parvenir, car tous ces espiègles me tourmentaient pour avoir un conte, et Charlotte elle-même décida qu'il fallait les satisfaire. Je leur distribuai leur goûter : ils acceptent maintenant leur pain aussi volontiers de moi que de Charlotte. Je leur contai ensuite la merveilleuse histoire de la princesse servie par des mains enchantées. J'apprends beaucoup à cela, je t'assure, et je suis étonné de l'impression que ces récits produisent sur les enfants. S'il m'arrive d'inventer un incident, et de l'oublier quand je répète le conte, ils s'écrient aussitôt : « C'était autrement la première fois ; » si bien que je m'exerce maintenant à leur réciter chaque histoire comme un chapelet, avec les mêmes inflexions de voix, les mêmes cadences, et sans y rien changer. J'ai vu par là qu'un auteur qui, à une seconde édition, fait des changements à un ouvrage d'imagination, nuit nécessairement à son livre, l'eût-il rendu réellement meilleur. La première impression nous trouve dociles, et l'homme est fait de telle sorte qu'on peut lui persuader les choses les plus extraordinaires ; mais aussi, quand il a accepté une chose, quand il se l'est bien gravée dans la tête, malheur à celui qui voudrait l'effacer et la détruire !

18 août.

Pourquoi faut-il que ce qui fait la félicité de l'homme devienne aussi la source de son malheur ?

Cette ardente sensibilité de mon cœur pour la nature et la vie, qui m'inondait de tant de volupté, qui du monde autour de moi faisait un paradis, me devient maintenant un insupportable bourreau, un mauvais génie qui me poursuit en tous lieux. Lorsque autrefois du haut du rocher je contemplais, par delà le fleuve, la fertile vallée jusqu'à la chaîne de ces collines ; que je voyais tout germer et sourdre autour de moi ; que je regardais ces montagnes couvertes de grands arbres touffus depuis leur pied jusqu'à leur cime, ces vallées ombragées dans tous leurs creux de petits bosquets riants, et comme la tranquille rivière coulait entre les roseaux agités, et réfléchissait le léger nuage que le doux vent du soir promenait sur le ciel en le balançant ; qu'alors j'entendais les oiseaux animer autour de moi la forêt ; que je voyais des millions d'essaims de moucherons danser gaiement dans le dernier rayon rouge du soleil, dont le dernier regard mourant délivrait et faisait sortir de l'herbe le hanneton bourdonnant ; que le bruissement et l'activité autour de moi rappelaient mon attention sur mon rocher, et que la mousse qui arrache à la pierre sa nourriture, et le genêt qui croît le long de l'aride colline de sable, m'indiquaient cette vie intérieure, mystérieuse, toujours active, toute-puissante, qui anime la nature!... comme je faisais entrer tout cela dans mon cœur! Je me sentais comme déifié par ce torrent qui me traversait, et les majestueuses formes du monde infini vivaient et se mouvaient dans mon âme. Je me voyais environné d'énormes montagnes; des précipices étaient devant moi, et des rivières d'orage s'y plongeaient; des fleuves coulaient sous mes pieds, et je voyais, dans les profondeurs de la terre, agir et réagir toutes les forces impénétrables qui créent, et fourmiller sous la terre et sous le ciel les innombrables races des êtres vivants. Tout, tout est peuplé sous mille formes différentes; et puis les hommes, dans leurs petites maisons, iront se confortant et se faisant illusion les uns aux autres, et régneront en idée sur le vaste univers! Pauvre insensé, qui crois tout si peu de chose, parce que tu es si petit! Depuis les montagnes inaccessibles du désert, qu'aucun pied ne toucha, jusqu'au bout de l'océan inconnu, souffle l'esprit de celui qui crée éternellement; et ce souffle réjouit chaque atome qui le sent et qui vit... Ah! pour lors combien de fois j'ai désiré, porté sur les ailes de la grue qui passait sur ma tête, voler au rivage de la mer immense, boire la vie à la coupe écumante de l'infini, et seulement un instant sentir dans l'étroite capacité de mon sein une goutte des délices de l'Être qui produit tout en lui-même et par lui-même!

Mon ami, je n'ai plus que le souvenir de ces heures pour me soulager un peu. Même les efforts que je fais pour me rappeler et rendre ces inexprimables sentiments, en élevant mon âme au-dessus d'elle-même, me font doublement sentir le tourment de la situation où je suis maintenant.

Un rideau funeste s'est tiré devant moi, et le spectacle de la vie infinie s'est métamorphosé pour moi en un tombeau éternellement ouvert. Peut-on dire : « Cela est, » quand tout passe? quand tout, avec la vitesse d'un éclair, roule et passe? quand chaque être conserve si peu de temps la quantité d'existence qu'il a en lui, et est entraîné dans le torrent, submergé, écrasé sur les rochers? Il n'y a point d'instant qui ne te dévore, toi et les tiens; point d'instant que tu ne sois, que tu ne doives être un destructeur. La plus innocente promenade coûte la vie à mille pauvres insectes; un seul de tes pas détruit le pénible ouvrage des fourmis et foule un petit monde dans le tombeau. Ah! ce ne sont pas vos grandes et rares catastrophes, ces inondations, ces tremblements de terre qui engloutissent vos villes, qui me touchent : ce qui me mine le cœur, c'est cette force dévorante qui est cachée dans toute la nature, qui ne produit rien qui ne détruise ce qui l'environne et ne se détruise soi-même... C'est ainsi que j'erre plein de tourments. Ciel, terre, forces actives qui m'environnent, je ne vois rien dans tout cela qu'un monstre toujours dévorant et toujours affamé.

21 août.

Vainement je tends mes bras vers elle, le matin, lorsque je m'éveille d'un pénible rêve; en vain, la nuit, je la cherche à mes côtés, lorsqu'un songe heureux et pur m'a trompé, que j'ai cru que j'étais auprès d'elle sur la prairie, et que je tenais sa main et la couvrais de mille baisers. Ah! lorsque, encore à demi dans l'ivresse du sommeil, je la cherche, et là-dessus me réveille, un torrent de larmes s'échappe de mon cœur, et je pleure, désolé du sombre avenir qui est devant moi.

---

22 août.

Que je suis à plaindre, Wilhelm! j'ai perdu tout ressort, et je suis tombé dans un abattement qui ne m'empêche pas d'être inquiet et agité. Je ne puis rester oisif, et cependant je ne puis rien faire. Je n'ai aucune imagination, aucune sensibilité pour la nature, et les livres m'inspirent du dégoût. Quand nous nous manquons à nous-mêmes, tout nous manque. Je te le jure, cent fois j'ai désiré être un ouvrier, afin d'avoir, le matin en me levant, une perspective, un travail, une espérance. J'envie souvent le sort d'Albert, que je vois enfoncé jusqu'aux yeux dans les parchemins; et je me figure que si j'étais à sa place, je me trouverais heureux. L'idée m'est déjà venue quelquefois de t'écrire et d'écrire au ministre, pour demander cette place près de l'ambassade que, selon toi, on ne me refuserait pas. Je le crois aussi. Le ministre m'a depuis longtemps témoigné de l'affection, et m'a souvent engagé à me vouer à quelque emploi. Il y a telle heure où j'y suis disposé. Mais ensuite, quand je réfléchis, et que je viens à penser à la fable du cheval qui, las de sa liberté, se laisse seller et brider, et que l'on accable de coups et de fatigue, je ne sais plus que résoudre. Eh! mon ami, ce désir de changer de situation ne vient-il pas d'une inquiétude intérieure qui me suivra partout!

28 août.

En vérité, si ma maladie était susceptible de guérison, mes bons amis en viendraient à bout. C'est aujourd'hui l'anniversaire de ma naissance, et de grand matin je reçois un petit paquet de la part d'Albert. La première chose qui frappe mes yeux en l'ouvrant, c'est un nœud de ruban rose que Charlotte avait au sein lorsque je la vis pour la première fois, et que je lui avais souvent demandé depuis. Il y avait aussi deux petits volumes in-12 : c'était l'Homère de Wettstein, édition que j'avais tant de fois désirée, pour ne pas me charger de celle d'Ernesti à la promenade. Tu vois comme ils préviennent mes vœux, comme ils ont ces petites attentions de l'amitié, mille fois plus précieuses que de magnifiques présents par lesquels la vanité de celui qui les fait nous humilie. Je baise ce nœud mille fois, et dans chaque baiser j'aspire et je savoure le souvenir des délices dont me comblèrent ces jours si peu nombreux, si rapides, si irréparables! Cher Wilhelm, il n'est que trop vrai, et je n'en murmure pas, oui, les fleurs de la vie ne sont que des fantômes. Combien se fanent sans laisser

la moindre trace ! combien peu donnent des fruits !
et combien peu de ces fruits parviennent à leur maturité ! Et pourtant il y en a encore assez ; et
même... O mon ami!... pouvons-nous voir des
fruits mûrs, et les dédaigner, et les laisser pourrir
sans en jouir?

Adieu. L'été est magnifique. Je m'établis souvent sur les arbres du verger de Charlotte. Au
moyen d'une longue perche, j'abats les poires les
plus élevées. Elle est au pied de l'arbre, et les reçoit à mesure que je les lui jette.

30 août.

Malheureux ! n'es-tu pas en démence? ne te
trompes-tu pas toi-même? qu'attends-tu de cette
passion frénétique et sans terme? Je n'adresse
plus de vœux qu'à elle seule ; mon imagination ne
m'offre plus d'autre forme que la sienne, et de tout
ce qui m'environne au monde je n'aperçois plus
que ce qui a quelque rapport avec elle. C'est ainsi
que je me procure quelques heures fortunées... jusqu'à ce que, de nouveau, je sois forcé de m'arracher
d'elle. Ah ! Wilhelm, où m'emporte souvent mon
cœur ! Quand j'ai passé, assis à ses côtés, deux ou
trois heures à me repaître de sa figure, de son
maintien, de l'expression céleste de ses paroles ;
que peu à peu tous mes sens s'embrasent, que mes
yeux s'obscurcissent, qu'à peine j'entends encore,
et qu'il me prend un serrement à la gorge, comme
si j'avais là la main d'un meurtrier ; qu'alors mon

cœur, par de rapides battements, cherche à donner du jeu à mes sens suffoqués et ne fait qu'augmenter leur trouble... mon ami, je ne sais souvent pas si j'existe encore...; et si la douleur ne prend pas le dessus, et que Charlotte ne m'accorde pas la misérable consolation de pleurer sur sa main et de dissiper ainsi le serrement de mon cœur, alors il faut que je m'éloigne, que je fuie, que j'aille errer dans les champs, grimper sur quelque montagne escarpée, me frayer une route à travers une forêt sans chemins, à travers les haies qui me blessent, à travers les épines qui me déchirent : voilà mes joies. Alors je me trouve un peu mieux, un peu ! Et quand, accablé de fatigue et de soif, je me vois forcé de suspendre ma course; que, dans une forêt solitaire, au milieu de la nuit, aux rayons de la lune, je m'assieds sur un tronc tortueux pour soulager un instant mes pieds déchirés, et que je m'endors, au crépuscule, d'un sommeil fatigant... O mon ami ! une cellule solitaire, le cilice et la ceinture épineuse seraient des soulagements après lesquels mon âme aspire. Adieu. Je ne vois à tant de souffrance d'autre terme que le tombeau.

3 septembre.

Il faut partir ! Je te remercie, mon ami, d'avoir fixé ma résolution chancelante. Voilà quinze jours que je médite le projet de la quitter. Il faut décidément partir. Elle est encore une fois à la ville, chez une amie, et Albert... et... il faut partir !

10 septembre.

Quelle nuit, Wilhelm! A présent, je puis tout surmonter. Je ne la verrai plus. Oh! que ne puis-je voler à ton cou, mon bon ami, et t'exprimer, par mes transports et par des torrents de larmes, tous les sentiments qui bouleversent mon cœur! Me voici seul : j'ai peine à prendre mon haleine; je cherche à me calmer ; j'attends le matin, et au matin les chevaux seront à ma porte.

Ah! elle dort d'un sommeil tranquille, et ne pense pas qu'elle ne me reverra jamais. Je m'en suis arraché; et, pendant deux heures d'entretien, j'ai eu assez de force pour ne point trahir mon projet. Et, Dieu! quel entretien!

Albert m'avait promis de se trouver au jardin, avec Charlotte, aussitôt après le souper. J'étais sur la terrasse, sous les hauts marronniers, et je regardais le soleil que, pour la dernière fois, je voyais se coucher au delà de la riante vallée et se réfléchir dans le fleuve qui coulait tranquillement. Je m'étais si souvent trouvé à la même place avec elle! nous avions tant de fois contemplé ensemble ce magnifique spectacle! et maintenant... J'allais et venais dans cette allée que j'aimais tant! Un attrait sympathique m'y avait si souvent amené, avant même que je connusse Charlotte! et quelles délices lorsque nous nous découvrîmes réciproquement notre inclination pour ce site, le plus enchanté que j'aie jamais vu! Oui, c'est vraiment un des sites les plus admirables que jamais l'art ait créés. D'abord, entre les marronniers, on a la plus belle vue. Mais je me rappelle, je crois, t'avoir déjà fait cette description ; je t'ai parlé de cette allée où l'on se trouve emprisonné par des murailles de charmilles, de cette allée qui s'obscurcit insensiblement à mesure qu'on approche d'un bosquet à travers lequel elle passe, et qui finit par aboutir à une petite enceinte, où l'on éprouve le sentiment de la solitude. Je sens encore le saisissement qui me prit lorsque, par un soleil de midi, j'y entrai pour la première fois. J'eus un pressentiment vague de félicité et de douleur.

J'étais depuis une demi-heure livré aux douces et cruelles pensées de l'instant qui nous séparerait de celui qui nous réunirait, lorsque je les entendis monter sur la terrasse. Je courus au-devant d'eux ; je lui pris la main avec un saisissement, et je la baisai. Alors la lune commençait à paraître derrière les buissons des collines. Tout en parlant, nous nous approchions insensiblement du cabinet sombre. Charlotte y entra, et s'assit ; Albert se plaça auprès d'elle, et moi de l'autre côté. Mais mon agitation ne me permit pas de rester en place ; je me levai, je me mis devant elle, fis quelques tours, et me rassis : j'étais dans un état violent. Elle nous fit remarquer le bel effet de la lune qui, à l'extrémité de la charmille, éclairait toute la terrasse : coup d'œil superbe, et d'autant plus frappant que nous étions environnés d'une obscurité profonde.

Nous gardâmes quelque temps le silence ; elle

le rompit par ces mots : « Jamais, non, jamais je ne me promène au clair de lune que je ne me rappelle mes parents qui sont décédés, que je ne sois frappée du sentiment de la mort et de l'avenir. Nous renaîtrons (continua-t-elle d'une voix qui exprimait un vif mouvement du cœur); mais, Werther, nous retrouverons-nous? nous reconnaîtrons-nous? Qu'en pensez-vous? — Que dites-vous, Charlotte? répondis-je en lui tendant la main et sentant mes larmes couler. Nous nous reverrons! En cette vie et en l'autre nous nous reverrons!... » Je ne pus en dire davantage... Wilhelm, fallait-il qu'elle me fît une semblable question, au moment même où je portais dans mon sein une si cruelle séparation!

« Ces chers amis que nous avons perdus, continua-t-elle, savent-ils quelque chose de nous? ont-ils le sentiment de tout ce que nous éprouvons lorsque nous nous rappelons leur mémoire? Ah! l'image de ma mère est toujours devant mes yeux, lorsque, le soir, je suis assise tranquillement au milieu de ses enfants, au milieu de mes enfants, et qu'ils sont là autour de moi comme ils étaient autour d'elle. Avec ardeur je lève au ciel mes yeux mouillés de larmes; je voudrais que du ciel elle pût regarder un instant comme je lui tiens la parole que je lui donnai à sa dernière heure d'être la mère de ses enfants. Je m'écrie cent et cent fois : « Pardonne, chère mère, si je ne suis « pas pour eux ce que tu fus toi-même. Hélas! je « fais tout ce que je puis : ils sont vêtus, nourris,

« et, ce qui est plus encore, ils sont choyés,
« chéris. Ame chère et bienheureuse, que ne peux-
« tu voir notre union ! Quelles actions de grâces
« tu rendrais à ce Dieu à qui tu demandas, en ver-
« sant des larmes amères, le bonheur de tes en-
« fants ! » Elle a dit cela, Wilhelm ! Qui peut
répéter ce qu'elle a dit ? Comment de froids caractères pourraient-ils rendre ces effusions de tendresse et de génie ? Albert, l'interrompant avec
douceur : « Cela vous affecte trop, Charlotte ; je
sais combien ces idées vous sont chères ; mais je
vous prie... — O Albert ! interrompit-elle, je sais
que vous n'avez pas oublié ces soirées où nous
étions assis ensemble autour de la petite table
ronde, lorsque mon père était en voyage, et que
nous avions envoyé coucher les enfants. Vous ap-
portiez souvent un bon livre ; mais rarement il vous
arrivait de nous en lire quelque chose : l'entretien
de cette belle âme n'était-il pas préférable à tout ?
Quelle femme ! belle, douce, enjouée et toujours
active ! Dieu connaît les larmes que je verse souvent dans mon lit, en m'humiliant devant lui, pour
qu'il daigne me rendre semblable à ma mère...

— Charlotte ! m'écriai-je en me jetant à ses
pieds et lui prenant la main que je baignai de
mes larmes ; Charlotte, que la bénédiction du ciel
repose sur toi, ainsi que l'esprit de ta mère ! — Si
vous l'aviez connue ! me dit-elle en me serrant la
main. Elle était digne d'être connue de vous. » Je
crus que j'allais m'anéantir ; jamais mot plus grand,
plus glorieux n'a été prononcé sur moi. Elle pour-

suivit : « Et cette femme a vu la mort l'enlever à la fleur de son âge, lorsque le dernier de ses fils n'avait pas encore six mois! Sa maladie ne fut pas longue. Elle était calme, résignée ; ses enfants seuls lui faisaient de la peine, et surtout le petit. Lorsqu'elle sentit venir sa fin, elle me dit : «Amène-les-moi. » Je les conduisis dans sa chambre : les plus jeunes ne connaissaient pas encore la perte qu'ils allaient faire; les autres étaient consternés. Je les vois encore autour de son lit. Elle leva les mains et pria sur eux; elle les baisa les uns après les autres, les renvoya, et me dit : « Sois leur mère! » J'en fis le serment. « Tu me promets
« beaucoup, ma fille, me dit-elle : le cœur d'une
« mère! l'œil d'une mère! Tu sens ce que c'est ;
« les larmes de reconnaissance que je t'ai vue
« verser tant de fois m'en assurent. Aie l'un et
« l'autre pour tes frères et tes sœurs ; et pour ton
« père, la foi et l'obéissance d'une épouse. Tu seras
« sa consolation. » Elle demanda à le voir; il était sorti pour nous cacher la douleur insupportable qu'il sentait. Le pauvre homme était déchiré ! Albert, vous étiez dans la chambre! Elle entendit quelqu'un marcher; elle demanda qui c'était, et vous fit approcher près d'elle. Comme elle nous regarda l'un et l'autre, dans la consolante pensée que nous serions heureux ensemble! Albert la saisit dans ses bras, et l'embrassa en s'écriant : « Nous le sommes ! nous le serons ! » Le flegmatique Albert était tout hors de lui, et moi, je ne me connaissais plus.

« Werther, reprit-elle, cette femme n'est plus !
Dieu ! quand je pense comme on se laisse enlever
ce qu'on a de plus cher dans la vie ! Et personne
ne le sent aussi vivement que les enfants : longtemps encore après, les nôtres se plaignaient que
les hommes noirs avaient emporté maman. »

Elle se leva. Je n'étais plus à moi ; je restais
assis et retenais sa main. « Il faut rentrer, dit-
elle ; il est temps. » Elle voulait retirer sa main ;
je la retins avec plus de force ! « Nous nous reverrons ! m'écriai-je, nous nous reverrons ; sous
quelque forme que ce puisse être, nous nous re-
connaîtrons. Je vais vous quitter, continuai-je, je
vous quitte de mon propre gré ; mais, si je pro-
mettais que ce fût pour toujours, je ne tiendrais
pas mon serment. Adieu, Charlotte ; adieu, Albert.
Nous nous reverrons.— Demain, je pense, » dit-elle
en souriant. Je sentis ce demain ! Ah ! elle ne savait
pas, lorsqu'elle retirait sa main de la mienne...

Ils descendirent l'allée ; je les suivis de l'œil au
clair de la lune. Je me jetai à terre en sanglotant. Je
me relevai, je courus sur la terrasse ; je regardai en
bas, et je vis encore, à la porte du jardin, sa robe
blanche briller dans l'ombre des grands tilleuls ;
j'étendis les bras, et tout disparut.

20 octobre.

Nous sommes arrivés hier. L'ambassadeur est
indisposé, et ne sortira pas de quelques jours. S'il
était seulement plus liant, tout irait bien. Je le

vois, le sort m'a préparé de rudes épreuves! Mais, courage, un esprit léger supporte tout! Un esprit léger! je ris de voir ce mot venir au bout de ma plume. Hélas! un peu de cette légèreté me rendrait l'homme le plus heureux de la terre. Quoi! d'autres, avec très-peu de force et de savoir, se pavanent devant moi, pleins d'une douce complaisance pour eux-mêmes, et moi, je désespère de mes forces et de mes talents! Dieu puissant, qui m'as fait tous ces dons, que n'en as-tu retenu une partie, pour me donner en place la suffisance et la présomption!

Patience, patience, tout ira bien. En vérité, mon ami, tu as raison. Depuis que je suis tous les jours poussé dans la foule, et que je vois ce que sont les autres, je suis plus content de moi-même. Cela devait arriver : car, puisque nous sommes faits de telle sorte que nous comparons tout à nous-mêmes, et nous-mêmes à tout, il s'ensuit que le bonheur ou l'infortune gît dans les objets que nous contemplons, et dès lors il n'y a rien de plus dangereux que la solitude. Notre imagination, portée de sa nature à s'élever, et nourrie de poésie, se crée des êtres dont la supériorité nous écrase; et, quand nous portons nos regards dans le monde réel, tout autre nous paraît plus parfait que nous-mêmes. Et cela est tout naturel : nous sentons si souvent qu'il nous manque tant de choses; et ce qui nous manque, souvent un autre semble le posséder. Nous lui donnons alors tout ce que nous avons nous-mêmes, et encore par-dessus tout cela certaines qualités idéales. C'est ainsi que nous créons nous-mêmes des perfections qui font notre supplice. Au contraire, lorsque, avec toute notre faiblesse, toute notre misère, nous marchons courageusement à un but, nous nous trouvons souvent plus avancés en louvoyant que d'autres en faisant force de voiles et de rames; et... Est-ce pourtant avoir un vrai sentiment de soi-même que de marcher l'égal des autres, ou même de les devancer?

10 novembre.

Je commence à me trouver assez bien ici à certains égards. Le meilleur, c'est que l'ouvrage ne manque pas, et que ce grand nombre de personnages et de nouveaux visages de toute espèce forme une bigarrure qui me distrait. J'ai fait la connaissance du comte de C..., pour qui je sens croître mon respect de jour en jour. C'est un homme d'un génie vaste, et que les affaires n'ont pas rendu insensible à l'amitié et à l'amour. Il s'intéressa à moi, à propos d'une affaire qui me donna l'occasion de l'entretenir. Il remarqua dès les premiers mots que nous nous entendions, et qu'il pouvait me parler comme il n'aurait pas fait avec tout le monde. Aussi je ne puis assez me louer de la manière ouverte dont il en use avec moi. Il n'y a pas au monde de joie plus vraie, plus sensible, que de voir une grande âme qui s'ouvre devant vous.

24 décembre.

L'ambassadeur me tourmente beaucoup ; je l'avais prévu. C'est le sot le plus pointilleux qu'on puisse voir, marchant pas à pas, et minutieux comme une vieille femme. C'est un homme qui n'est jamais content de lui-même, et que personne ne peut contenter. Je travaille assez couramment, et je ne retouche pas volontiers. Il sera homme à me rendre un mémoire, et à me dire : « Il est bien ; mais revoyez-le : on trouve toujours un meilleur mot, une particule plus juste. » Alors je me donnerais au diable de bon cœur. Pas un *et*, pas la moindre conjonction ne peut être omise, et il est ennemi mortel de toute inversion qui m'échappe quelquefois. Si une période n'est pas construite suivant sa vieille routine de style, il n'y entend rien. C'est un martyre que d'avoir affaire à un tel homme.

La confiance du comte de C... est la seule chose qui me dédommage. Il n'y a pas longtemps qu'il me dit franchement combien il était mécontent de la lenteur, des minuties et de l'irrésolution de mon ambassadeur. Ces gens-là sont insupportables à eux-mêmes et aux autres. « Et cependant, disait le comte, il faut en prendre son parti, comme un voyageur qui est obligé de passer une montagne : sans doute, si la montagne n'était pas là, le chemin serait bien plus facile et plus court ; mais elle y est, et il faut passer. »

Mon vieux s'aperçoit bien de la préférence que

le comte me donne sur lui, ce qui l'aigrit encore ; et il saisit toutes les occasions de parler mal du comte devant moi : « Le comte, me disait-il, connaît assez bien les affaires; il a de la facilité, il écrit fort bien ; mais la grande érudition lui manque, comme à tous les beaux esprits. » Il accompagna ces mots d'une mine qui disait : Sens-tu le trait? Je me sentis du mépris pour l'homme capable de penser et d'agir de la sorte. Je lui tins tête; je répondis que le comte méritait toute considération, non pas seulement pour son caractère, mais aussi pour ses connaissances. « Je ne sache personne, dis-je, qui ait mieux réussi que lui à étendre son esprit, à l'appliquer à un nombre infini d'objets, tout en restant parfaitement propre à la vie active. » Tout cela était de l'hébreu pour lui. Je lui tirai ma révérence pour n'avoir pas à dévorer ses longs raisonnements.

Et c'est à vous que je dois m'en prendre, à vous qui m'avez fourré là et qui m'avez tant prôné l'activité. L'activité! Si celui qui plante des pommes de terre et va vendre son grain au marché n'est pas plus utile que moi, je veux ramer encore dix ans sur cette galère où je suis enchaîné.

Et cette brillante misère, cet ennui qui règne parmi ce peuple maussade qui se voit ici ! cette manie de rangs, qui fait qu'ils se surveillent et s'épient pour gagner un pas l'un sur l'autre! que de petites, de pitoyables passions, qui ne sont pas même masquées!... Par exemple, il y a ici une femme qui entretient tout le monde de sa noblesse et de ses biens; pas un étranger qui ne doive dire : Voilà une créature à qui la tête tourne pour quelques quartiers de noblesse et quelques arpents de terre. Eh bien ! ce serait lui faire beaucoup de grâce : elle est tout uniment fille d'un greffier du voisinage. Vois-tu, mon cher Wilhelm, je ne conçois rien à cette orgueilleuse espèce humaine, qui a assez peu de bon sens pour se prostituer aussi platement.

Au reste, il n'est pas sage, j'en conviens et je le vois davantage tous les jours, de juger les autres d'après soi. J'ai bien assez à faire avec moi-même, moi dont le cœur et l'imagination recèlent tant d'orages... Hélas! je laisse bien volontiers chacun aller son chemin : si l'on voulait me laisser aller de même!

Ce qui me vexe le plus, ce sont ces misérables distinctions de société. Je sais aussi bien qu'un autre combien la distinction des rangs est nécessaire, combien d'avantages elle me procure à moi-même; mais je ne voudrais pas qu'elle me barrât le chemin qui peut me conduire à quelque plaisir et me faire jouir d'une chimère de bonheur. Je fis dernièrement connaissance à la promenade d'une demoiselle de B..., jeune personne qui, au milieu des airs empesés de ceux avec qui elle vit, a conservé beaucoup de naturel. L'entretien nous plut; et, lorsque nous nous séparâmes, je lui demandai la permission de la voir chez elle. Elle me l'accorda avec tant de cordialité, que je pouvais à peine attendre l'heure convenable pour l'aller voir. Elle n'est point de cette ville, et demeure chez une tante. La physionomie de la vieille tante ne me plut point. Je lui témoignai pourtant les plus grandes attentions, et lui adressai presque toujours la parole. En moins d'une demi-heure je démêlai, ce que l'aimable nièce m'a avoué depuis, que la chère tante était dans un grand dénûment de tout; qu'elle n'avait, en fait d'esprit et de bien, pour toute ressource que le nom de sa famille, pour tout abri que le rang derrière lequel elle est retranchée, et pour toute récréation que le plaisir de regarder fièrement les bourgeois du balcon de son premier étage. Elle doit avoir été belle dans sa jeunesse. Elle a passé sa vie à des bagatelles, et a fait le tourment de plusieurs jeunes gens par ses caprices. Dans un âge plus mûr, elle a baissé humblement la tête sous le joug d'un vieil officier qui, pour une médiocre pension qu'il obtint à ce prix, passa avec elle le siècle d'airain et mourut. Maintenant elle se voit seule dans le siècle de fer, et ne serait pas même regardée, si sa nièce n'était pas si aimable.

8 janvier 1772.

Quels hommes que ceux dont l'âme tout entière gît dans le cérémonial, qui passent toute l'année à imaginer les moyens de pouvoir se glisser à table à une place plus haute d'un siége! Ce n'est pas qu'ils manquent d'ailleurs d'occupation; tout au contraire, ces futiles débats leur taillent de la besogne, et les empêchent de terminer les affaires importantes. C'est ce qui arriva la semaine dernière à une partie de traîneaux : toute la fête en fut troublée.

Les fous, qui ne voient pas que la place ne fait rien, à vrai dire, et que celui qui a la première joue bien rarement le premier rôle! Combien de rois qui sont conduits par leurs ministres, et de ministres qui sont gouvernés par leurs secrétaires! Et qui donc est le premier? Celui, je pense, qui a plus de lumières que les autres, et assez de caractère ou d'adresse pour faire servir leur puissance et leurs passions à l'exécution de ses plans.

20 janvier.

Il faut que je vous écrive, aimable Charlotte, ici, dans la petite chambre d'une auberge de campagne où je me suis réfugié contre le mauvais temps. Depuis que je végète dans ce triste D..., au milieu de gens étrangers, oui, très-étrangers à mon cœur, je n'ai trouvé aucun instant, aucun où ce cœur m'ait ordonné de vous écrire; mais, à peine dans cette cabane, dans ce réduit solitaire où la neige et la grêle se déchaînent contre ma petite fenêtre, vous avez été ma première pensée. Dès que j'y suis entré, votre idée, ô Charlotte! cette idée si vivifiante, s'est d'abord présentée à moi. Grand Dieu! c'étaient tous les charmes de la première entrevue.

Si vous me voyiez, Charlotte, au milieu du torrent des distractions! comme tout mon être se flétrit! Pas un instant d'abondance de cœur, pas une heure où viennent aux yeux des larmes délicieuses! rien, rien! Je suis là comme devant un spectacle de marionnettes ; je vois de petits hommes et de petits chevaux passer et repasser devant moi, et je me demande souvent si ce n'est point une illusion d'optique. Je suis acteur aussi, je joue aussi mon rôle ; ou plutôt on se joue de moi, on me fait mouvoir comme un automate. Je saisis quelquefois mon voisin par sa main de bois, et je recule en frissonnant.

Le soir, je me propose de jouir du lever du soleil, et le matin je reste au lit. Pendant la journée, je me promets d'admirer le clair de lune, et je ne quitte pas la chambre. Je ne sais pas au juste pourquoi je me couche, pourquoi je me lève.

Le levain qui faisait fermenter ma vie me manque ; le charme qui me tenait éveillé au milieu des nuits, et qui m'arrachait au sommeil le matin, a disparu.

Je n'ai trouvé ici qu'une seule créature qui mérite le nom de femme, mademoiselle de B... Elle vous ressemble, Charlotte, si l'on peut vous ressembler. Oh! dites-vous, il se mêle aussi de faire des compliments! Cela n'est pas tout à fait faux. Depuis quelque temps je suis fort aimable, parce que je ne puis être autre chose : je fais de l'esprit, et les femmes disent que personne ne sait louer plus joliment que moi (ni mentir, ajoutez-vous, car l'un ne va pas sans l'autre). Je voulais vous parler de mademoiselle de B.... Elle a beaucoup d'âme, et cette âme perce tout entière à travers ses yeux bleus. Son rang lui est à charge; il ne contente aucun des désirs de son cœur. Elle aspire à se voir hors du tumulte, et nous passons quelquefois des heures entières à nous figurer un bonheur sans mélange, au milieu de scènes champêtres, Charlotte toujours avec nous. Ah! combien de fois n'est-elle pas obligée de vous rendre hommage! Elle le fait volontiers : elle a tant de plaisir à entendre parler de vous! Elle vous aime.

Oh! si j'étais assis à vos pieds dans votre petite chambre favorite, tandis que les enfants sauteraient autour de nous! Quand vous trouveriez qu'ils feraient trop de bruit, je les rassemblerais tranquilles auprès de moi en leur contant quelque effrayant conte de ma mère l'Oie.

Le soleil se couche majestueusement derrière ces collines resplendissantes de neige. La tempête s'est apaisée. Et moi... il faut que je rentre dans ma cage. Adieu! Albert est-il auprès de vous? et comment? Dieu me pardonne cette question!

8 février.

Voilà huit jours qu'il fait le temps le plus affreux, et je m'en réjouis : car, depuis que je suis ici, il n'a pas fait un beau jour qu'un importun ne soit venu me l'enlever ou me l'empoisonner. Au moins, puisqu'il pleut, vente, gèle et dégèle, il ne peut faire, me dis-je, plus mauvais à la maison que dehors, ni meilleur aux champs qu'à la ville ; et je suis content. Si le soleil levant promet une belle journée, je ne puis m'empêcher de m'écrier : Voilà donc encore une faveur du ciel qu'ils peuvent s'enlever ! Il n'est rien au monde qu'ils ne s'ôtent à eux-mêmes, la plupart par imbécillité, mais, à les entendre, dans les plus nobles intentions : santé, estime de soi-même, joie, repos, ils se privent de tout comme à plaisir. Je serais quelquefois tenté de les prier à genoux d'avoir pitié d'eux-mêmes, et de ne pas se déchirer les entrailles avec tant de fureur.

17 février.

Je crains bien que l'ambassadeur et moi nous ne soyons pas longtemps d'accord. Cet homme est complétement insupportable ; sa manière de travailler et de conduire les affaires est si ridicule que je ne puis m'empêcher de le contrarier et de faire souvent à ma tête ; ce qui naturellement n'a jamais l'avantage de lui agréer. Il s'en est plaint dernièrement à la cour. Le ministre m'a fait une réprimande, douce à la vérité, mais enfin c'était une réprimande ; et j'étais sur le point de demander mon congé, lorsque j'ai reçu une lettre particulière de lui, une lettre devant laquelle je me suis mis à genoux pour adorer le sens droit, ferme et élevé qui l'a dictée. Tout en louant mes idées outrées d'activité, d'influence sur les autres, de pénétration dans les affaires, qu'il traite de noble ardeur de jeunesse, il tâche, non de détruire cette ardeur, mais de la modérer et de la réduire à ce point où elle peut être de mise et avoir de bons effets. Aussi me voilà encouragé pour huit jours, et réconcilié avec moi-même. Le repos de l'âme est une superbe chose, mon ami; pourquoi faut-il que ce diamant soit aussi fragile qu'il est rare et précieux !

20 février.

Que Dieu vous bénisse, mes amis, et vous donne tous les jours de bonheur qu'il me retranche !

Je te rends grâces, Albert, de m'avoir trompé. J'attendais l'avis qui devait m'apprendre le jour de votre mariage, et je m'étais promis de détacher, ce même jour, avec solennité, la silhouette de Charlotte de la muraille, et de l'enterrer parmi d'autres papiers. Vous voilà unis, et son image est encore ici ! Elle y restera ! Et pourquoi non ? La mienne n'est-elle pas aussi chez vous ? Ne suis-je pas aussi, sans te nuire, dans le cœur de Charlotte ? J'y tiens, oui, j'y tiens la seconde place, et je veux, je dois la conserver. Oh ! je serais furieux, si elle pouvait oublier... Albert, l'enfer est dans cette idée. Albert ! adieu. Adieu, ange du ciel; adieu, Charlotte !

15 mars.

J'ai essuyé une mortification qui me chassera

d'ici. Je grince les dents! Diable! c'est une chose faite ; et c'est encore à vous que je dois m'en prendre, à vous qui m'avez aiguillonné, poussé, tourmenté pour me faire prendre un emploi qui ne me convenait pas, et auquel je ne convenais pas. Eh bien! voilà où j'en suis ; soyez contents. Et afin que tu ne dises pas encore que mes idées grossissent tout, je vais, mon cher, t'exposer le fait avec toute la précision et la netteté d'un chroniqueur.

Le comte de C... m'aime, me distingue ; on le sait, je te l'ai dit cent fois. Je dînais hier chez lui : c'était son jour de grande soirée ; il reçoit ce jour-là toute la haute noblesse du pays. Je n'avais nullement pensé à cette soirée; surtout il ne m'était jamais venu dans l'esprit que nous autres subalternes nous ne sommes pas là à notre place. Fort bien. Après le dîner, nous passons au salon, le comte et moi ; nous causons. Le colonel de B... survient, se mêle de la conversation, et insensiblement l'heure de la soirée arrive : Dieu sait si je pense à rien. Alors entre très-haute et très-puissante dame de S... avec son noble époux, et leur oison de fille avec sa gorge plate et son corps effilé et tiré au cordeau ; ils passent auprès de moi avec un air insolent et leur morgue de grands seigneurs. Comme je déteste cordialement cette race, je voulais tirer ma révérence, et j'attendais seulement que le comte fût délivré du babil dont on l'accablait, lorsque mademoiselle de B... entra. Je sens toujours mon cœur s'épanouir un peu quand je la vois ; je demeurai, je me plaçai derrière son fauteuil, et ce ne fut qu'au bout de quelque temps que je m'aperçus qu'elle me parlait d'un ton moins ouvert que de coutume et avec une sorte d'embarras. J'en fus surpris. « Est-elle aussi comme tout ce monde-là ? dis-je en moi-même. Que le diable l'emporte ! » J'étais piqué ; je voulais me retirer, et cependant je restai encore ; je ne demandais qu'à la justifier ; j'espérais un mot d'elle ; et... ce que tu voudras. Cependant le salon se remplit : c'est le baron de F..., couvert de toute la garderobe du temps du couronnement de François Ier ; le conseiller R..., annoncé ici sous le titre d'*excellence*, et accompagné de sa sourde moitié ; sans oublier le ridicule de J..., qui mêle dans tout son habillement le gothique à la mode la plus nouvelle. J'adresse la parole à quelques personnes de ma connaissance, que je trouve fort laconiques. Je ne pensais et ne prenais garde qu'à mademoiselle de B... Je n'apercevais pas que les femmes se parlaient à l'oreille au bout du salon, qu'il circulait quelque chose parmi les hommes, que madame de S... s'entretenait avec le comte : mademoiselle de B... m'a raconté tout cela depuis. Enfin le comte vint à moi et me conduisit dans l'embrasure d'une fenêtre. « Vous connaissez, me dit-il, notre bizarre étiquette. La société, à ce qu'il me semble, ne vous voit point ici avec plaisir ; je ne voudrais pas pour tout... — Excellence, lui dis-je en l'interrompant, je vous demande mille pardons ; j'aurais dû y songer plus tôt ; vous me pardonnerez cette inconséquence. J'avais déjà pensé à me retirer ; un mauvais génie m'a retenu, » ajoutai-je en riant et en lui faisant ma révérence. Le comte me serra la main avec une expression qui disait tout. Je saluai l'illustre compagnie, sortis, montai en cabriolet, et me rendis à M..., pour y voir de la montagne le soleil se coucher ; et là je lus ce beau chant d'Homère où il raconte comme Ulysse fut hébergé par le digne porcher. Tout cela était fort bien.

Je revins le soir pour souper. Il n'y avait encore à notre hôtel que quelques personnes qui jouaient aux dés sur le coin de la table, après avoir écarté un bout de la nappe. Je vis entrer l'honnête Adelin. Il accrocha son chapeau en me regardant, vint à moi, et me dit tout bas : « Tu as eu des désagréments? — Moi? — Le comte t'a fait entendre qu'il fallait quitter son salon. — Au diable le salon ! J'étais bien aise de prendre l'air. — Fort bien, dit-il, tu as raison d'en rire. Je suis seulement fâché que l'affaire soit connue partout. » Ce fut alors que je me sentis piqué. Tous ceux qui venaient se mettre à table, et qui me regardaient, me paraissaient au fait de mon aventure, et le sang me bouillait.

Et maintenant que partout où je vais j'apprends que mes envieux triomphent, en disant que pareille chose est due à tout fat qui, pour quelques grains d'esprit, se croit permis de braver toutes les bienséances, et autres sottises semblables... alors on se donnerait volontiers d'un couteau dans le cœur. Qu'on dise ce qu'on voudra de la fermeté; je voudrais voir celui qui peut souffrir que des gredins glosent sur son compte, lorsqu'ils ont sur lui quelque prise. Quand leurs propos sont sans nul fondement, ah! l'on peut alors ne pas s'en mettre en peine.

16 mars.

Tout conspire contre moi. J'ai rencontré aujourd'hui mademoiselle de B... à la promenade. Je n'ai pu m'empêcher de lui parler, et, dès que nous nous sommes trouvés un peu écartés de la compagnie, de lui témoigner combien j'étais sensible à la conduite extraordinaire qu'elle avait tenue l'autre jour avec moi. « Werther! m'a-t-elle dit avec chaleur, avez-vous pu, connaissant mon cœur, interpréter ainsi mon trouble? Que n'ai-je pas souffert pour vous, depuis l'instant où j'entrai dans le salon! Je prévis tout; cent fois j'eus la bouche ouverte pour vous le dire. Je savais que les S... et les T... quitteraient la place plutôt que de rester dans votre société; je savais que le comte n'oserait pas se brouiller avec eux; et aujourd'hui quel tapage! — Comment, mademoiselle!...... » m'écriai-je, et je cherchais à cacher mon trouble; car tout ce qu'Adelin m'avait dit avant-hier me courait en ce moment par les veines comme une eau bouillante. « Que cela m'a déjà coûté! » ajouta cette douce créature, les larmes aux yeux. Je n'étais plus maître de moi-même, et j'étais sur le point de me jeter à ses pieds. « Expliquez-vous, » lui dis-je. Ses larmes coulèrent sur ses joues; j'étais hors de moi. Elle les essuya sans vouloir les cacher. « Ma tante! vous la connaissez, reprit-elle ; elle était présente, et elle a vu, ah ! de quel œil elle a vu cette scène ! Werther, j'ai essuyé hier soir et ce matin un sermon sur ma liaison avec vous, et il m'a fallu vous entendre ravaler, humilier, sans pouvoir, sans oser vous défendre qu'à demi. »

Chaque mot qu'elle prononçait était un coup de poignard pour mon cœur. Elle ne sentait pas quel acte de compassion c'eût été que de me taire tout cela. Elle ajouta tout ce qu'on disait encore de mon aventure, et quel triomphe ce serait pour les gens les plus dignes de mépris ; comme on chanterait partout que mon orgueil et ces dédains pour les autres qu'ils me reprochaient depuis longtemps étaient enfin punis.

Entendre tout cela de sa bouche, Wilhelm, prononcé d'une voix si compatissante ! J'étais atterré, et j'en ai encore la rage dans le cœur. Je voudrais que quelqu'un s'avisât de me vexer, pour pouvoir lui passer mon épée au travers du corps ! Si je voyais du sang, je serais plus tranquille. Ah ! j'ai déjà cent fois saisi un couteau pour faire cesser l'oppression de mon cœur. L'on parle d'une noble race de chevaux qui, quand ils sont échauffés et surmenés, s'ouvrent eux-mêmes, par instinct, une veine avec les dents pour se faciliter la respiration. Je me trouve souvent dans le même cas : je voudrais m'ouvrir une veine qui me procurât la liberté éternelle.

24 mars.

J'ai offert ma démission à la cour, j'espère qu'elle sera acceptée. Vous me pardonnerez si je ne vous ai pas préalablement demandé votre permission. Il fallait que je partisse, et je sais d'avance tout ce que vous auriez pu dire pour me persuader de rester. Ainsi tâchez de dorer la pilule à ma mère. Je ne saurais me satisfaire moi-même : elle ne doit donc pas murmurer, si je ne puis la contenter non plus. Cela doit sans doute lui faire de la peine : voir son fils s'arrêter tout à coup dans la carrière qui devait le mener au conseil privé et aux ambassades ; le voir revenir honteusement sur ses pas et remettre sa monture à l'écurie ! Faites tout ce que vous voudrez, combinez tous les cas possibles où j'aurais dû rester : il suffit, je pars. Et afin que vous sachiez où je vais, je vous dirai qu'il y a ici le prince de*** qui se plaît à ma société ; dès qu'il a entendu parler de mon dessein, il m'a prié de l'accompagner dans ses terres et d'y passer le printemps. J'aurai liberté entière, il me l'a promis ; et comme nous nous entendons jusqu'à un certain point, je veux courir la chance, et je pars avec lui.

19 avril.

Je te remercie de tes deux lettres. Je n'y ai point fait de réponse, parce que j'avais différé de t'envoyer celle-ci jusqu'à ce que j'eusse obtenu mon congé de la cour, dans la crainte que ma mère ne s'adressât au ministre et ne gênât mon projet. Mais c'est une affaire faite ; le congé est arrivé. Il est inutile de vous dire avec quelle répugnance on a accepté cette démission, et tout ce que le ministre m'a écrit : vous éclateriez en lamentations. Le prince héréditaire m'a envoyé une gratification de vingt-cinq ducats, qu'il a accompagnée d'un mot dont j'ai été touché jusqu'aux larmes ; je n'ai donc pas besoin de l'argent que je demandais à ma mère dans la dernière lettre que je lui écrivis.

5 mai.

Je pars demain ; et comme le lieu de ma naissance n'est éloigné de ma route que de six milles, je veux le revoir et me rappeler ces anciens jours qui se sont évanouis comme un songe. Je veux entrer par cette porte par laquelle ma mère sortit avec moi en voiture, lorsque, après la mort de mon père, elle quitta ce séjour chéri pour aller se renfermer dans votre insupportable ville. Adieu, Wilhelm ; tu auras des nouvelles de mon voyage.

9 mai.

Jamais pèlerin n'a visité les saints lieux avec plus de piété que moi les lieux qui m'ont vu naître, et n'a éprouvé plus de sentiments inattendus. Près d'un grand tilleul qui se trouve à un quart de lieue de la ville, je fis arrêter, descendis de voiture, et dis au postillon d'aller en avant, pour cheminer moi-même à pied et goûter toute la nouveauté, toute la vivacité de chaque réminiscence. Je m'arrêtai là, sous ce tilleul qui était dans mon enfance le but et le terme de mes promenades. Quel changement! Alors, dans une heureuse ignorance, je m'élançais plein de désirs dans ce monde inconnu, où j'espérais pour mon cœur tant de vraies jouissances qui devaient le remplir au comble. Maintenant je revenais de ce monde. O mon ami! que d'espérances déçues! que de plans renversés! J'avais devant les yeux cette chaîne de montagnes qu'enfant j'ai tant de fois contemplée avec un œil d'envie : alors je restais là assis des heures entières; je me transportais au loin en idée; toute mon âme se perdait dans ces forêts, dans ces vallées, qui semblaient me sourire dans le lointain, enveloppées de leur voile de vapeurs; et lorsqu'il fallait me retirer, que j'avais de peine à m'arracher à tous mes points de vue! Je m'approchai du bourg; je saluai les jardins et les petites maisons que je reconnaissais : les nouvelles ne me plurent point; tous les changements me faisaient mal. J'arrivai à la porte, et je me retrouvai à l'instant tout entier. Mon ami, je n'entrerai dans aucun détail; quelque charme qu'ait eu pour moi tout ce que je vis, je ne te ferais qu'un récit monotone. J'avais résolu de prendre mon logement sur la place, justement auprès de notre ancienne maison. En y allant, je remarquai que l'école où une bonne vieille nous rassemblait dans notre enfance avait été changée en une boutique d'épicier. Je me rappelai l'inquiétude, les larmes, la mélancolie et les serrements de cœur que j'avais essuyés dans ce trou. Je ne faisais pas un pas qui n'amenât un souvenir. Non, je le répète, un pèlerin de la terre sainte trouve moins d'endroits de religieuse mémoire, et son âme n'est peut-être pas aussi remplie de saintes affections. Encore un exemple : Je descendis la rivière jusqu'à une certaine métairie où j'allais aussi fort souvent autrefois : c'est un petit endroit où nous autres enfants faisions des ricochets à qui mieux mieux. Je me rappelle si bien comme je m'arrêtais quelquefois à regarder couler l'eau, avec quelles singulières conjectures j'en suivais le cours; les idées merveilleuses que je me faisais des régions où elle parvenait; comme mon imagination trouvait bientôt des limites, et pourtant ne pouvait s'arrêter, et se sentait forcée d'aller plus loin, plus loin encore, jusqu'à ce qu'enfin je me perdais dans la contemplation d'un éloignement infini. Vois-tu, mon ami ? nos bons aïeux n'en savaient pas plus long; ils étaient bornés à ce sentiment enfantin, et il y avait pourtant bien quelque grandiose dans leur crédulité naïve. Quand Ulysse parle de la mer immense, de la terre infinie, cela n'est-il pas plus vrai, plus proportionné à l'homme, plus mystérieux à la fois et plus sensible, que quand un écolier se croit aujourd'hui un prodige de science parce qu'il peut répéter qu'elle est ronde ? La terre... il n'en faut à l'homme que quelques mottes pour soutenir sa vie, et moins encore pour y reposer ses restes.

Je suis actuellement à la maison de plaisance du prince. Encore peut-on vivre avec cet homme-ci : il est vrai et simple ; mais il est entouré de personnages singuliers que je ne comprends pas. Ils n'ont pas l'air de fripons, et n'ont pas non plus la mine d'honnêtes gens. Ils me font des avances, et je n'ose me fier à eux. Ce qui me fâche aussi, c'est que le prince parle souvent de choses qu'il ne sait que par ouï dire ou pour les avoir lues, et toujours dans le point de vue où on les lui a présentées.

Une chose encore, c'est qu'il fait plus de cas de mon esprit et de mes talents que de ce cœur dont seulement je fais vanité, et qui est seul la source de tout, de toute force, de tout bonheur et de toute misère. Ah ! ce que je sais, tout le monde peut le savoir ; mais mon cœur n'est qu'à moi.

25 mai.

J'avais quelque chose en tête dont je ne voulais vous parler qu'après coup ; mais puisqu'il n'en sera rien, je puis vous le dire actuellement. Je voulais aller à la guerre. Ce projet m'a tenu longtemps au cœur. Ç'a été le principal motif qui m'a engagé à suivre ici le prince qui est général au service de Russie. Je lui ai découvert mon dessein dans une promenade ; il m'en a détourné ; et il y aurait eu plus d'entêtement que de caprice à moi de ne pas me rendre à ses raisons.

14 juin.

Dis ce que tu voudras, je ne puis demeurer ici plus longtemps. Que faire ici? je m'ennuie. Le prince me regarde comme un égal. Fort bien; mais je ne suis point à mon aise; et, dans le fond, nous n'avons rien de commun ensemble. C'est un homme d'esprit, mais d'un esprit tout à fait ordinaire ; sa conversation ne m'amuse pas plus que la lecture d'un livre bien écrit; je resterai encore huit jours, puis je recommencerai mes courses vagabondes. Ce que j'ai fait de mieux ici, ç'a été de dessiner. Le prince est amateur, et serait même un peu artiste, s'il était moins engoué du jargon scientifique. Souvent je grince les dents d'impatience et de colère, lorsque je m'échauffe à lui faire sentir la nature et à l'élever à l'art, et qu'il croit faire merveille s'il peut mal à propos fourrer dans la conversation quelque terme bien technique.

16 juillet.

Oui, sans doute, je ne suis qu'un voyageur, un pèlerin sur la terre! Êtes-vous donc plus?

18 juillet.

Où je prétends aller? je te le dirai en confidence. Je suis forcé de passer encore quinze jours ici. Je me suis dit que je voulais ensuite aller visiter les mines de *** ; mais, dans le fond, il n'en est rien : je ne veux que me rapprocher de Charlotte, et voilà tout. Je ris de mon propre cœur... et je fais toutes ses volontés.

29 juillet.

Non, c'est bien, tout est pour le mieux! Moi, son époux! O Dieu qui m'as donné le jour, si tu m'avais préparé cette félicité, toute ma vie n'eût été qu'une continuelle adoration! Je ne veux point plaider contre ta volonté. Pardonne-moi ces larmes, pardonne-moi mes souhaits inutiles... Elle ma femme! Si j'avais serré dans mes bras la plus douce créature qui soit sous le ciel!... Un frisson court par tout mon corps, Wilhelm, lorsque Albert embrasse sa taille si svelte.

Et cependant, le dirai-je? Pourquoi ne le dirais-je pas? Wilhelm, elle eût été plus heureuse avec moi qu'avec lui! Oh! ce n'est point là l'homme capable de remplir tous les vœux de ce cœur. Un certain défaut de sensibilité, un défaut... prends-le comme tu voudras; son cœur ne bat pas sympathiquement à la lecture d'un livre chéri, où mon cœur et celui de Charlotte se rencontrent si bien, et dans mille autres circonstances, quand il nous arrive de dire notre sentiment sur une action. Il est vrai qu'il l'aime de toute son âme; et que ne mérite pas un pareil amour?...

Un importun m'a interrompu. Mes larmes sont séchées; me voilà distrait. Adieu, cher ami.

4 août.

Je ne suis pas le seul à plaindre. Tous les hommes sont frustrés dans leurs espérances, trompés dans leur attente. J'ai été voir ma bonne femme des tilleuls. Son aîné accourut au-devant de moi; un cri de joie qu'il poussa attira la mère, qui me parut fort abattue. Ses premiers mots furent : « Mon bon monsieur! hélas! mon Jean est mort! » C'était le plus jeune de ses enfants. Je gardais le silence. « Mon homme, dit-elle, est revenu de la Suisse, et il n'a rien rapporté, et sans quelques bonnes âmes, il aurait été obligé de mendier : la fièvre l'avait pris en chemin. » Je ne pus rien lui dire; je donnai quelque chose au petit. Elle me pria d'accepter quelques pommes; je le fis, et je quittai ce lieu de triste souvenir.

21 août.

En un tour de main tout change avec moi. Souvent un doux rayon de la vie veut bien se lever de nouveau et m'éclairer d'une demi-clarté, hélas! seulement pour un moment. Quand je me perds aussi dans des rêves, je ne puis me défendre de cette pensée : Quoi! si Albert mourait! tu deviendrais... oui, elle deviendrait... Alors je poursuis ce fantôme jusqu'à ce qu'il me conduise à des abîmes sur le bord desquels je m'arrête et recule en tremblant.

Si je sors de la ville et que je me retrouve sur cette route que je parcourus en voiture la première fois que j'allai prendre Charlotte pour la conduire au bal, quel changement! Tout, tout a disparu. Il ne me reste plus rien de ce monde qui a passé ; pas un battement de cœur du sentiment que j'éprouvais alors. Je suis comme un esprit qui, revenant dans le château qu'il bâtit autrefois lorsqu'il était un puissant prince, qu'il décora de tous les dons de la magnificence, et qu'il laissa en mourant à un fils plein d'espérance, le trouverait brûlé et démoli.

3 septembre.

Quelquefois je ne puis comprendre comment un autre peut l'aimer, ose l'aimer, quand je l'aime si uniquement, si profondément, si pleinement ; quand je ne connais rien, ne sais rien, n'ai rien qu'elle.

4 septembre.

Oui, c'est bien ainsi : de même que la nature s'incline vers l'automne, l'automne commence en moi et autour de moi. Mes feuilles jaunissent, et déjà les feuilles des arbres voisins sont tombées. Ne t'ai-je pas une fois parlé d'un jeune valet de ferme que je vis quand je vins ici la première fois? J'ai demandé de ses nouvelles à Walhheim. On me dit qu'il avait été chassé de la maison où il était, et personne ne voulut m'en apprendre davantage. Hier je le rencontrai par hasard sur la route d'un autre village. Je lui parlai, et il me conta son histoire, dont je fus touché à un point que tu comprendras aisément lorsque je te l'aurai répétée. Mais à quoi bon? Pourquoi ne pas garder pour moi seul ce qui m'afflige et me rend malheureux? pourquoi t'affliger aussi? pourquoi te donner toujours l'occasion de me plaindre ou de me gronder? Qui sait? cela tient peut-être aussi à ma destinée.

Le jeune homme ne répondit d'abord à mes questions qu'avec une sombre tristesse, dans laquelle je crus même démêler une certaine honte; mais bientôt, plus expansif, comme si tout à coup il nous eût reconnus tous les deux, il m'avoua sa faute et son malheur. Que ne puis-je, mon ami, te rapporter chacune de ses paroles! Il avoua, il raconta même avec une sorte de plaisir, et comme en jouissant de ses souvenirs, que sa passion pour la fermière avait augmenté de jour en jour; qu'à la fin il ne savait plus ce qu'il faisait; qu'il ne savait plus, selon son expression, où donner de la tête. Il ne pouvait plus ni manger, ni boire, ni dormir; il étouffait; il faisait ce qu'il ne fallait pas faire; ce qu'on lui ordonnait, il l'oubliait : il semblait possédé par quelque démon. Un jour enfin qu'elle était montée dans un grenier, il l'avait suivie, ou plutôt il y avait été attiré après elle. Comme elle ne se rendait pas à ses prières, il voulut s'emparer d'elle de force. Il ne conçoit pas comment il en est venu là ; il prend Dieu à témoin que ses vues ont toujours été honorables, et qu'il n'a jamais souhaité rien plus ardemment que de l'épouser et de passer sa vie avec elle. Après avoir longtemps parlé, il hésita, et s'arrêta comme quelqu'un à qui il reste encore quelque chose à dire et qui n'ose le faire. Enfin il m'avoua avec timidité les petites familiarités qu'elle lui permettait quelquefois, les légères faveurs qu'elle lui accordait; et, en disant cela, il s'interrompait, et répétait avec les plus vives protestations que ce n'était pas pour la décrier, qu'il l'aimait et l'estimait comme auparavant; que pareille chose ne serait jamais venue à sa bouche, et qu'il ne m'en parlait que pour me convaincre qu'il n'avait pas été tout à fait un furieux et un insensé. Et ici, mon cher, je recommence mon ancienne chanson, mon éternel refrain. Si je pouvais te représenter ce jeune homme tel qu'il me parut, tel que je l'ai encore devant les yeux! si je pouvais tout te dire exactement, pour te faire sentir combien je m'intéresse à son sort, combien je dois m'y intéresser! Mais cela suffit. Comme tu connais aussi mon sort, comme tu me connais aussi, tu ne dois que trop bien savoir ce qui m'attire vers tous les malheureux, et surtout vers celui-ci.

En relisant ma lettre, je m'aperçois que j'ai oublié de te raconter la fin de l'histoire : elle est facile à deviner. La fermière se défendit ; son frère survint. Depuis longtemps il haïssait le jeune homme, et l'aurait voulu hors de la maison, parce qu'il craignait qu'un nouveau mariage ne privât ses enfants d'un héritage assez considérable, sa sœur n'ayant pas d'enfants. Ce frère le chassa sur-le-champ, et fit tant de bruit de l'affaire que la fermière, quand même elle l'eût voulu, n'eût point osé le reprendre. Actuellement elle a un autre domestique. On dit qu'elle s'est brouillée avec son frère, aussi au sujet de celui-ci ; on regarde comme certain qu'elle épousera ce nouveau venu. L'autre m'a dit qu'il était fermement résolu à ne pas y survivre, et que cela ne se ferait pas de son vivant.

Ce que je te raconte n'est ni exagéré ni embelli. Je puis dire qu'au contraire je te l'ai conté faiblement, bien faiblement, et que je l'ai gâté avec notre langage de prudes.

Cet amour, cette fidélité, cette passion, n'est donc pas une fiction du poète ! elle vit, elle existe dans sa plus grande pureté chez ces hommes que nous appelons grossiers, et qui nous paraissent si bruts, à nous civilisés et réduits à rien à force de poli. Lis cette histoire avec dévotion, je t'en prie. Je suis calme aujourd'hui en te l'écrivant. Tu vois, je ne fais pas jaillir l'encre, et je ne couvre pas mon papier de taches comme de coutume. Lis, mon ami, et pense bien que cela est aussi l'histoire de ton ami ! Oui, voilà ce qui m'est arrivé, voilà ce qui m'attend ; et je ne suis pas à moitié si courageux, pas à moitié si résolu que ce pauvre malheureux, avec lequel je n'ose presque pas me comparer.

5 septembre.

Elle avait écrit un petit billet à son mari, qui est à la campagne, où le retiennent quelques affaires. Il commençait ainsi : « Mon ami, mon tendre « ami, reviens le plus tôt que tu pourras ; je « t'attends avec impatience. » Une personne qui survint lui apprit que, par certaines circonstances, le retour d'Albert serait un peu retardé. Le billet resta là, et me tomba le soir entre les mains. Je le lis, et je souris ; elle me demanda pourquoi. « Que l'imagination, m'écriai-je, est un présent divin ! J'ai pu me figurer un moment que ce billet m'était adressé ! » Elle ne répondit rien, parut mécontente, et je me tus.

6 septembre.

J'ai eu bien de la peine à me résoudre à quitter le simple frac bleu que je portais lorsque je dansai pour la première fois avec Charlotte; mais à la fin il était devenu trop usé. Je m'en suis fait faire un autre tout pareil au premier, collet et parements, avec un gilet et des culottes de même étoffe et de même couleur que ceux que j'avais ce jour-là.

Cela ne me dédommagera pas tout à fait. Je ne sais... je crois pourtant qu'avec le temps celui-ci me deviendra aussi plus cher.

11 septembre.

Elle avait été absente quelques jours pour aller chercher Albert à la campagne. Aujourd'hui j'entre dans sa chambre ; elle vient au-devant de moi, et je baisai sa main avec mille joies.

Un serin vole du miroir, et se perche sur son épaule. « Un nouvel ami, » dit-elle ; et elle le prit sur sa main. « Il est destiné à mes enfants. Il est si joli ! regardez-le. Quand je lui donne du pain, il bat des ailes et becquète si gentiment ! il me baise aussi, voyez. »

Lorsqu'elle présenta sa bouche au petit animal, il becqueta dans ses douces lèvres, et il les pressait comme s'il avait pu sentir la félicité dont il jouissait.

« Il faut aussi qu'il vous baise, » dit-elle ; et elle approcha l'oiseau de ma bouche. Son petit bec passa des lèvres de Charlotte aux miennes, et ses picotements furent comme un souffle précurseur, un avant-goût de jouissance amoureuse.

« Son baiser, dis-je, n'est point tout à fait désintéressé. Il cherche de la nourriture, et s'en va non satisfait d'une vide caresse.

— Il mange aussi dans ma bouche, » dit-elle ; et elle lui présenta un peu de mie de pain avec ses lèvres, où je voyais sourire toutes les joies innocentes, tous les plaisirs, toutes les ardeurs d'un amour mutuel.

Je détournai le visage. Elle ne devrait pas faire cela ; elle ne devrait pas allumer mon imagination

par ces images d'innocence et de félicité célestes;
elle ne devrait pas éveiller mon cœur de ce sommeil où l'indifférence de la vie le berce quelquefois. Mais pourquoi ne le ferait-elle pas? Elle se
fie tellement à moi : elle sait comment je l'aime.

---

15 septembre.

On se donnerait au diable, Wilhelm, quand on
pense qu'il faut qu'il y ait des hommes assez dépourvus d'âme et de sentiment pour ne pas goûter
le peu qui vaille quelque chose sur la terre. Tu
connais ces noyers sous lesquels je me suis assis
avec Charlotte chez le bon pasteur de Saint***,
ces beaux noyers qui m'apportaient toujours je ne
sais quel contentement d'âme? Comme ils rendaient la cour du presbytère agréable et hospitalière! que leurs rameaux étaient frais et magnifiques! et jusqu'au souvenir des honnêtes ministres
qui les avaient plantés il y a tant d'années! Le
maître d'école nous a dit bien souvent le nom de
l'un d'eux, qu'il tenait de son grand-père. Ce doit
avoir été un galant homme, et sa mémoire m'était
toujours sacrée lorsque j'étais sous ces arbres.
Oui, le maître d'école avait hier les larmes aux
yeux lorsque nous nous plaignions ensemble de ce
qu'ils ont été abattus... Abattus... J'enrage, et je
crois que je tuerais le chien qui a donné le premier
coup de hache... Moi, qui serais homme à m'affliger sérieusement, si, ayant deux arbres comme cela

dans ma cour, j'en voyais un mourir de vieillesse, faut-il que je voie cela ! Mon cher ami, il y a une chose qui console. Ce que c'est que le sentiment chez les hommes ! tout le village murmure, et j'espère que la femme du pasteur verra à son beurre, à ses œufs, et aux autres marques d'amitié, quelle blessure elle a faite aux habitants de l'endroit. Car c'est elle, la femme du nouveau pasteur (notre vieillard est aussi mort), une créature sèche, acariâtre et malingre, et qui a bien raison de ne prendre aucun intérêt au monde, car personne n'en prend à elle; une sotte qui veut se donner pour savante, qui se mêle d'examiner les canons, qui travaille à la nouvelle réformation critico-morale du christianisme, et à qui les rêveries de Lavater font hausser les épaules ; dont la santé est tout à fait ruinée, et qui n'a en conséquence aucune joie sur la terre. Aussi il n'y avait qu'une pareille créature qui pût faire abattre mes noyers. Vois-tu, je n'en puis pas revenir ! Imagine-toi un peu : les feuilles en tombant salissent sa cour et la rendent humide ; les arbres lui interceptent le jour, et quand les noix sont mûres, les enfants y jettent des pierres pour les abattre, et cela affecte ses nerfs, et la trouble dans ses profondes méditations lorsqu'elle pèse et compare ensemble Kennikot, Semler et Michaëlis ! Lorsque je vis les gens du village, et surtout les anciens, si mécontents, je leur dis : « Pourquoi l'avez-vous souffert? » Ils me répondirent : « Quand le maire veut, ici, que faire? » Mais une chose me fait plaisir : le maire et le ministre (car celui-ci pensait bien aussi tirer quelque profit des lubies de sa femme, qui ne lui rendent pas sa soupe plus grasse) convinrent de partager entre eux; et ils allaient le faire, lorsque la chambre des domaines intervint, et leur dit : Doucement! Elle avait de vieilles prétentions sur la partie de la cour du presbytère où les arbres étaient, et elle les vendit au plus offrant. Ils sont à bas! Oh! si j'étais prince, je ferais à la femme du pasteur, au maire et à la chambre des domaines... Prince!... Ah! oui, si j'étais prince, que me feraient les arbres de mon pays?

10 octobre.

Quand je vois seulement ses yeux noirs, je suis content! Ce qui me chagrine, c'est qu'Albert ne paraît pas aussi heureux qu'il l'espérait... Si... Je ne fais pas souvent des réticences; mais ici je ne puis m'exprimer autrement... et il me semble que c'est assez clair.

12 octobre.

Ossian a supplanté Homère dans mon cœur. Quel monde que celui où ses chants sublimes me ravissent! Errer sur les bruyères tourmentées par l'ouragan qui transporte sur des nuages flottants les esprits des aïeux, à la pâle clarté de la lune; entendre dans la montagne les gémissements des génies des cavernes, à moitié étouffés dans le rugissement du torrent de la forêt, et les soupirs de la jeune fille agonisante près des quatre pierres couvertes de mousse qui couvrent le héros noblement mort qui fut son bien-aimé;... et quand alors je rencontre le barde blanchi par les années, qui sur les vastes bruyères cherche les traces de ses pères, et ne trouve que les pierres de leurs tombeaux, qui gémit et tourne ses yeux vers l'étoile du soir se cachant dans la mer houleuse, et que le passé revit dans l'âme du héros, comme lorsque cette étoile éclairait encore de son rayon propice les périls des braves et que la lune prêtait sa lumière à leur vaisseau revenant victorieux; que je lis sur son front sa profonde douleur, et que je le vois, lui le dernier, lui resté seul sur la terre, chanceler vers la tombe, et comme il puise encore de douloureux plaisirs dans la présence des ombres immobiles de ses pères, et regarde la terre froide et l'herbe épaisse que le vent couche, et s'écrie : « Le voyageur viendra; il viendra, celui qui me connut dans ma beauté, et il dira : Où est le barde? Qu'est devenu le fils de Fingal? Son pied foule ma tombe, et c'est en vain qu'il me demande sur la terre... » alors, ô mon ami, je serais homme à arracher l'épée de quelque noble écuyer, à délivrer tout d'un coup mon prince du tourment d'une vie qui n'est qu'une mort lente, et à envoyer mon âme après ce demi-dieu mis en liberté.

19 octobre.

Hélas! ce vide, ce vide affreux que je sens dans mon sein!... Je pense souvent : Si tu pouvais une fois, une seule fois, la presser contre ce cœur, tout ce vide serait rempli.

26 octobre.

Oui, mon cher, je me confirme de plus en plus dans l'idée que c'est peu de chose, bien peu de chose que l'existence d'une créature. Une amie de Charlotte est venue la voir; je suis entré dans la chambre voisine; j'ai voulu prendre un livre, et, ne pouvant pas lire, je me suis mis à écrire. J'ai entendu qu'elles parlaient bas : elles se contaient l'une à l'autre des choses assez indifférentes, des nouvelles de la ville : comme celle-ci était mariée, celle-là malade, fort malade. « Elle a une toux sèche, disait l'une, les joues creuses, et à chaque instant il lui prend des faiblesses : je ne donnerais pas un sou de sa vie. — Monsieur N... n'est pas en meilleur état, disait Charlotte. — Il est enflé, » reprenait l'autre. Et mon imagination vive me plaçait tout d'abord au pied du lit de ces malheureux; je voyais avec quelle répugnance ils tournaient le dos à la vie, comme ils... Wilhelm, mes petites femmes en parlaient comme on parle d'ordinaire de la mort d'un étranger... Et quand je regarde autour de moi, que j'examine cette chambre, et que je vois les habits de Charlotte, les papiers d'Albert, et ces meubles avec lesquels je suis à présent si familiarisé, je me dis à moi-même : « Vois ce que tu es dans cette maison ! Tout pour tous. Tes amis te considèrent, tu fais souvent leur joie, et il semble à ton cœur qu'il ne pourrait exister sans eux. Cependant, si tu partais, si tu t'éloignais de ce cercle, sentiraient-ils le vide que ta perte causerait dans leur destinée ? et combien de temps ?... » Ah ! l'homme est si passager que là même où il a proprement la certitude de son existence, là où il peut laisser la seule vraie impression de sa présence dans la mémoire, dans l'âme de ses amis, il doit s'effacer et disparaître ; et cela sitôt !

27 octobre.

Je me déchirerais le sein, je me briserais le crâne, quand je vois combien peu nous pouvons les uns pour les autres. Hélas ! l'amour, la joie, la chaleur, les délices que je ne porte pas au dedans de moi, un autre ne me les donnera pas ; et, le cœur tout plein de délices, je ne rendrai pas heureux cet autre, quand il est là froid et sans force devant moi.

Le soir.

J'ai tant ! et son idée dévore tout ; j'ai tant ! et sans elle tout pour moi se réduit à rien.

30 octobre.

Si je n'ai pas été cent fois sur le point de lui sauter au cou!... Dieu sait ce qu'il en coûte de voir tant de charmes passer et repasser devant vous sans que vous osiez y porter la main! Et cependant le penchant naturel de l'humanité nous porte à prendre. Les enfants ne tâchent-ils pas de saisir tout ce qu'ils aperçoivent? Et moi!...

3 novembre.

Dieu sait combien de fois je me mets au lit avec le désir et quelquefois l'espérance de ne pas me réveiller; et le matin j'ouvre les yeux, je revois le soleil, et je suis malheureux. Oh! que ne puis-je être un maniaque! que ne puis-je m'en prendre au temps, à un tiers, à une entreprise manquée! Alors l'insupportable fardeau de ma peine ne porterait qu'à demi sur moi. Malheureux que je suis! je ne sens que trop que toute la faute est à moi seul.

La faute! non. Je porte aujourd'hui cachée dans mon sein la source de toutes les misères, comme j'y portais autrefois la source de toutes les béatitudes. Ne suis-je pas le même homme qui nageait autrefois dans une intarissable sensibilité, qui voyait naître un paradis à chaque pas, et qui avait un cœur capable d'embrasser dans son amour un monde entier? Mais maintenant ce cœur est mort, il n'en naît plus aucun ravissement; mes yeux sont secs ; et mes sens, que ne soulagent plus des larmes rafraîchissantes, sont devenus secs aussi, et leur angoisse sillonne mon front de rides. Combien je souffre ! car j'ai perdu ce qui faisait toutes les délices de ma vie, cette force divine avec laquelle je créais des mondes autour de moi. Elle est passée !... Lorsque de ma fenêtre je regarde vers la colline lointaine, c'est en vain que je vois au-dessus d'elle le soleil du matin pénétrer les brouillards et luire sur le fond paisible de la prairie, tandis que la douce rivière s'avance vers moi en serpentant entre ses saules dépouillés de feuilles : toute cette magnifique nature est pour moi froide, inanimée, comme une estampe coloriée ; et de tout ce spectacle je ne peux verser en moi et faire passer de ma tête dans mon cœur la moindre goutte d'un sentiment bienheureux. L'homme tout entier est là debout, la face devant Dieu, comme un puits tari, comme un seau desséché. Je me suis souvent jeté à terre pour demander à Dieu des larmes, comme un laboureur prie pour de la pluie, lorsqu'il voit sur sa tête un ciel d'airain et la terre mourir de soif autour de lui.

Mais, hélas ! je le sens, Dieu n'accorde point la pluie et le soleil à nos prières importunes ; et ces temps dont le souvenir me tourmente, pourquoi étaient-ils si heureux, sinon parce que j'attendais son esprit avec patience, et que je recevais avec un cœur reconnaissant les délices qu'il versait sur moi ?

8 novembre.

Elle m'a reproché mes excès, mais d'un ton si aimable! mes excès de ce que, d'un verre de vin, je me laisse quelquefois entraîner à boire la bouteille. « Évitez cela, me disait-elle ; pensez à Charlotte! — Penser! avez-vous besoin de me l'ordonner? Que je pense, que je ne pense pas, vous êtes toujours présente à mon âme. J'étais assis aujourd'hui à l'endroit même où vous descendîtes dernièrement de voiture... » Elle s'est mise à parler d'autre chose, pour m'empêcher de m'enfoncer trop avant dans cette matière. Je ne suis plus mon maître, cher ami! Elle fait de moi tout ce qu'elle veut.

15 novembre.

Je te remercie, Wilhelm, du tendre intérêt que tu prends à moi, de la bonne intention qui perce dans ton conseil ; mais je te prie d'être tranquille. Laisse-moi supporter toute la crise ; malgré l'abattement où je suis, j'ai encore assez de force pour aller jusqu'au bout. Je respecte la religion, tu le sais ; je sens que c'est un bâton pour celui qui tombe de lassitude, un rafraîchissement pour celui que la soif consume. Seulement... peut-elle, doit-elle être cela pour tous? Considère ce vaste univers : tu vois des milliers d'hommes pour qui elle ne l'a pas été, d'autres pour qui elle ne le sera jamais, soit qu'elle leur ait été annoncée ou non. Faut-il

14.

donc qu'elle le soit pour moi ? Le Fils de Dieu ne dit-il pas lui-même : « Ceux que mon Père m'a donnés seront avec moi ? » Si donc je ne lui ai pas été donné, si le Père veut me réserver pour lui, comme mon cœur me le dit... De grâce, ne va pas donner à cela une fausse interprétation, et voir une raillerie dans ces mots innocents : c'est mon âme tout entière que j'expose devant toi. Autrement j'eusse mieux aimé me taire; car je hais de perdre mes paroles sur des matières que les autres entendent tout aussi peu que moi. Qu'est-ce que la destinée de l'homme, sinon de fournir la carrière de ses maux, et de boire sa coupe tout entière ? Et si cette coupe parut au Dieu du ciel trop amère lorsqu'il la porta sur ses lèvres d'homme, irai-je faire le fort et feindre de la trouver douce et agréable ? et pourquoi aurais-je honte de l'avouer dans ce terrible moment où tout mon être frémit entre l'existence et le néant, où le passé luit comme un éclair sur le sombre abîme de l'avenir, où tout ce qui m'environne s'écroule, où le monde périt avec moi ? N'est-ce pas la voix de la créature accablée, défaillante, s'abîmant sans ressource au milieu des vains efforts qu'elle fait pour se soutenir, que de s'écrier avec plainte : « Mon Dieu ! mon Dieu ! pourquoi m'avez-vous abandonnée ? » Pourrais-je rougir de cette expression ? pourrais-je redouter le moment où elle m'échappera, comme si elle n'avait pas échappé à celui qui replie les cieux comme un voile ?

21 novembre.

Elle ne voit pas, elle ne sent pas qu'elle prépare le poison qui nous fera périr tous les deux ; et moi, j'avale avec délices la coupe où elle me présente la mort ! Que veut dire cet air de bonté avec lequel elle me regarde souvent (souvent, non, mais quelquefois) ? cette complaisance avec laquelle elle reçoit une impression produite par un sentiment dont je ne suis pas le maître ? cette compassion pour mes souffrances, qui se peint sur son front ?

Comme je me retirais hier, elle me tendit la main, et me dit : « Adieu, cher Werther ! » Cher Werther ! C'est la première fois qu'elle m'ait donné le nom de *cher*, et la joie que j'en ressentis a pénétré jusqu'à la moelle de mes os. Je me le répétai cent fois ; et le soir, lorsque je voulus me mettre au lit, en babillant avec moi-même de toutes sortes de choses, je me dis tout à coup : « Bonne nuit, cher Werther ! » et je ne pus ensuite m'empêcher de rire de moi-même.

22 novembre.

Je ne puis pas prier Dieu en disant : « Conserve-la-moi ! » Et cependant elle me paraît souvent être à moi. Je ne puis pas lui demander : « Donne-la-moi ! » car elle est à un autre... Je joue et plaisante avec mes peines. Si je me laissais aller, je ferais toute une litanie d'antithèses.

24 novembre.

Elle sent ce que je souffre. Aujourd'hui son regard m'a pénétré jusqu'au fond du cœur. Je l'ai trouvée seule. Je ne disais rien, et elle me regardait fixement. Je ne voyais plus cette beauté séduisante, ces éclairs d'esprit qui entourent son front : un regard plus puissant agissait sur moi ; un regard plein du plus tendre intérêt, de la plus douce pitié. Pourquoi n'ai-je pas osé me jeter à ses pieds? pourquoi n'ai-je pas osé m'élancer à son cou, et lui répondre par mille baisers? Elle a eu recours à son clavecin, et s'est mise en même temps à chanter d'une voix si douce! Jamais ses lèvres ne m'ont paru si charmantes : c'était comme si elles s'ouvraient, languissantes, pour absorber en elles ces doux sons qui jaillissaient de l'instrument, et que seulement l'écho céleste de sa bouche résonnât. Ah! si je pouvais te dire cela comme je le sentais! Je n'ai pu y tenir plus longtemps. J'ai baissé la tête, et j'ai dit avec serment : « Jamais je ne me hasarderai à vous imprimer un baiser, ô lèvres sur lesquelles voltigent les esprits du ciel!... » Et cependant..... je veux..... Ah! vois-tu, c'est comme un mur de séparation qui s'est élevé devant mon âme... Cette félicité, cette pureté du ciel... détruite... et puis expier son crime... Son crime!

26 novembre.

Quelquefois je me dis : « Ta destinée n'est qu'à

toi : tu peux estimer tous les autres heureux; jamais mortel ne fut tourmenté comme toi. » Et puis je lis quelque ancien poëte; et c'est comme si je lisais dans mon propre cœur. J'ai tant à souffrir! Quoi! il y a donc eu déjà avant moi des hommes aussi malheureux!

30 novembre.

Non, jamais, jamais je ne pourrai revenir à moi. Partout où je vais, je rencontre quelque apparition qui me met hors de moi-même. Aujourd'hui, ô destin! ô humanité!...

Je vais sur les bords de l'eau à l'heure du dîner; je n'avais aucune envie de manger. Tout était désert; un vent d'ouest, froid et humide, soufflait de la montagne, et des nuages grisâtres couvraient la vallée. J'ai aperçu de loin un homme vêtu d'un mauvais habit vert, qui marchait courbé entre les rochers, et paraissait chercher des simples. Je me suis approché de lui, et, le bruit que j'ai fait en arrivant l'ayant fait se retourner, j'ai vu une physionomie tout à fait intéressante, couverte d'une tristesse profonde, mais qui n'annonçait rien d'ailleurs qu'une âme honnête. Ses cheveux étaient relevés en deux boucles avec des épingles, et ceux de derrière formaient une tresse fort épaisse qui lui descendait sur le dos. Comme son habillement indiquait un homme du commun, j'ai cru qu'il ne prendrait pas mal que je fisse attention à ce qu'il faisait; et, en conséquence, je lui ai demandé ce qu'il cherchait. « Je cherche des fleurs, a-t-il répondu avec un profond soupir, et je n'en trouve point. — Aussi n'est-ce pas la saison, lui ai-je dit en riant. — Il y a tant de fleurs ! a-t-il reparti en descendant vers moi. Il y a dans mon jardin des roses et deux espèces de chèvrefeuille, dont l'une m'a été donnée par mon père. Elles poussent ordinairement aussi vite que la mauvaise herbe, et voilà déjà deux jours que j'en cherche sans en pouvoir trouver. Et même ici, dehors, il y a toujours des fleurs, des jaunes, des bleues, des rouges, et la centaurée aussi est une jolie petite fleur : je n'en puis trouver aucune. » J'ai remarqué en lui un certain air hagard ; et, prenant un détour, je lui ai demandé ce qu'il voulait faire de ces fleurs. Un sourire singulier et convulsif a contracté les traits de sa figure. « Si vous voulez ne point me trahir, a-t-il dit en appuyant un doigt sur sa bouche, je vous dirai que j'ai promis un bouquet à ma belle. — C'est fort bien. — Ah ! elle a bien d'autres choses ! Elle est riche ! — Et pourtant elle fait grand cas de votre bouquet ? — Oh ! elle a des joyaux et une couronne ! — Comment l'appelez-vous donc ? — Si les états généraux voulaient me payer, je serais un autre homme ! Oui, il fut un temps où j'étais si content ! Aujourd'hui c'en est fait pour moi, je suis... » Un regard humide qu'il a lancé vers le ciel a tout exprimé. « Vous étiez donc heureux ? — Ah ! je voudrais bien l'être encore de même ! J'étais content, gai et gaillard comme le poisson dans l'eau. — Henri ! a crié une vieille femme qui venait sur le chemin, Henri, où es-tu fourré ? nous t'avons cherché partout. Viens dîner. — Est-ce là votre fils ? lui ai-je demandé en m'approchant d'elle. — Oui, c'est mon pauvre fils ! a-t-elle répondu. Dieu m'a donné une croix lourde. — Combien y a-t-il qu'il est dans cet état ? — Il n'y a que six mois qu'il est ainsi tranquille. Je rends grâce à Dieu que cela n'ait pas été plus loin. Auparavant il a été dans une frénésie qui a duré une année entière, et pour lors il était à la chaîne dans l'hôpital des fous. A présent il ne fait rien à personne ; seulement il est toujours occupé de rois et d'empereurs. C'était un homme doux et tranquille, qui m'aidait à vivre, et qui avait une fort belle écriture. Tout d'un coup il devint rêveur, tomba malade d'une fièvre chaude, de là dans le délire, et maintenant il est dans l'état où vous le voyez. S'il fallait raconter, monsieur... » J'interrompis ce flux de paroles en lui demandant quel était ce temps dont il faisait si grand récit, et où il se trouvait si heureux et si content. « Le pauvre insensé, m'a-t-elle dit avec un sourire de pitié, veut parler du temps où il était hors de lui : il ne cesse d'en faire l'éloge. C'est le temps qu'il a passé à l'hôpital, et où il n'avait aucune connaissance de lui-même. » Cela a fait sur moi l'effet d'un coup de tonnerre. Je lui ai mis une pièce d'argent dans la main, et je me suis éloigné d'elle à grands pas.

« Où tu étais heureux ! mé suis-je écrié en marchant précipitamment vers la ville, où tu étais content comme un poisson dans l'eau ! Dieu du ciel, as-tu donc ordonné la destinée des hommes de telle sorte qu'ils ne soient heureux qu'avant d'arriver à l'âge de la raison, ou après qu'ils l'ont perdue? Pauvre misérable! Et pourtant je porte envie à ta folie, à ce désastre de tes sens, dans lequel tu te consumes. Tu sors plein d'espérances pour cueillir des fleurs à ta reine... au milieu de l'hiver... et tu t'affliges de n'en point trouver, et tu ne conçois pas pourquoi tu n'en trouves point. Et moi... et moi, je sors sans espérances, sans aucun but, et je rentre au logis comme j'en suis sorti... Tu te figures quel homme tu serais si les états généraux voulaient te payer; heureuse créature, qui peux attribuer la privation de ton bonheur à un obstacle terrestre! Tu ne sens pas, tu ne sens pas que c'est dans le trouble de ton cœur, dans ton cerveau détraqué, que gît ta misère, dont tous les rois de la terre ne sauraient te délivrer! »

Puisse-t-il mourir dans le désespoir, celui qui se rit du malade qui, pour aller chercher des eaux minérales éloignées, fait un long voyage qui augmentera sa maladie et rendra la fin de sa vie plus douloureuse! celui qui insulte à ce cœur oppressé qui, pour se délivrer de ses remords, pour calmer son trouble et ses souffrances, fait un pèlerinage au saint sépulcre! Chaque pas qu'il fait sur la terre durcie, par des routes non frayées, et qui déchire ses pieds, est une goutte de baume sur sa plaie; et à chaque jour de marche il se couche le cœur soulagé d'une partie du fardeau qui l'accable... Et vous osez appeler cela rêveries, vous autres bavards, mollement assis sur des coussins! Rêveries !... O Dieu! tu vois mes larmes... Fallait-il, après avoir formé l'homme si pauvre, lui donner des frères qui le pillent encore dans sa pauvreté, et lui dérobent ce peu de confiance qu'il a en toi? car la confiance en une racine salutaire, dans les pleurs de la vigne, qu'est-ce, sinon la confiance en toi, qui as mis dans tout ce qui nous environne la guérison et le soulagement dont nous avons besoin à toute heure? O père que je ne connais pas, père qui remplissais autrefois toute mon âme, et qui as depuis détourné ta face de dessus moi, appelle-moi vers toi! ne te tais pas plus longtemps; ton silence n'arrêtera pas mon âme altérée... Et un homme, un père, pourrait-il s'irriter de voir son fils, qu'il n'attendait pas, lui sauter au cou, en s'écriant : « Me voici revenu, mon père; ne vous fâchez point si j'interromps un voyage que je devais supporter plus long pour vous obéir. Le monde est le même partout; partout peine et travail, récompense et plaisir : mais que me fait tout cela? Je ne suis bien qu'où vous êtes, je veux souffrir et jouir en votre présence!...» Et toi, père céleste et miséricordieux, pourrais-tu repousser ton fils?

1er décembre.

Wilhelm! cet homme dont je t'ai parlé, cet heureux infortuné, était commis chez le père de Charlotte, et une malheureuse passion qu'il conçut pour elle, qu'il nourrit en secret, qu'il lui découvrit enfin, et qui le fit renvoyer de sa place, l'a rendu fou. Sens, si tu peux, sens, par ces mots pleins de sécheresse, combien cette histoire m'a bouleversé, lorsque Albert me l'a contée aussi froidement que tu la liras peut-être !

4 décembre.

Je te supplie... Vois-tu, c'est fait de moi... Je ne saurais supporter tout cela plus longtemps. Aujourd'hui j'étais assis près d'elle... J'étais assis ; elle jouait différents airs sur son clavecin, avec toute l'expression ! tout, tout !... que dirais-je ? Sa petite sœur habillait sa poupée sur mon genou. Les larmes me sont venues aux yeux. Je me suis baissé, et j'ai aperçu son anneau de mariage. Mes pleurs ont coulé... Et tout à coup elle a passé à cet air ancien dont la douceur a quelque chose de céleste, et aussitôt j'ai senti entrer dans mon âme un sentiment de consolation, et revivre le souvenir de tout le passé, du temps où j'entendais cet air, des tristes jours d'intervalle, du retour, des chagrins, des espérances trompées, et puis... J'allais et venais par la chambre ; mon cœur suffoquait. « Au nom de Dieu ! lui ai-je dit avec l'expression la plus vive, au nom de Dieu, finissez ! » Elle a cessé, et m'a regardé attentivement : « Werther, m'a-t-elle dit avec un sourire qui me perçait l'âme ; Werther, vous êtes bien malade, vos mets favoris vous répugnent. Allez ! de grâce, calmez-vous. » Je me suis arraché d'auprès d'elle, et... Dieu ! tu vois mes souffrances, tu y mettras fin.

6 décembre.

Comme cette image me poursuit! Que je veille ou que je rêve, elle remplit seule mon âme. Ici, quand je ferme à demi les paupières, ici, dans mon front, à l'endroit où se concentre la force visuelle, je trouve ses yeux noirs. Non, je ne saurais t'exprimer cela. Si je m'endors tout à fait, ses yeux sont encore là, ils sont là comme un abîme; ils reposent devant moi, ils remplissent mon front.

Qu'est-ce que l'homme, ce demi-dieu si vanté? Les forces ne lui manquent-elles pas précisément à l'heure où elles lui seraient le plus nécessaires? Et lorsqu'il prend l'essor dans la joie, ou qu'il s'enfonce dans la tristesse, n'est-il pas alors même borné, et toujours ramené au sentiment de lui-même, au triste sentiment de sa petitesse, quand il espérait se perdre dans l'infini?

L'EDITEUR AU LECTEUR.

Combien je désirerais qu'il nous restât sur les derniers jours de notre malheureux ami assez de renseignements écrits de sa propre main, pour que je ne fusse pas obligé d'interrompre par des récits la suite des lettres qu'il nous a laissées !

Je me suis attaché à recueillir les détails les plus exacts de la bouche de ceux qui pouvaient être le mieux informés de son histoire. Ces détails sont uniformes : toutes les relations s'accordent entre elles jusque dans les moindres circonstances. Je n'ai trouvé les opinions partagées que sur la manière de juger les caractères et les sentiments des personnes qui ont joué ici quelque rôle.

Il ne nous reste donc qu'à raconter fidèlement tout ce que ces recherches multipliées nous ont appris, en faisant entrer dans ce récit les lettres qui nous sont restées de celui qui n'est plus, sans dédaigner le plus petit papier conservé. Il est si difficile de connaître la vraie cause, les véritables ressorts de l'action même la plus simple, lorsqu'elle provient de personnes qui sortent de la ligne commune !

Le découragement et le chagrin avaient jeté des racines de plus en plus profondes dans l'âme de Werther, et peu à peu s'étaient emparés de tout son être. L'harmonie de son intelligence était entièrement détruite ; un feu interne et violent, qui minait toutes ses facultés les unes par les autres, produisit les plus funestes effets, et finit par ne lui laisser qu'un accablement plus pénible encore à soutenir que tous les maux contre lesquels il avait lutté jusqu'alors. Les angoisses de son cœur consumèrent les dernières forces de son esprit, sa vivacité, sa sagacité. Il ne portait plus qu'une morne tristesse dans la société, de jour en jour plus malheureux, et toujours plus injuste à mesure qu'il devenait plus malheureux. Au moins, c'est ce que disent les amis d'Albert. Ils soutiennent que Werther n'avait pas su apprécier un homme droit et paisible qui, jouissant d'un bonheur longtemps désiré, n'avait d'autre but que de s'assurer ce bonheur pour l'avenir. Comment aurait-il pu comprendre cela, lui qui chaque jour dissipait tout, et ne gardait pour le soir que souffrance et privation ! Albert, disent-ils, n'avait point changé en si peu de temps ; il était toujours le même homme que Werther avait tant loué, tant estimé au commencement de leur connaissance. Il chérissait Charlotte par-dessus tout ; il était fier d'elle ; il désirait que chacun la reconnût pour l'être le plus parfait. Pouvait-on le blâmer de chercher à détourner jusqu'à l'apparence du soupçon ? Pouvait-on le blâmer s'il se refusait à partager avec qui que ce fût un bien si précieux, même de la manière la plus innocente? Ils avouent que, lorsque Werther venait chez sa femme, Albert quittait souvent la chambre ; mais ce n'était ni haine ni aversion pour son ami : c'était seulement parce qu'il avait senti que Werther était gêné en sa présence.

Le père de Charlotte fut attaqué d'un mal qui le retint dans sa chambre. Il envoya sa voiture à sa fille ; elle se rendit auprès de lui. C'était par un beau jour d'hiver ; la première neige était tombée en abondance, et la terre en était couverte.

Werther alla rejoindre Charlotte le lendemain matin, pour la ramener chez elle si Albert ne venait pas la chercher.

Le beau temps fit peu d'effet sur son humeur sombre ; un poids énorme oppressait son âme, de lugubres images le poursuivaient, et son cœur ne connaissait plus d'autre mouvement que de passer d'une idée pénible à une autre.

Comme il vivait toujours mécontent de lui-même, l'état de ses amis lui semblait aussi plus agité et plus critique : il crut avoir troublé la bonne intelligence entre Albert et sa femme ; il s'en fit des reproches auxquels se mêlait un ressentiment secret contre l'époux.

En chemin, ses pensées tombèrent sur ce sujet. « Oui, se disait-il avec une sorte de fureur, voilà donc cette union intime, si entière, si dévouée, ce vif intérêt, cette foi si constante, si inébranlable ! Ce n'est plus que satiété et indifférence ! La plus misérable affaire ne l'occupe-t-elle pas plus que la femme la plus adorable ! Sait-il apprécier son bonheur ? Sait-il estimer au juste ce qu'elle vaut ? Elle lui appartient... Eh bien ! elle lui appartient... Je sais cela comme je sais autre chose ; je croyais être fait à cette idée, et elle excite encore ma rage, elle m'assassinera !... Et son amitié à toute épreuve qu'il m'avait jurée, a-t-elle tenu ? Ne voit-il pas déjà une atteinte à ses droits dans mon attachement pour Charlotte, et dans mes attentions un secret reproche ? Je m'en aperçois, je le sens, il me voit avec peine, il souhaite que je m'éloigne, ma présence lui pèse. »

Quelquefois il ralentissait sa marche précipitée ; quelquefois il s'arrêtait, et semblait vouloir retourner sur ses pas. Il continuait cependant son chemin, toujours livré à ces idées, à ces conversations solitaires ; et il arriva enfin, presque malgré lui, à la maison de chasse.

Il entra, et demanda le bailli et Charlotte. Il trouva tout le monde dans l'agitation. L'aîné des fils lui dit qu'il venait d'arriver un malheur à Wahlheim, qu'un paysan venait d'être assassiné. Cela ne fit pas sur lui une grande impression. Il se rendit au salon, et trouva Charlotte occupée à dissuader le bailli, qui, sans être retenu par sa maladie, voulait aller sur les lieux faire une enquête sur le crime. Le meurtrier était encore inconnu. On avait trouvé le cadavre, le matin, devant la porte de la ferme où cet homme habitait. On avait des soupçons : le mort était domestique chez une veuve qui, peu de temps auparavant, en avait eu un autre à son service, et celui-ci était sorti de la maison par suite de mécontentement grave.

A ces détails, il se leva précipitamment. « Est-il possible! s'écria-t-il ; il faut que j'y aille, je ne puis différer d'un moment. » Il courut à Wahlheim. Bien des souvenirs se retraçaient vivement à son esprit ; il ne douta pas une minute que celui qui avait commis le crime ne fût le jeune homme auquel il avait parlé bien des fois, et qui lui était devenu si cher.

En passant sous les tilleuls pour se rendre au cabaret où l'on avait déposé le cadavre, Werther se sentit troublé à la vue de ce lieu jadis si chéri. Ce seuil où les enfants avaient si souvent joué, était souillé de sang. L'amour et la fidélité, les plus beaux sentiments de l'homme, avaient dégénéré en violence et en meurtre. Les grands arbres étaient sans feuillage et couverts de frimas; la haie vive qui recouvrait le petit mur du cimetière et se voûtait au-dessus avait perdu son feuillage, et les pierres des tombeaux se laissaient voir, couvertes de neige, à travers les vides.

Comme il approchait du cabaret, devant lequel le village entier était rassemblé, il s'éleva tout à coup une grande rumeur. On vit de loin une troupe d'hommes armés, et chacun s'écria que l'on amenait le meurtrier. Werther jeta les yeux sur lui, et il n'eut plus aucune incertitude. Oui, c'était bien ce valet de ferme qui aimait tant cette veuve, et que, peu de jours auparavant, il avait rencontré livré à une sombre tristesse, à un secret désespoir.

« Qu'as-tu fait, malheureux? » s'écria Werther en s'avançant vers le prisonnier. Celui-ci le regarda tranquillement, se tut, et répondit enfin froidement : « Personne ne l'aura, elle n'aura personne. » On le conduisit au cabaret, et Werther s'éloigna précipitamment.

Tout son être était bouleversé par l'émotion extraordinaire et violente qu'il venait d'éprouver. En un instant il fut arraché à sa mélancolie, à son découragement, à sa sombre apathie. L'intérêt le plus irrésistible pour ce jeune homme, le désir le plus vif de le sauver, s'emparèrent de lui. Il le sentait si malheureux, il le trouvait même si peu coupable, malgré son crime; il entrait si profondément dans sa situation, qu'il croyait que certainement il amènerait tous les autres à cette opinion. Déjà il brûlait de parler en sa faveur; déjà le discours le plus animé se pressait sur ses lèvres; il courait en hâte à la maison de chasse, et répétait à demi-voix, en chemin, tout ce qu'il représenterait au bailli.

Lorsqu'il entra dans la salle, il aperçut Albert, dont la présence le déconcerta d'abord; mais il se remit bientôt, et avec beaucoup de feu il exposa son opinion au bailli. Celui-ci secoua la tête à plusieurs reprises; et quoique Werther mit dans son discours toute la chaleur de la conviction, et toute la vivacité, toute l'énergie qu'un homme peut apporter à la défense d'un de ses semblables, cependant, comme on le croira sans peine, le bailli n'en fut point ébranlé. Il ne laissa même pas finir notre ami ; il le réfuta vivement, et le blâma de prendre un meurtrier sous sa protection; il lui fit sentir que de cette manière les lois seraient toujours éludées, et que la sûreté publique serait anéantie; il ajouta que d'ailleurs, dans une affaire aussi grave, il ne pouvait rien faire sans se charger de la plus grande responsabilité, et qu'il fallait que tout se fît avec les formalités légales.

Werther ne se rendit pas encore, mais il se borna alors à demander que le bailli fermât les yeux, si l'on pouvait faciliter l'évasion du jeune homme. Le bailli lui refusa aussi cela. Albert, qui prit enfin part à la conversation, exprima la même opinion que son beau-père. Werther fut réduit au silence; il s'en alla navré de douleur, après que le bailli lui eut encore répété plusieurs fois : « Non, rien ne peut le sauver! »

Nous voyons combien il fut frappé de ces paroles dans un petit billet que l'on trouva parmi ses papiers, et qui fut certainement écrit ce jour-là :

« On ne peut te sauver, malheureux! Je le vois bien, on ne peut te sauver. »

Ce qu'avait dit Albert en présence du bailli sur l'affaire du prisonnier avait singulièrement mortifié Werther. Il avait cru y remarquer quelque allusion à lui-même et à ses propres sentiments; et quoique, après y avoir plus mûrement réfléchi, il comprit bien que ces deux hommes pouvaient avoir raison, il sentait cependant qu'il serait au-dessus de ses forces d'en convenir.

Nous trouvons dans ses papiers une note qui a trait à cet événement, et qui exprime peut-être ses vrais sentiments pour Albert :

« A quoi sert de me dire et de me répéter : Il est honnête et bon ! Mais il me déchire jusqu'au fond du cœur; je ne puis être juste ! »

La soirée étant douce et le temps disposé au dégel, Charlotte et Albert s'en retournèrent à pied. En chemin, Charlotte regardait çà et là, comme si la société de Werther lui eût manqué. Albert se mit à parler de lui. Il le blâma, tout en lui rendant justice. Il en vint à sa malheureuse passion, et souhaita pour lui-même qu'il fût possible de l'éloigner. « Je le souhaite aussi pour nous, dit-il ; et, je t'en prie, tâche de donner une autre direction à ses relations avec toi, et de rendre plus rares ses visites si multipliées. Le monde y fait attention, et je sais qu'on en a déjà parlé. » Charlotte ne dit rien. Albert parut avoir senti ce silence : au moins depuis ce temps il ne parla plus de Werther devant elle, et, si elle en parlait, il laissait tomber la conversation, ou la faisait changer de sujet.

La vaine tentative que Werther avait faite pour sauver le malheureux paysan était comme le dernier éclat de la flamme d'une lumière qui s'éteint : il n'en retomba que plus fort dans la douleur et l'abattement. Il eut une sorte de désespoir quand il apprit qu'on l'appellerait peut-être en témoignage contre le coupable, qui maintenant avait recours aux dénégations.

Tout ce qui lui était arrivé de désagréable dans sa vie active, ses chagrins auprès de l'ambassadeur, tous ses projets manqués, tout ce qui l'avait jamais blessé, lui revenait et l'agitait encore. Il se trouvait par tout cela même comme autorisé à l'inactivité; il se voyait privé de toute perspective, et incapable, pour ainsi dire, de prendre la vie par aucun bout. C'est ainsi que, livré entièrement à ses sombres idées et à sa passion, plongé dans l'éternelle uniformité de ses douloureuses relations avec l'être aimable et adoré dont il troublait le repos, détruisant ses forces sans but, et s'usant sans espérances, il se familiarisait chaque jour avec une affreuse pensée et s'approchait de sa fin.

Quelques lettres qu'il a laissées, et que nous insérons ici, sont les preuves les plus irrécusables de son trouble, de son délire, de ses pénibles tourments, de ses combats, et de son dégoût de la vie.

12 décembre.

« Cher Wilhelm! je suis dans l'état où devaient être ces malheureux qu'on croyait possédés d'un esprit malin. Cela me prend souvent. Ce n'est pas angoisse, ce n'est point désir : c'est une rage intérieure, inconnue, qui menace de déchirer mon sein, qui me serre la gorge, qui me suffoque! Alors je souffre, je souffre, et je cherche à me fuir, et je m'égare au milieu des scènes nocturnes et terribles qu'offre cette saison ennemie des hommes.

« Hier soir, il me fallut sortir. Le dégel était survenu subitement. J'avais entendu dire que la rivière était débordée, que tous les ruisseaux jusqu'à Wahlheim s'étaient gonflés, et que l'inondation couvrait toute ma chère vallée. J'y courus après onze heures. C'était un terrible spectacle!... Voir de la cime d'un roc, à la clarté de la lune, les torrents rouler sur les champs, les prés, les haies, inonder tout, le vallon bouleversé, et à sa place une mer houleuse livrée aux sifflements aigus du vent... Et lorsque, après une profonde obscurité, la lune reparaissait, et qu'un reflet superbe et terrible me montrait de nouveau les flots roulant et résonnant à mes pieds, alors il me prenait un frissonnement, et puis bientôt un désir... Ah! les bras étendus, j'étais là devant l'abîme, et je brûlais de m'y jeter... de m'y jeter! Je me perdais dans l'idée délicieuse d'y précipiter mes tourments, mes souffrances, avec du bruit, comme des vagues. Oh!... et tu n'eus pas la force de lever le pied et de finir tous tes maux... Mon sablier n'est pas encore à sa fin, je le sens! O mon ami! combien volontiers j'aurais donné mon existence d'homme, pour, avec l'ouragan, déchirer les nuées, soulever les flots! Serait-il possible que ces délices ne devinssent jamais le partage de celui qui languit aujourd'hui dans sa prison?

« Et quel fut mon chagrin, en abaissant mes regards sur un endroit où je m'étais reposé avec Charlotte, sous un saule, après nous être promenés à la chaleur! Cette petite place était aussi inondée, et à peine je reconnus le saule! « Et ses prairies, pen« sai-je, et les environs de la maison de chasse!
« Comme le torrent doit avoir arraché, détruit

« nos berceaux ! » Et le rayon doré du passé brilla dans mon âme... comme à un prisonnier vient un rêve de troupeau, de prairies, d'honneurs. J'étais debout là... Je ne m'en veux pas, car j'ai le courage de mourir... J'aurais dû... Et me voilà comme la vieille qui demande son bois aux haies et son pain aux portes, pour soutenir et prolonger d'un instant sa triste et défaillante existence. »

14 décembre.

« Qu'est-ce, mon ami ? Je suis effrayé de moi-même. L'amour que j'ai pour elle n'est-il pas l'amour le plus saint, le plus pur, le plus fraternel ? Ai-je jamais senti dans mon âme un désir coupable ?... Je ne veux point jurer... Et maintenant des rêves ! Oh ! que ceux-là avaient raison qui attribuaient ces effets opposés à des forces diverses ! Cette nuit... je tremble de te le dire... je la tenais dans mes bras étroitement serrée contre mon sein, et je couvrais sa belle bouche, sa bouche balbutiante d'amour, d'un million de baisers. Mon œil nageait dans l'ivresse du sien. Dieu ! serait-ce un crime que le bonheur que je goûte encore à me rappeler intimement tous ces ardents plaisirs ? Charlotte ! Charlotte !... C'est fait de moi !... mes sens se troublent. Depuis huit jours je ne pense plus. Mes yeux sont remplis de larmes. Je ne suis bien nulle part, et je suis bien partout... Je ne souhaite rien, ne désire rien. Il vaudrait mieux que je partisse. »

La résolution de sortir du monde s'était accrue

et fortifiée dans l'âme de Werther au milieu de ces circonstances. Depuis son retour auprès de Charlotte, il avait toujours considéré la mort comme sa dernière perspective, et comme une ressource qui ne lui manquerait pas. Mais il s'était cependant promis de ne point s'y porter avec violence et précipitation, et de ne faire ce pas qu'avec la plus grande conviction et le plus grand calme.

Son incertitude, ses combats avec lui-même, paraissent dans quelques lignes qui sans doute commençaient une lettre à son ami ; le papier ne porte pas de date :

« Sa présence, sa destinée, l'intérêt qu'elle prend à mon sort, expriment encore les dernières larmes de mon cerveau calciné.

« Lever le rideau et passer derrière... voilà tout ! Pourquoi frémir ? pourquoi hésiter ? Est-ce parce qu'on ignore ce qu'il y a derrière ?... parce qu'on n'en revient point ?... et que c'est le propre de notre esprit de supposer que tout est confusion et ténèbres là où nous ne savons pas d'une manière certaine ce qu'il y a ? »

Il s'habitua de plus en plus à ces funestes idées, et chaque jour elles lui devinrent plus familières. Son projet fut arrêté enfin irrévocablement ; on en trouve la preuve dans cette lettre à double entente qu'il écrivit à son ami :

20 décembre.

« Cher Wilhelm, je rends grâce à ton amitié a'uvoir si bien compris ce que je voulais dire. Oui, tu as raison, il vaudrait mieux pour moi que je partisse. La proposition que tu me fais de retourner vers vous n'est pas tout à fait de mon goût : au moins je voudrais faire un détour, surtout au moment où nous pouvons espérer une gelée soutenue et de beaux chemins. Je suis aussi très-content de ton dessein de venir me chercher ; accorde-moi seulement quinze jours, et attends encore une lettre de moi qui te donne des nouvelles ultérieures. Il ne faut pas cueillir le fruit avant qu'il soit mûr, et quinze jours de plus ou de moins font beaucoup. Tu diras à ma mère qu'elle prie pour son fils, et que je lui demande pardon de tous les chagrins que je lui ai causés. C'était mon destin de faire le tourment des personnes dont j'aurais dû faire la joie. Adieu, mon cher ami. Que le ciel répande sur toi toutes ses bénédictions ! Adieu. »

Nous ne chercherons pas à rendre ce qui se passait à cette époque dans l'âme de Charlotte, et ce qu'elle éprouvait à l'égard de son mari et de son malheureux ami, quoique en nous-mêmes nous nous en fassions bien une idée, d'après la connaissance de son caractère. Mais toute femme douée d'une belle âme s'identifiera avec elle et comprendra ce qu'elle souffrait.

Ce qu'il y a de certain, c'est qu'elle était très-décidée à tout faire pour éloigner Werther. Si elle temporisait, son hésitation provenait de compassion et d'amitié ; elle savait combien cet effort coûterait à Werther, elle savait qu'il lui serait presque impossible. Cependant elle se vit bientôt forcée de prendre une détermination : Albert continuait à garder sur ce sujet le même silence qu'elle avait elle-même gardé; et il lui importait d'autant plus de prouver par ses actions combien ses sentiments étaient dignes de ceux de son mari.

Le jour que Werther écrivit à son ami la dernière lettre que nous venons de rapporter était le dimanche avant Noël; il vint le soir chez Charlotte, et la trouva seule. Elle s'occupait de préparer les joujoux qu'elle destinait à ses frères et sœurs pour les étrennes. Il parla de la joie qu'auraient les enfants, et de ce temps où l'ouverture inattendue d'une porte et l'apparition d'un arbre décoré de cierges, de sucreries et de pommes, nous causent les plus grands ravissements[1]. « Vous aussi, dit Charlotte en cachant son embarras sous un aimable sourire, vous aussi, vous aurez vos étrennes, si vous êtes bien sage : une petite bougie, et puis quelque chose encore. — Et qu'appelez-vous être bien sage? s'écria-t-il : comment dois-je être? comment puis-je être? — Jeudi soir, reprit-elle, est la veille de Noël; les enfants viendront alors, et mon père avec eux; chacun aura ce qui lui est destiné. Venez aussi... mais pas avant...» Werther était interdit. « Je vous en prie, continua-t-elle, qu'il en soit ainsi; je vous en prie pour

[1] C'est l'usage en Allemagne d'enfermer, la veille de Noël, un arbre chargé de petits cierges et de bonbons dans une fausse armoire, qu'on ouvre à l'instant où l'on s'y attend le moins, pour donner aux enfants le plaisir de la surprise.

mon repos. Cela ne peut pas durer ainsi, non, cela ne se peut pas. » Il détourna les yeux de dessus elle, et se mit à marcher à grands pas dans la chambre, en répétant entre les dents : « Cela ne peut pas durer! » Charlotte, qui s'aperçut de l'état violent où l'avaient mis ces paroles, chercha, par mille questions, à le distraire de ses pensées ; mais ce fut en vain. « Non, Charlotte, s'écria-t-il, non, je ne vous reverrai plus! — Pourquoi donc, Werther? reprit-elle. Vous pouvez, vous devez nous revoir; seulement soyez plus maître de vous! Oh! pourquoi êtes-vous né avec cette fougue, avec cet emportement indomptable et passionné que vous mettez à tout ce qui vous attache une fois! Je vous en prie, ajouta-t-elle en lui prenant la main, soyez maître de vous! Que de jouissances vous assurent votre esprit, vos talents, vos connaissances! Soyez homme, rompez ce fatal attachement pour une créature qui ne peut rien que vous plaindre! » Il grinça les dents, et la regarda d'un air sombre. Elle prit sa main. « Un seul moment de calme, Werther! lui dit-elle. Ne sentez-vous pas que vous vous abusez, que vous courez volontairement à votre perte? Pourquoi faut-il que ce soit moi, Werther! moi qui appartiens à un autre, précisément moi! Je crains bien, oui, je crains que ce ne soit cette impossibilité même de m'obtenir qui rende vos désirs si ardents! » Il retira sa main des siennes, et, la regardant d'un œil fixe et mécontent : « C'est bien, s'écria-t-il, c'est très-bien! Cette remarque est peut-être d'Albert? Elle est profonde!

très-profonde! — Chacun peut la faire, reprit-elle. N'y aurait-il donc, dans le monde entier, aucune femme qui pût remplir les vœux de votre cœur? Gagnez sur vous de la chercher, et je vous jure que vous la trouverez. Depuis longtemps, pour vous et pour nous, je m'afflige de l'isolement où vous vous renfermez. Prenez sur vous! Un voyage vous ferait du bien, sans aucun doute. Cherchez un objet digne de votre amour, et revenez alors : nous jouirons tous ensemble de la félicité que donne une amitié sincère.

— On pourrait imprimer cela, dit Werther avec un sourire amer, et le recommander à tous les instituteurs. Ah! Charlotte, laissez-moi encore quelque répit : tout s'arrangera! — Eh bien, Werther! ne revenez pas avant la veille de Noël! » Il voulait répondre; Albert entra. On se donna le bonsoir avec un froid de glace. Ils se mirent à se promener l'un à côté de l'autre dans l'appartement d'un air embarrassé. Werther commença un discours insignifiant, et cessa bientôt de parler. Albert fit de même, puis il interrogea sa femme sur quelques affaires dont il l'avait chargée. En apprenant qu'elles n'étaient pas encore arrangées, il lui dit quelques mots que Werther trouva bien froids et même durs. Il voulait s'en aller, et il ne pouvait pas. Il balança jusqu'à huit heures, et son humeur ne fit que s'aigrir. Quand on vint mettre le couvert, il prit sa canne et son chapeau. Albert le pria de rester; mais il ne vit dans cette invitation qu'une politesse insignifiante : il remercia très-froidement, et sortit.

Il retourna chez lui, prit la lumière des mains de son domestique qui voulait l'éclairer, et monta seul à sa chambre. Il sanglotait, parcourait la chambre à grands pas, se parlait à lui-même à haute voix et d'une manière très-animée. Il finit par se jeter tout habillé sur son lit, où le trouva son domestique, qui prit sur lui d'entrer sur les onze heures pour lui demander s'il ne voulait pas qu'il lui tirât ses bottes. Il y consentit, et lui dit de ne point entrer le lendemain matin dans sa chambre sans avoir été appelé.

Le lundi matin, 21 décembre, il commença à écrire à Charlotte la lettre suivante, qui, après sa mort, fut trouvée cachetée sur son secrétaire, et qui fut remise à Charlotte. Je la détacherai ici par fragments, comme il paraît l'avoir écrite :

« C'est une chose résolue, Charlotte, je veux mourir, et je te l'écris sans aucune exaltation romanesque, de sang-froid, le matin du jour où je te verrai pour la dernière fois. Quand tu liras ceci, ma chère, le tombeau couvrira déjà la dépouille glacée du malheureux qui ne connaît pas de plaisir plus doux, pour les derniers moments de sa vie, que de s'entretenir avec toi. J'ai eu une nuit terrible et aussi bienfaisante. Elle a fixé, affermi ma résolution. Je veux mourir! Quand je m'arrachai hier d'auprès de toi, quelle convulsion j'éprouvais dans mon âme! quel horrible serrement de cœur! comme ma vie, se consumant près de toi sans joie, sans espérance, me glaçait et me faisait horreur! Je pus à peine arriver jusqu'à ma chambre. Je me jetai à genoux, tout hors de moi ; et, ô Dieu ! tu m'accordas une dernière fois le soulagement des larmes les plus amères. Mille projets, mille idées se combattirent dans mon âme ; et enfin il n'y resta plus qu'une seule idée, bien arrêtée, bien inébranlable. Je veux mourir ! Je me couchai, et ce matin, dans tout le calme du réveil, je trouvai encore dans mon cœur cette résolution ferme et inébranlable. Je veux mourir !... Ce n'est point désespoir, c'est la certitude que j'ai fini ma carrière, et que je me sacrifie pour toi. Oui, Charlotte, pourquoi te le cacher ? il faut que l'un de nous trois périsse, et je veux que ce soit moi. O ma chère ! une idée furieuse s'est insinuée dans mon cœur déchiré, souvent... de tuer ton époux... toi... moi !... Ainsi soit-il donc ! Lorsque, sur le soir d'un beau jour d'été, tu graviras la montagne, pense à moi alors, et souviens-toi combien de fois je parcourus cette vallée. Regarde ensuite vers le cimetière, et que ton œil voie comme le vent berce l'herbe sur ma tombe, aux derniers rayons du soleil couchant... J'étais calme en commençant, et maintenant ces images m'affectent avec tant de force que je pleure comme un enfant. »

Sur les dix heures, Werther appela son domestique ; et, en se faisant habiller, il lui dit qu'il allait faire un voyage de quelques jours ; qu'il n'avait qu'à nettoyer ses habits et préparer tout pour faire les malles. Il lui ordonna aussi de demander les mémoires des marchands, de rapporter quelques livres qu'il avait prêtés, et de payer deux mois d'avance à quelques pauvres qui recevaient de lui une aumône chaque semaine.

Il se fit apporter à manger dans sa chambre; et après qu'il eut dîné, il alla chez le bailli, qu'il ne trouva pas à la maison. Il se promena dans le jardin d'un air pensif : il semblait qu'il voulût rassembler en foule tous les souvenirs capables d'augmenter sa tristesse.

Les enfants ne le laissèrent pas longtemps en repos. Ils coururent à lui en sautant, et lui dirent que quand demain, et encore demain, et puis encore un jour, seraient venus, ils recevraient de Lolotte leur présent de Noël; et là-dessus ils lui étalèrent toutes les merveilles que leur imagination leur promettait. « Demain, s'écria-t-il, et encore demain, et puis encore un jour! » Il les embrassa tous tendrement, et allait les quitter, lorsque le plus jeune voulut encore lui dire quelque chose à l'oreille. Il lui dit en confidence que ses grands frères avaient écrit de beaux compliments du jour de l'an; qu'ils étaient longs; qu'il y en avait un pour le papa, un pour Albert et Charlotte, et un aussi pour M. Werther, et qu'on les présenterait de grand matin, le jour de Noël.

Ces derniers mots l'accablèrent : il leur donna à tous quelque chose, monta à cheval, les chargea de faire ses compliments, et partit les larmes aux yeux.

Il revint chez lui vers les cinq heures, recommanda à la servante d'avoir soin du feu et de l'entretenir jusqu'à la nuit. Il dit au domestique d'emballer ses livres et son linge, et d'arranger ses habits dans sa malle. C'est alors vraisemblablement qu'il écrivit le paragraphe qui suit de sa dernière lettre à Charlotte :

« Tu ne m'attends pas. Tu crois que j'obéirai, « et que je ne te verrai que la veille de Noël. Char-« lotte! aujourd'hui ou jamais. La veille de Noël « tu tiendras ce papier dans ta main, tu frémiras, « et tu le mouilleras de tes larmes. Je le veux, il « le faut! Oh! que je suis content d'avoir pris « mon parti! »

Cependant Charlotte se trouvait dans une situation bien triste. Son dernier entretien avec Werther lui avait mieux fait sentir encore combien il lui serait difficile de l'éloigner; elle comprenait mieux qu'elle ne l'avait fait jusque-là tous les tourments qu'il aurait à souffrir pour se séparer d'elle.

Elle avait dit, comme en passant, en présence de son mari, que Werther ne reviendrait point avant la veille de Noël; et Albert était monté à cheval pour aller chez un bailli du voisinage terminer une affaire qui devait le retenir jusqu'au lendemain.

Elle était seule, aucun de ses frères n'était autour d'elle. Elle s'abandonna tout entière à ses pensées, qui erraient sur sa situation présente et sur l'avenir. Elle se voyait liée pour la vie à un homme dont elle connaissait l'amour et la fidélité, et qu'elle aimait de toute son âme; à un homme dont le caractère paisible et solide paraissait formé par le ciel pour assurer le bonheur d'une honnête femme;

elle sentait ce qu'un tel époux serait toujours pour elle et pour sa famille. D'un autre côté, Werther lui était devenu si cher, et dès le premier instant la sympathie entre eux s'était si bien manifestée, leur longue liaison avait amené tant de rapports intimes, que son cœur en avait reçu des impressions ineffaçables. Elle était accoutumée à partager avec lui tous ses sentiments et toutes ses pensées; et son départ la menaçait de lui faire un vide qu'elle ne pourrait plus remplir. Oh! si elle avait pu dans cet instant le changer en un frère, combien elle eût été heureuse! s'il y avait eu moyen de le marier à une de ses amies! si elle avait pu aussi espérer de rétablir entièrement la bonne intelligence entre Albert et lui!

Elle passa en revue dans son esprit toutes ses amies : elle trouvait toujours à chacune d'elles quelque défaut, et il n'y en eut aucune qui lui parût digne.

Au milieu de toutes ses réflexions, elle finit par sentir profondément, sans oser se l'avouer, que le désir secret de son âme était de le garder pour elle-même, tout en se répétant qu'elle ne pouvait, qu'elle ne devait pas le garder. Son âme si pure, si belle, et toujours si invulnérable à la tristesse, reçut en ce moment l'empreinte de cette mélancolie qui n'entrevoit plus la perspective du bonheur. Son cœur était oppressé, et un sombre nuage couvrait ses yeux.

Il était six heures et demie lorsqu'elle entendit Werther monter l'escalier; elle reconnut à l'instant ses pas et sa voix qui la demandait. Comme son cœur battit vivement à son approche et peut-être pour la première fois! Elle aurait volontiers fait dire qu'elle n'y était pas; et quand il entra, elle lui cria avec une espèce d'égarement passionné : « Vous ne m'avez pas tenu parole! — Je n'ai rien promis, » fut sa réponse. — « Au moins auriez-vous dû avoir égard à ma prière; je vous avais demandé cela pour notre tranquillité commune. »

Elle ne savait que dire ni que faire, quand elle pensa à envoyer inviter deux de ses amies, pour ne pas se trouver seule avec Werther. Il déposa quelques livres qu'il avait apportés, et en demanda d'autres. Tantôt elle souhaitait voir arriver ses amies, tantôt qu'elles ne vinssent pas, lorsque la servante rentra, et lui dit qu'elles s'excusaient toutes deux de ne pouvoir venir.

Elle voulait d'abord faire rester cette fille, avec son ouvrage, dans la chambre voisine, et puis elle changea d'idée. Werther se promenait à grands pas. Elle se mit à son clavecin, et commença un menuet; mais ses doigts se refusaient. Elle se recueillit, et vint s'asseoir d'un air tranquille auprès de Werther, qui avait pris sa place accoutumée sur le canapé.

« N'avez-vous rien à lire? » dit-elle. Il n'avait rien. « Ici, dans mon tiroir, continua-t-elle, est votre traduction de quelques chants d'Ossian : je ne l'ai point encore lue, car j'espérais toujours vous l'entendre lire vous-même; mais cela n'a jamais pu s'arranger. » Il sourit, et alla chercher son cahier.

Un frisson le saisit en y portant la main, et ses yeux se remplirent de larmes quand il l'ouvrit ; il se rassit, et lut :

« Étoile de la nuit naissante, te voilà qui étincelles à l'occident, tu lèves ta brillante tête sur la nuée, tu t'avances majestueusement le long de la colline. Que regardes-tu sur la bruyère ? Les vents orageux se sont apaisés ; le murmure du torrent lointain se fait entendre ; les vagues viennent expirer au pied du rocher, et les insectes du soir bourdonnent dans les airs. Que regardes-tu, belle lumière ? Mais tu souris et tu t'en vas joyeusement. Les ondes t'entourent, et baignent ton aimable chevelure. Adieu, tranquille rayon. Et toi, parais, toi superbe lumière de l'âme d'Ossian.

« Et elle paraît dans tout son éclat. Je vois mes amis morts. Ils s'assemblent à Lora, comme aux jours qui sont passés. Fingal vient, comme une humide colonne de brouillard. Autour de lui sont ses héros ; voilà les bardes ! Ullin aux cheveux gris, majestueux Ryno, Alpin, chantre aimable, et toi, plaintive Minona ! comme vous êtes changés, mes amis, depuis les jours de fêtes de Selma, alors que nous nous disputions l'honneur du chant, comme les zéphyrs du printemps font, l'un après l'autre, plier les hautes herbes sur la colline !

« Alors Minona s'avançait dans sa beauté, le regard baissé, les yeux pleins de larmes ; sa chevelure flottait, en résistant au vent vagabond qui soufflait du haut de la colline. L'âme des guerriers devint sombre quand sa douce voix s'éleva ; car ils avaient vu souvent la tombe de Salgar, ils avaient souvent vu la sombre demeure de la blanche Colma. Colma était abandonnée sur la colline, seule avec sa voix mélodieuse ; Salgar avait promis de venir, mais la nuit se répandait autour d'elle.

Écoutez de Colma la voix, lorsqu'elle était seule sur la colline.

COLMA.

« Il fait nuit. Je suis seule, égarée sur l'orageuse colline. Le vent souffle dans les montagnes. Le torrent roule avec fracas des rochers. Aucune cabane ne me défend de la pluie, ne me défend sur l'orageuse colline.

« O lune! sors de tes nuages! paraissez, étoiles de la nuit! Que quelque rayon me conduise à l'endroit où mon amour repose des fatigues de la chasse, son arc détendu à côté de lui, ses chiens haletants autour de lui! Faut-il, faut-il que je sois assise ici seule sur le roc au-dessus du torrent! Le torrent est gonflé et l'ouragan mugit. Je n'entends pas la voix de mon amant.

« Pourquoi tarde mon Salgar? a-t-il oublié sa promesse? Voilà bien le rocher et l'arbre, et voici le bruyant torrent. Salgar, tu m'avais promis d'être ici à l'approche de la nuit. Hélas! où s'est égaré mon Salgar? Avec toi je voulais fuir, abandonner père et frère, les orgueilleux! Depuis longtemps nos familles sont ennemies, mais nous ne sommes point ennemis, ô Salgar!

« Tais-toi un instant, ô vent! silence un instant, ô torrent! que ma voix résonne à travers la vallée, que mon voyageur m'entende! Salgar, c'est moi qui appelle. Voici l'arbre et le rocher. Salgar, mon ami, je suis ici : pourquoi ne viens-tu pas?

« Ah! la lune paraît, les flots brillent dans la vallée, les rochers blanchissent; je vois au loin... Mais je ne le vois pas sur la cime; ses chiens devant lui n'annoncent pas son arrivée. Faut-il que je sois seule ici!

« Mais qui sont ceux qui là-bas sont couchés sur la bruyère?... Mon amant, mon frère!... Parlez, ô mes amis! Ils se taisent. Que mon âme est tourmentée!... Ah! ils sont morts; leurs glaives sont rougis du combat.

O mon frère! mon frère! pourquoi as-tu tué mon Salgar? O mon Salgar, pourquoi as-tu tué mon frère? Vous m'étiez tous les deux si chers! Oh! tu étais beau entre mille sur la colline; il était terrible dans le combat. Répondez-moi, écoutez ma voix, mes bien-aimés! Mais, hélas! ils sont muets, muets pour toujours; leur sein est froid comme la terre.

« Oh! du haut du rocher de la colline, du haut de la cime de l'orageuse montagne, parlez, esprits des morts! parlez, je ne frémirai point. Où êtes-vous allés reposer? dans quelle caverne des montagnes dois-je vous trouver? Je n'entends aucune faible voix; le vent ne m'apporte point la réponse des morts.

« Je suis assise dans ma douleur; j'attends le matin dans les larmes. Creusez le tombeau, vous les amis des morts; mais ne le fermez pas jusqu'à ce que je vienne. Ma vie disparaît comme un songe. Pourrais-je rester en arrière? Ici je veux demeurer avec mes amis, auprès du torrent qui sort du rocher. Lorsqu'il fait nuit sur la colline et que le vent arrive en roulant par-dessus la bruyère, mon esprit doit se tenir sous le vent et plaindre la mort de mes amis. Le chasseur m'entendra de sa cabane de feuillage, craindra ma voix et l'aimera; car elle sera douce, ma voix, en pleurant mes amis : ils m'étaient tous les deux si chers!

« C'était là ton chant! ô Minona! douce fille de Thormann. Nos larmes coulèrent pour Colma, et notre âme devint sombre.

« Ullin parut avec la harpe, et nous donna le chant d'Alpin. La voix d'Alpin était douce, l'âme de Ryno était un rayon de feu; mais tous deux déjà habitaient l'étroite maison des morts, et leur voix était morte à Selma. Un jour Ullin, revenant de la chasse, avant que les deux héros fussent tombés, les entendit chanter tour à tour sur la colline. Leurs chants étaient doux, mais tristes. Ils plaignaient la mort de Morar, le premier des héros. L'âme de Morar était comme l'âme de Fingal, son glaive comme le glaive d'Oscar. Mais il tomba, et son père gémit, et sa sœur pleura, et Minona pleura, Minona, la sœur du valeureux Morar. Devant les accords d'Ullin, Minona se retira, comme la lune à l'ouest, qui prévoit l'orage, cache sa belle tête dans un nuage. Je pinçai la harpe avec Ullin pour le chant des plaintes.

RYNO.

« Le vent et la pluie sont apaisés, le zénith est serein, les nuages se dissipent; le soleil, en fuyant, éclaire la colline de ses derniers rayons; la rivière coule toute rouge de la montagne dans la vallée. Doux est ton murmure, ô rivière! mais plus douce est la voix d'Alpin, quand il fait entendre un chant funèbre. Sa tête est courbée par l'âge, et son œil creux est rouge de pleurs. Alpin, excellent chanteur, pourquoi, seul sur la silencieuse colline, gémis-tu comme un coup de vent dans la forêt, comme une vague sur un rivage lointain?

ALPIN.

« Mes pleurs, Ryno, sont pour la mort; ma voix est aux habitants de la tombe. Jeune homme, tu es svelte sur la colline, beau parmi les fils des bruyères; mais tu tomberas comme Morar, et sur ton tombeau l'affligé viendra s'asseoir. Les collines t'oublieront. Ton arc est là, attaché à la muraille, détendu.

« Tu étais svelte, ô Morar! comme un chevreuil sur la colline, terrible comme le météore qui brille la nuit au ciel. Ton courroux était un orage; ton glaive dans le combat était comme l'éclair sur la bruyère; ta voix, semblable au torrent de la forêt après la pluie, au tonnerre roulant sur les collines lointaines. Beaucoup tombaient devant ton bras; la flamme de ta colère les consumait. Mais, quand tu revenais de la guerre, ta voix était paisible, ton visage semblable au soleil après l'orage, à la lune dans la nuit silencieuse, ton sein calme comme le lac quand le bruit du vent est apaisé.

« Étroite est maintenant ta demeure, obscur ton tombeau : avec trois pas je mesure ta tombe. O toi qui étais si grand ! quatre pierres couvertes de mousse sont ton seul monument : un arbre effeuillé, l'herbe haute que le vent couche, indiquent à l'œil du chasseur le tombeau du puissant Morar. Tu n'as pas de mère pour te pleurer, pas d'amante qui verse des larmes sur toi. Elle est morte, celle qui te donna le jour ; elle est tombée, la fille de Morglan.

« Quel est ce vieillard appuyé sur son bâton ? qui est-il, cet homme dont la tête est blanche et dont les yeux sont rougis par les larmes ? C'est ton père, ô Morar ! le père d'aucun autre fils. Il entendit souvent parler de ta vaillance, des ennemis tombés sous tes coups ; il entendit la gloire de Morar ! Ah ! pourquoi a-t-il entendu sa chute ? Pleure, père de Morar, pleure ! mais ton fils ne t'entend pas. Le sommeil des morts est profond ; leur oreiller de poussière est creusé bas. Il n'entendra plus jamais ta voix, il ne se réveillera plus à ta voix. Oh ! quand fait-il jour au tombeau, pour dire à celui qui dort : Réveille-toi !

« Adieu, le plus généreux des hommes ! adieu, guerrier fameux ! Jamais plus le champ de bataille ne te verra ; jamais plus la sombre forêt ne brillera de l'éclat de ton acier. Tu n'as laissé aucun fils, mais les chants conserveront ton nom ; les temps futurs entendront parler de toi, ils connaîtront Morar !

« Les guerriers s'affligèrent : mais Armin surtout poussa de douloureux soupirs. Ce chant lui rappelait aussi, à lui, la mort d'un fils, et le ramenait aux jours

de sa jeunesse. Carmor était près du héros, Carmor, le prince de Galmal. « Pourquoi ces sanglots? dit-il; est-ce
« ici qu'il faut pleurer? la musique et les chants ne
« sont-ils pas pour fondre l'âme et la ranimer? Le léger
« nuage de brouillard qui s'élève du lac tombe sur la val-
« lée et humecte les fleurs ; et à l'instant le soleil revient
« dans sa force, dissipe le brouillard, et les fleurs rever-
« dissent. Pourquoi es-tu si triste, ô Armin! toi qui
« règnes sur Gorma, qu'environnent les flots? »

ARMIN.

« Oui, je suis triste, et j'ai bien des raisons de l'être. Carmor, tu n'as point perdu de fils! tu n'as point perdu de fille éclatante de beauté! Le brave Colgar vit, et Amira aussi, la plus belle des femmes. Les branches de ta race fleurissent, ô Carmor; mais Armin est le dernier de sa souche! Ton lit est noir, ô Daura! sombre est ton sommeil dans le tombeau! Quand te réveilleras-tu, avec tes chants, avec ta voix mélodieuse? Levez-vous, vents de l'automne! soufflez, soufflez sur l'obscure bruyère! écumez, torrents de la forêt! hurlez, ouragans, à la cime des chênes! voyage à travers des nuages déchirés, ô lune! montre et cache alternativement ton pâle visage! rappelle-moi la nuit terrible où mes enfants périrent, où Arindal le fort tomba, où s'éteignit Daura la chérie!

« Daura, ma fille, tu étais belle, belle comme la lune sur les collines de Fura, blanche comme la neige tombée, douce comme le souffle du matin. Arindal, ton arc était fort, ton javelot rapide dans les airs, ton regard comme la nue qui presse les flots, ton bouclier comme un nuage de feu dans l'orage.

« Armar, fameux dans les combats, vint, rechercha l'amour de Daura, et fut bientôt aimé. Leurs amis étaient joyeux et pleins d'espérance.

« Érath, fils d'Odgall, frémissait de rage, car son frère

avait été tué par Armar. Il vint déguisé en batelier. Sa barque était belle sur les vagues ; il avait les cheveux blanchis par l'âge, et son visage était grave et tranquille. « O « la plus belle des filles ! dit-il, aimable fille d'Armin, là-« bas sur le rocher, non loin du rivage, Armar attend sa « Daura. Je viens, toi son amour, pour t'y conduire sur « les flots roulants. »

« Elle y alla, elle appela Armar. La voix du rocher seule lui répondit. « Armar, mon ami, mon amant, « pourquoi me tourmentes-tu ainsi ? Écoute-moi donc, fils « d'Arnath ! écoute-moi. C'est Daura qui t'appelle. »

« Érath, le traître, fuyait en riant vers la terre. Elle élevait sa voix, elle appelait son père et son frère : « Arin-« dal ! Armin ! aucun de vous ne viendra-t-il donc sau-« ver sa Daura ? »

« Sa voix traversa la mer ; Arindal, mon fils, descendit de la colline, couvert du butin de sa chasse, ses flèches retentissant à son côté, son arc à la main, et cinq dogues noirs autour de lui. Il aperçut l'imprudent Érath sur le rivage, le saisit, et l'enchaîna, entourant fortement ses bras, et repliant étroitement les liens autour de ses hanches. Érath, ainsi enchaîné, remplissait les airs de ses gémissements.

« Arindal pousse la barque au large, et s'élance vers Daura. Tout à coup Armar survient furieux, il décoche une flèche ; le trait siffla et tomba dans ton cœur, ô Arindal, mon fils ! O mon fils ! tu péris du coup destiné à Érath. La barque atteignit le rocher, et en même temps Arindal tomba et expira. Le sang de ton frère coulait à tes pieds, ô Daura ! quelle fut ta douleur !

« La barque fut brisée, les flots l'engloutirent. Armar se précipite dans la mer pour sauver sa Daura ou mourir. Soudain un coup de vent tombe de la colline sur les flots ; Armar est submergé et ne reparaît plus.

« J'ai entendu les plaintes de ma fille se désolant sur le rocher battu des vagues : ses cris étaient aigus, et revenaient sans cesse ; et son père ne pouvait rien pour elle ! Toute la nuit je restai sur le rivage, je la voyais aux faibles rayons de la lune ; toute la nuit j'entendis ses cris ; le vent soufflait, et la pluie tombait par torrents. Sa voix devint faible avant que le matin parût, et finit par s'évanouir comme le souffle du soir dans l'herbe des rochers. Épuisée par la douleur, elle mourut, et laissa Armin seul. Ma force dans la guerre est passée, mon orgueil de père est tombé.

« Lorsque les orages descendent de la montagne, lorsque le vent du nord soulève les flots, je m'assieds sur le rivage retentissant, et je regarde le terrible rocher. Souvent, quand la lune commence à renaître dans le ciel, j'aperçois dans le clair-obscur les esprits de mes enfants marchant ensemble dans une triste concorde. »

Un torrent de larmes qui coula des yeux de Charlotte, et qui soulagea son cœur oppressé, interrompit la lecture de Werther. Il jeta le manuscrit, lui prit une main, et versa les pleurs les plus amers. Charlotte était appuyée sur l'autre main, et cachait son visage dans son mouchoir. Leur agitation à l'un et à l'autre était terrible : ils sentaient leur propre infortune dans la destinée des héros d'Ossian ; ils la sentaient ensemble, et leurs larmes se confondaient. Les lèvres et les yeux de Werther se collèrent sur le bras de Charlotte, et le brûlaient. Elle frémit, et voulut s'éloigner ; mais la douleur et la compassion la tenaient enchaînée, comme si une masse de plomb eût pesé sur elle. Elle chercha, en suffoquant, à se remettre, et en sanglotant elle le pria de continuer; elle priait d'une voix céleste. Werther tremblait, son sein voulait s'ouvrir; il ramassa ses chants, et lut d'une voix entrecoupée :

« Pourquoi m'éveilles-tu, souffle du printemps? Tu me caresses et dis : « Je suis chargé de la rosée du ciel. » Mais le temps de ma flétrissure est proche; proche est l'orage qui abattra mes feuilles. Demain viendra le voyageur, viendra celui qui m'a vu dans ma beauté; son œil me cherchera autour de lui, il me cherchera et ne me trouvera point. »

Toute la force de ces paroles tomba sur l'infortuné. Il en fut accablé. Il se jeta aux pieds de Charlotte dans le dernier désespoir; il lui prit les mains, qu'il pressa contre ses yeux, contre son front. Il sembla à Charlotte qu'elle sentait passer dans son âme un pressentiment du projet affreux qu'il avait formé. Ses sens se troublèrent; elle lui serra les mains, les pressa contre son sein; elle se pencha vers lui avec attendrissement, et leurs joues brûlantes se touchèrent. L'univers s'anéantit pour eux. Il la prit dans ses bras, la serra contre son cœur, et couvrit ses lèvres tremblantes et balbutiantes de baisers furieux. « Werther! dit-elle d'une voix étouffée et en se détournant, Werther! » et d'une main faible elle tâchait de l'écarter de son sein. « Werther! » s'écria-t-elle enfin, du ton le plus imposant et le plus noble. Il ne put y tenir. Il la laissa aller de ses bras, et se jeta à terre devant elle comme un forcené. Elle s'arracha de lui, et, toute troublée, tremblante entre l'amour et la colère, elle lui dit : « Voilà la dernière fois, Werther! vous ne me verrez plus. » Et puis, jetant sur le malheureux un regard plein d'amour, elle courut dans la chambre voisine, et s'y renferma. Werther lui tendit les bras, et n'osa pas la retenir. Il était par terre, la tête appuyée sur le canapé, et il demeura plus d'une demi-heure dans cette position, jusqu'à ce qu'un bruit qu'il entendit le rappelât à lui-même : c'était la servante qui venait mettre le couvert. Il allait et venait dans la chambre; et lorsqu'il se vit de nouveau seul, il s'approcha de la porte du cabinet, et dit à voix basse : « Charlotte! Charlotte! seulement encore un mot, un adieu. » Elle garda le silence. Il attendit, il pria, puis attendit encore; enfin il s'arracha de cette porte en s'écriant : « Adieu, Charlotte! adieu pour jamais! »

Il se rendit à la porte de la ville. Les gardes, qui étaient accoutumés à le voir, le laissèrent passer sans lui rien dire. Il tombait de la neige fondue. Il ne rentra que vers les onze heures. Lorsqu'il revint à la maison, son domestique remarqua qu'il n'avait point de chapeau; il n'osa l'en faire apercevoir. Il le déshabilla : tout était mouillé. On a trouvé ensuite son chapeau sur un rocher qui se détache de la montagne et plonge sur la vallée. On ne conçoit pas comment il a pu, par une nuit obscure et pluvieuse, y monter sans se précipiter.

Il se coucha, et dormit longtemps. Le lendemain matin, son domestique le trouva à écrire, quand son maître l'appela pour lui apporter son café. Il ajoutait le passage suivant de sa lettre à Charlotte :

« C'est donc pour la dernière fois, pour la dernière fois que j'ouvre les yeux ! Hélas ! ils ne verront plus le soleil ; des nuages et un sombre brouillard le cachent pour toute la journée. Oui, prends le deuil, ô nature ! ton fils, ton ami, ton bien-aimé, s'approche de sa fin. Charlotte, c'est un sentiment qui n'a point de pareil, et qui ne peut guère se comparer qu'au sentiment confus d'un songe, que de se dire : Ce matin est le dernier ! Le dernier, Charlotte ! je n'ai aucune idée de ce mot : le dernier ! Ne suis-je pas là dans toute ma force ? et demain, couché, étendu sans vie sur la terre ! Mourir ! qu'est-ce que cela signifie ? Vois-tu, nous rêvons quand nous parlons de la mort. J'ai vu mourir plusieurs personnes ; mais l'homme est si borné qu'il n'a aucune idée du commencement et de la fin de son existence. Actuellement encore à moi, à toi ! à toi ! ma chère ; et un moment de plus... séparés... désunis... peut-être pour toujours ! Non, Charlotte, non... Comment puis-je être anéanti ? Nous sommes, oui... S'anéantir ! qu'est-ce que cela signifie ? C'est encore un mot, un son vide que mon cœur ne comprend pas... Mort, Charlotte ! enseveli dans un coin de la terre froide, si étroit, si obscur ! J'eus une amie qui fut tout pour ma jeunesse privée d'appui et de consolations. Elle mourut, je suivis le convoi, et me tins auprès de la fosse. J'entendis descendre le cercueil, j'entendis le frottement des cordes qu'on lâchait et qu'on retirait ensuite ; et puis la première pelletée de terre tomba, et le coffre funèbre rendit un bruit sourd, puis plus sourd, et plus sourd encore, jusqu'à ce qu'enfin il se trouvât entièrement couvert ! Je tombai auprès de la fosse, saisi, agité, oppressé, les entrailles déchirées. Mais je ne savais rien sur mon origine, sur mon avenir. Mourir ! tombeau ! Je n'entends point ces mots !

« Oh ! pardonne-moi ! pardonne-moi ! Hier !... ç'aurait dû être le dernier moment de ma vie. O ange ! ce fut pour la première fois, oui, pour la première fois, que ce sentiment d'une joie sans bornes pénétra tout entier, et sans aucun mélange de doute, dans mon âme : Elle m'aime ! elle m'aime ! Il brûle encore sur mes lèvres, le feu sacré qui coula par torrents des tiennes ; ces ardentes délices sont encore dans mon cœur. Pardonne-moi ! pardonne-moi !

« Ah ! je le savais bien que tu m'aimais ! Tes premiers regards, ces regards pleins d'âme, ton premier serrement de main, me l'apprirent ; et cependant, lorsque je t'avais quittée, ou que je voyais Albert à tes côtés, je retombais dans mes doutes rongeurs.

« Te souvient-il de ces fleurs que tu m'envoyas le jour de cette ennuyeuse réunion, où tu ne pus me dire un seul mot, ni me tendre la main ? Je restai la moitié de la nuit à genoux devant ces fleurs, et elles furent pour moi le sceau de ton amour. Mais, hélas ! ces impressions s'effaçaient, comme insensiblement s'efface dans le cœur du chrétien le sentiment de la grâce de son Dieu, qui lui a été donné avec une profusion céleste dans de saintes images, sous des symboles visibles.

« Tout cela est périssable ; mais l'éternité même

ne pourra point détruire la vie brûlante dont je jouis hier sur tes lèvres et que je sens en moi ! Elle m'aime ! ce bras l'a pressée ! ces lèvres ont tremblé sur ses lèvres ! cette bouche a balbutié sur la sienne ! Elle est à moi ! Tu es à moi ! oui, Charlotte pour jamais !

« Qu'importe qu'Albert soit ton époux ? Époux !... Ce titre serait donc seulement pour ce monde... Et pour ce monde aussi je commets un péché en t'aimant, en désirant de t'arracher, si je pouvais, de ses bras dans les miens ! Péché ! soit. Eh bien, je m'en punis. Je l'ai savouré, ce péché, dans toutes ses délices célestes ; j'ai aspiré le baume de la vie et versé la force dans mon cœur. De ce moment tu es à moi, à moi, ô Charlotte ! Je pars devant. Je vais rejoindre mon père, ton père ; je me plaindrai à lui ; il me consolera jusqu'à ton arrivée : alors je vole à ta rencontre, je te saisis, et demeure uni à toi en présence de l'Éternel, dans des embrassements qui ne finiront jamais.

« Je ne rêve point, je ne suis point dans le délire ! Près du tombeau, je vois plus clair. Nous serons, nous nous reverrons ! Nous verrons ta mère. Je la verrai, je la trouverai. Ah ! j'épancherai devant elle mon cœur tout entier. Ta mère ! ta parfaite image ! »

Vers les onze heures, Werther demanda à son domestique si Albert n'était pas de retour. Le domestique répondit que oui, qu'il avait vu passer son cheval. Alors Werther lui donna un petit billet non cacheté, qui contenait ces mots :

« Voudriez-vous bien me prêter vos pistolets pour un voyage que je me propose de faire ? Adieu. »

La pauvre Charlotte avait peu dormi la nuit précédente. Ce qu'elle avait craint était devenu certain, et ses appréhensions s'étaient réalisées d'une manière qu'elle n'avait pu ni prévoir ni craindre. Son sang si pur, et qui coulait avec tant de douceur, était maintenant dans un trouble fiévreux, et mille sentiments déchiraient son noble cœur. Était-ce le feu des embrassements de Werther qu'elle sentait dans son sein ? Était-ce indignation de sa témérité ? Était-ce une fâcheuse comparaison de son état actuel avec ces jours d'innocence, de calme et de confiance en elle-même ? Comment se présenterait-elle à son mari ? comment lui avouer une scène qu'elle pouvait si bien avouer, et que pourtant elle n'osait pas s'avouer à elle-même ? Ils s'étaient si longtemps contraints l'un et l'autre sur ce point ! serait-elle la première à rompre le silence, et précisément au moment où elle aurait à faire à son époux une communication si inattendue ? Elle craignait déjà que la seule nouvelle de la visite de Werther ne produisît sur lui une fâcheuse impression : que serait-ce s'il en apprenait le fatal résultat ? Pouvait-elle espérer que son mari verrait cette scène dans son vrai jour, et la jugerait sans prévention ? et pouvait-elle désirer qu'il lût dans son âme ? D'un autre côté, pouvait-elle dissimuler avec un homme devant lequel elle avait toujours été franche et transparente comme le cristal, à qui elle n'avait jamais caché et ne voulait jamais cacher aucune de ses affections ? Toutes ces réflexions l'accablèrent de soucis, et la jetèrent dans un cruel embarras. Et toujours ses pensées revenaient à Werther, qui était perdu pour elle, qu'elle ne pouvait abandonner, qu'il fallait pourtant qu'elle abandonnât, et à qui, en la perdant, il ne restait plus rien.

Quoique l'agitation de son esprit ne lui permît pas de s'en rendre compte, elle sentait confusément combien pesait alors sur elle la mésintelligence qui existait entre Albert et Werther. Des hommes si bons, si raisonnables, avaient commencé, pour de secrètes différences de sentiments, à se renfermer tous deux dans un mutuel silence, chacun pensant à son droit et au tort de l'autre; et l'aigreur s'était tellement accrue peu à peu, qu'il devenait impossible, au moment critique, de défaire le nœud d'où tout dépendait. Si une heureuse confiance les eût rapprochés plus tôt, si l'amitié et l'indulgence se fussent ranimées et eussent ouvert leurs cœurs à de doux épanchements, peut-être notre malheureux ami eût-il encore été sauvé.

Une circonstance particulière augmentait sa perplexité. Werther, comme on le voit par ses lettres, n'avait jamais fait mystère de son désir de quitter ce monde. Albert l'avait souvent combattu, et il en avait été aussi quelquefois question entre Charlotte et son mari. Celui-ci, par suite de son invincible aversion pour le suicide, manifestait assez fréquemment, avec une espèce d'acrimonie tout à fait étrangère à son caractère, qu'il croyait fort peu à une pareille résolution ; il se permettait même des railleries à ce sujet, et il avait communiqué en partie son incrédulité à Charlotte. Cette réflexion la tranquillisait pendant quelques instants, lorsque son esprit lui présentait de sinistres images ; mais, d'un autre côté, elle l'empêchait de faire part à son mari des inquiétudes qui la tourmentaient.

Albert arriva. Charlotte alla au-devant de lui avec un empressement mêlé d'embarras. Il n'était pas de bonne humeur : il n'avait pu terminer ses affaires ; il avait trouvé, dans le bailli qu'il était allé voir, un homme intraitable et minutieux. Les mauvais chemins avaient encore achevé de le contrarier.

Il demanda s'il n'était rien arrivé ; elle se hâta de répondre que Werther était venu la veille au soir. Il s'informa s'il y avait des lettres : elle lui dit qu'elle avait porté quelques lettres et paquets dans sa chambre. Il y passa, et Charlotte resta seule. La présence de l'homme qu'elle aimait et estimait avait fait une heureuse diversion sur son cœur. Le souvenir de sa générosité, de son amour, de sa bonté, avait ramené le calme dans son âme. Elle sentit un secret désir de le suivre ; elle prit son ouvrage, et l'alla trouver dans son appartement, comme elle faisait souvent. Il était occupé à décacheter et à parcourir ses lettres. Quelques-unes semblaient contenir des choses peu agréables. Charlotte lui adressa quelques questions ; il y répondit brièvement, et se mit à écrire à son bureau.

Ils étaient restés ainsi ensemble pendant une heure, et Charlotte s'attristait de plus en plus. Elle sentait combien il lui serait difficile de découvrir à son mari ce qui pesait sur son cœur, fût-il même de la meilleure humeur possible. Elle tomba dans une mélancolie d'autant plus pénible, qu'elle cherchait à la cacher et à dévorer ses larmes.

L'apparition du domestique de Werther augmenta encore le tourment de Charlotte. Il remit le petit billet à Albert, qui se retourna froidement vers sa femme, et lui dit : « Donne-lui les pistolets. Je lui souhaite un bon voyage, » ajouta-t-il en s'adressant au domestique. Ce fut un coup de foudre pour Charlotte. Elle tâcha de se lever, les jambes lui manquèrent; elle ne savait ce qui se passait en elle. Enfin elle avança lentement vers la muraille, prit d'une main tremblante les pistolets, en essuya la poussière. Elle hésitait, et aurait tardé longtemps encore à les donner, si Albert ne l'y avait forcée par un regard interrogatif. Elle remit donc les funestes armes au jeune homme, sans pouvoir prononcer un seul mot. Quand il fut sorti de la maison, elle prit son ouvrage, et se retira dans sa chambre, livrée à une inexprimable agitation. Son cœur lui présageait tout ce qu'il y a de plus sinistre. Tantôt elle voulait aller se jeter aux pieds de son mari, lui révéler tout, la scène de la veille, sa faute et ses pressentiments; tantôt elle ne voyait plus à quoi aboutirait une pareille démarche; elle ne pouvait pas espérer du moins qu'elle persuaderait à son mari de se rendre chez

Werther. Le couvert était mis ; une amie, qui n'était venue que pour demander quelque chose, voulait s'en retourner... on la retint, elle rendit la conversation supportable pendant le repas; on se contraignit, on conta, on s'oublia.

Le domestique arriva, avec les pistolets, chez Werther, qui les lui prit avec transport, lorsqu'il apprit que c'était Charlotte qui les avait donnés. Il se fit apporter du pain et du vin, dit au domestique d'aller dîner, et se remit à écrire :

« Ils ont passé par tes mains, tu en as essuyé la poussière ; je les baise mille fois ; tu les as touchés. Ange du ciel, tu favorises ma résolution! Toi-même, Charlotte, tu me présentes cette arme, toi des mains de qui je désirais recevoir la mort. Ah ! et je la reçois en effet de toi ! Oh ! comme j'ai questionné mon domestique ! Tu tremblais en les lui remettant; tu n'as point dit adieu! hélas! hélas! point d'adieu! M'aurais-tu fermé ton cœur, à cause de ce moment même qui m'a uni à toi pour l'éternité ? Charlotte, des siècles de siècles n'effaceront pas cette impression, et, je le sens, tu ne saurais haïr celui qui brûle ainsi pour toi. »

Après dîner, il ordonna au domestique d'achever de tout emballer; il déchira beaucoup de papiers, sortit, et acquitta encore quelques petites dettes. Il revint à la maison, et, malgré la pluie, il repartit presque aussitôt; il se rendit hors de la ville, au jardin du comte; il se promena longtemps dans les environs; à la nuit tombante, il rentra, et écrivit :

« Wilhelm, j'ai vu pour la dernière fois les champs, les forêts, et le ciel. Adieu aussi, toi, chère et bonne mère! pardonne-moi! Console-la, mon ami! Que Dieu vous comble de ses bénédictions! Toutes mes affaires sont en ordre. Adieu! nous nous reverrons, et plus heureux!

« Je t'ai mal payé de ton amitié, Albert; mais tu me le pardonnes. J'ai troublé la paix de ta maison, j'ai porté la méfiance entre vous. Adieu! je vais y mettre fin. Oh! puisse ma mort vous rendre heureux! Albert! Albert! rends cet ange heureux! et qu'ainsi la bénédiction de Dieu repose sur toi! »

Il fit encore le soir plusieurs recherches dans ses papiers; il en déchira beaucoup, qu'il jeta au feu. Il cacheta plusieurs paquets adressés à Wilhelm; ils contenaient quelques courtes dissertations et des pensées détachées, que j'ai vues en partie. Vers dix heures, il fit mettre beaucoup de bois au feu; et, après s'être fait apporter une bouteille de vin, il envoya coucher son domestique, dont la chambre, ainsi que celle des gens de la maison, était sur le derrière, fort éloignée de la sienne. Le domestique se coucha tout habillé, pour être prêt de grand matin : car son maître lui avait dit que les chevaux de poste seraient à la porte avant six heures.

Après onze heures.

« Tout est si calme autour de moi, et mon âme est si paisible! Je te remercie, ô mon Dieu, de m'avoir accordé cette chaleur, cette force, à ces derniers instants!

« Je m'approche de la fenêtre, ma chère, et à travers les nuages orageux je distingue encore quelques étoiles éparses dans ce ciel éternel. Non, vous ne tomberez point! L'Éternel vous porte dans son sein, comme il m'y porte aussi. Je vois les étoiles de l'Ourse, la plus chérie des constellations. La nuit, quand je sortais de chez toi, Charlotte, elle était en face de moi. Avec quelle ivresse je l'ai souvent contemplée! Combien de fois, les mains élevées vers elle, je l'ai prise à témoin comme un signe, comme un monument sacré de la félicité que je goûtais alors, et même... O Charlotte! qu'est-ce qui ne me rappelle pas ton souvenir? Ne suis-je pas environné de toi? et n'ai-je pas, comme un enfant, dérobé avidement mille bagatelles que tu avais sanctifiées en les touchant?

« O silhouette chérie! je te la lègue, Charlotte, et je te prie de l'honorer. J'y ai imprimé mille milliers de baisers; je l'ai mille fois saluée lorsque je sortais de ma chambre, ou que j'y rentrais.

« J'ai prié ton père, par un petit billet, de protéger mon corps. Au fond du cimetière sont deux tilleuls, vers le coin qui donne sur la campagne : c'est là que je désire reposer. Il peut faire cela, il le fera pour son ami. Demande-le-lui aussi. Je ne voudrais pas exiger de pieux chrétiens que le corps d'un pauvre malheureux reposât auprès de leurs corps. Ah! je voudrais que vous m'enterrassiez auprès d'un chemin ou dans une vallée solitaire;

que le prêtre et le lévite, en passant près de ma tombe, levassent les mains au ciel en se félicitant, mais que le Samaritain y versât une larme !

« Donne, Charlotte ! Je prends d'une main ferme la coupe froide et terrible où je vais puiser l'ivresse de la mort ! Tu me la présentes, et je n'hésite pas. Ainsi donc sont accomplis tous les désirs de ma vie ! voilà donc où aboutissaient toutes mes espérances ! toutes ! toutes ! à venir frapper avec cet engourdissement à la porte d'airain de la vie !

« Ah ! si j'avais eu le bonheur de mourir pour toi, Charlotte, de me dévouer pour toi ! Je voudrais mourir joyeusement, si je pouvais te rendre le repos, les délices de ta vie. Mais, hélas ! il ne fut donné qu'à quelques hommes privilégiés de verser leur sang pour les leurs, et d'allumer par leur mort, au sein de ceux qu'ils aimaient, une vie nouvelle et centuplée.

« Je veux être enterré dans ces habits ; Charlotte, tu les as touchés, sanctifiés : j'ai demandé aussi cette faveur à ton père. Mon âme plane sur le cercueil. Que l'on ne fouille pas mes poches. Ce nœud rose, que tu portais sur ton sein quand je te vis la première fois au milieu de tes enfants (oh ! embrasse-les mille fois, et raconte-leur l'histoire de leur malheureux ami ; chers enfants, je les vois, ils se pressent autour de moi : ah ! comme je m'attachai à toi dès le premier instant ! non, je ne pouvais plus te laisser)... ce nœud sera enterré avec moi ; tu m'en fis présent à l'anniversaire de ma naissance ! Comme je dévorais tout cela ! Hélas ! je ne pensais guère que cette route me conduirait ici!... Sois calme, je t'en prie; sois calme.

« Ils sont chargés... Minuit sonne, ainsi soit-il donc! Charlotte! Charlotte, adieu! adieu! »

Un voisin vit la lumière de l'amorce et entendit l'explosion; mais, comme tout resta tranquille, il ne s'en mit pas plus en peine.

Le lendemain, sur les six heures, le domestique entra dans la chambre avec de la lumière. Il trouve son maître étendu par terre; il voit le pistolet, le sang; il l'appelle, il le soulève; point de réponse. Seulement, il râlait encore. Il court chez le médecin, chez Albert. Charlotte entend sonner; un tremblement agite tous ses membres; elle éveille son mari; ils se lèvent. Le domestique, en pleurant et en sanglotant, leur annonce la triste nouvelle; Charlotte tombe évanouie aux pieds d'Albert.

Lorsque le médecin arriva, il trouva le malheureux à terre, dans un état désespéré; le pouls battait encore, mais tous les membres étaient paralysés. Il s'était tiré le coup au-dessus de l'œil droit; la cervelle avait sauté. Pour ne rien négliger, on le saigna au bras; le sang coula; il respirait encore.

Au sang que l'on voyait sur le dossier de sa chaise, on pouvait juger qu'il s'était tiré le coup assis devant son secrétaire, qu'il était tombé ensuite, et que, dans ses convulsions, il avait roulé autour du fauteuil. Il était étendu près de la fenêtre, sur le dos, sans mouvement. Il était entièrement habillé et botté; en habit bleu, en gilet jaune.

La maison, le voisinage, et bientôt toute la ville, furent dans l'agitation. Albert arriva. On avait couché Werther sur le lit, le front bandé. Son visage portait l'empreinte de la mort; il ne remuait aucun membre; ses poumons râlaient encore d'une manière effrayante, tantôt plus faiblement, tantôt plus fort; on n'attendait que son dernier soupir.

Il n'avait bu qu'un seul verre de vin. *Emilia Galotti* était ouvert sur son bureau.

La consternation d'Albert, le désespoir de Charlotte, ne sauraient s'exprimer.

Le vieux bailli accourut ému et troublé; il embrassa le mourant, en l'arrosant de larmes. Les plus âgés de ses fils arrivèrent bientôt après lui, à pied; ils tombèrent à côté du lit, en proie à la plus violente douleur, et baisèrent les mains et le visage de leur ami; l'aîné, celui qu'il avait toujours aimé le plus, s'était collé à ses lèvres, et y resta jusqu'à ce qu'il fût expiré; on l'en détacha par force. Il mourut à midi. La présence du bailli et les mesures qu'il prit prévinrent un attroupement. Il le fit enterrer de nuit, vers les onze heures, dans l'endroit qu'il s'était choisi. Le vieillard et ses fils suivirent le convoi. Albert n'en avait pas la force. On craignit pour la vie de Charlotte. Des journaliers le portèrent; aucun ecclésiastique ne l'accompagna.

HERMANN ET DOROTHÉE

PRÉFACE.

Il était dans la nature de Gœthe de ne pas s'arrêter en science ou en critique à une seule idée, de ne pas choisir dans la poésie une seule corde, mais de s'en aller hardiment par des routes encore inconnues ou à peine frayées, soumettant sans cesse son esprit à une nouvelle expérience, comme s'il eût craint de le voir s'assoupir dans le travail facile d'une forme habituelle. Il était dans sa destinée de faire de chacun de ses essais une œuvre achevée, de poser sur chacune des voies ignorées dans lesquelles il entrait, un jalon pareil à ces pyramides en pierre que les Islandais élèvent au sein de leurs longues plaines pour servir de point de reconnaissance à ceux qui doivent les traverser. Jeune, il avait donné à ses compatriotes un modèle de drame romantique dans *Gœtz de Berlichingen*, un modèle de roman passionné dans *Werther*. Plus tard, il fit le drame aux grandes formes, aux accents solennels, et le roman de la vie réelle ; puis le poëme comique et le poëme sérieux. *Le Tasse, Wilhelm Meister, Prométhée,* le roman du *Renard,* sont autant de tableaux d'un genre distinct, d'une couleur choisie, autour desquels on pourrait placer, en guise de festons ou d'arabesques, les élégies romaines, les ballades, les quatrains épigrammatiques.

Hermann et Dorothée est encore une de ces œuvres qui n'avaient point eu de précédent, et dont Gœthe forma lui-même le moule. L'Allemagne, dans ses humbles habitudes d'imitation, avait imité tout ce qui lui venait de la France et de l'Italie, odes et drames, romans et poëmes. La houlette de la poésie pastorale fut pour elle, pendant longtemps, comme la baguette des enchanteurs. Elle s'inclina devant ce signe du pouvoir, vénéra le *Pastor fido* de Guarini, se passionna pour l'*Amante* du Tasse, et traduisit diligemment l'histoire du berger *Amandus,* et toutes sortes d'églogues fleuries. Dès lors les poëtes se débaptisèrent comme les païens, et débaptisèrent leurs maîtresses. Ceux qui ne savaient que leur bonne langue allemande voulurent au moins avoir un nom latin, et ceux qui lisaient couramment Virgile auraient eu honte de ne pas porter un nom grec. Toute l'Allemagne devint subitement un *Eldorado* d'amour, de bonheur champêtre et de douces chansons. Toutes les plaines et les collines furent parsemées de moutons intelligents et coquets, qui de

loin reconnaissaient Chloé, la bien-aimée de leur
maître, et la saluaient par leurs bonds joyeux. Tous
les ruisseaux répondirent par leur murmure aux
stances langoureuses des amants, et tous les chênes
portèrent docilement sur leur écorce des chiffres
amoureux. Quant aux longs jours d'hiver, aux
rudes labeurs, aux écorces infructueuses, bien entendu
qu'il n'en était plus question. Théocrite,
Longus, n'en avaient pas parlé. L'Allemagne devait
être, comme la Grèce, dépeinte dans les églogues,
une terre enchantée, un jardin de fleurs. Mais
ne rions pas trop de l'Allemagne. Les hommes du
Nord mentirent bien plus encore à la nature de
leur climat. Les hommes du Nord avaient adopté,
comme l'Italie, comme la France, comme l'Europe,
le style galant, les rubans roses, les bouquets de
fleurs de la pastorale. Dans un voyage que nous
faisions l'année dernière en Norwége, nous avons
retrouvé encore au delà du cercle polaire, au milieu
d'une pauvre île où l'on ne voit ni arbres ni
fleurs, dans la demeure d'un vieux prêtre, les derniers
vestiges de la poésie pastorale peints sur les
murailles.

Cette poésie fardée, viciée, trompeuse, qui,
même en reproduisant la simplicité antique des
bons maîtres, eût été, dans nos contrées et dans nos
habitudes, un mensonge, obtint les suffrages de
l'Allemagne pendant plus d'un siècle. Gessner la
porta à son plus haut point d'idéal. Voss fut le pre-

mier qui sortit de cette nature de convention si longtemps adoptée par tous les esprits, et tenta de représenter dans ses vers la nature réelle.

Son poëme idyllique de *Louise* est une aimable description d'un jour de fête dans un village, d'une réunion de famille dans les champs. Cette description est vraie dans son ensemble, et, en grande partie, simple, naturelle ; mais elle est malheureusement parsemée, çà et là, de tours de phrase trop pompeux et de détails trop puérils.

Le poëme de Gœthe est aussi une idylle, mais une large et attrayante idylle, qui touche au drame par plusieurs situations, et à la comédie par quelques peintures de caractères. Une grande page d'histoire en fait le fond. Un cri de douleur et d'angoisse retentit dans la petite ville où demeure la famille d'Hermann : c'est celui d'une population fugitive, qui, chassée du sol natal par une armée ennemie, s'éloigne à regret, et s'en va chercher un refuge contre l'invasion étrangère. Tout le tableau de notre révolution est là dessiné à grands traits, avec l'enthousiasme qu'elle excita d'abord en Allemagne, et les horribles scènes que plus tard elle enfanta. Sur ce tableau si imposant et si sombre, on voit se détacher les douces et gracieuses figures d'Hermann et de Dorothée, et la figure un peu plus rude, mais non moins naïve, de l'aubergiste, de sa femme, de ses voisins, comme on voit parfois dans les montagnes la famille du pâtre assise à la porte du chalet, éclairée encore par quelques purs rayons du soleil, tandis que peu à peu le ciel s'assombrit et que l'orage gronde à l'horizon.

Rien de plus simple, de plus vrai, que le caractère des différents personnages que Gœthe a mis en scène. C'est la finesse humoristique de Wilkie jointe à la grâce touchante de Greuze. A peine le poëte nous a-t-il fait asseoir sur le banc où l'aubergiste disserte, à côté du prêtre et du pharmacien qui viennent lui raconter la fuite des émigrés, que nous connaissons tous ces personnages ; car ils ont été calqués sur la nature même, et ils produisent en nous l'effet de toutes les créations prises dans le domaine de la vie réelle. Leur aspect éveille en nous un sentiment qui ressemble presque à un souvenir. A les voir, à les entendre parler, nous croirions volontiers que nous les avons déjà rencontrés quelque part. Quant à Dorothée, c'est l'une des images les plus naïves et les plus pures qui aient jamais été rêvées par un poëte. La scène où elle retrouve Hermann au bord de la fontaine est d'une simplicité antique et d'une grâce qui rappelle les belles pages de la Bible.

Gœthe avait pour cet ouvrage une prédilection toute particulière. Il le mentionnait souvent dans ses lettres et dans sa conversation. Le 28 avril 1796, il écrit à un de ses amis : « Le poëme d'*Hermann et Dorothée* est achevé. Il renferme deux mille hexamètres, et je l'ai partagé en neuf chants. J'y trouve une partie de mes vœux réalisée. Mes amis sont très-contents de cet ouvrage, et l'important est de savoir maintenant comment il soutiendra l'épreuve devant vous. Le peintre de la nature humaine soumet ses compositions à votre haut tribunal, et la question est de savoir si, sous le costume moderne, vous pourrez reconnaître les véritables proportions de l'homme et la forme des membres.

« Le sujet est extrêmement heureux. C'est une de ces idées comme on ne les rencontre pas deux fois dans sa vie. C'est, du reste, une chose plus difficile qu'on ne le pense, de trouver un bon sujet pour une véritable œuvre d'art. Voilà pourquoi les anciens se tiennent toujours dans un cercle déterminé. »

Un jour il disait à son secrétaire Eckermann :

« Quand je montrai pour la première fois ce poëme à Schiller, il en fut émerveillé. » Une autre fois, il ajoutait : « *Hermann et Dorothée* est, de tous mes grands poëmes, presque le seul qui me réjouisse. Je ne puis le lire sans un vif sentiment d'intérêt. »

Le public a confirmé l'éloge que l'écrivain donnait lui-même à son œuvre. *Hermann et Dorothée* est l'un des livres les plus aimés, les plus populaires qui existent en Allemagne.

X. MARMIER.

HERMANN ET DOROTHÉE.

CALLIOPE.

LE MALHEUR PARTAGÉ.

— Je n'ai pourtant jamais vu la place et les rues si désertes. La ville est comme morte et balayée. Il n'y reste pas, je suis sûr, cinquante habitants. Jusqu'où va la curiosité! Chacun court et se précipite pour voir ces pauvres familles fugitives. D'ici à la chaussée où elles doivent passer, il y a bien une petite lieue, et tout le monde court là-bas à travers la poussière en plein midi. Pour moi je ne ferai jamais un pas pour voir la misère de ces malheureux qui, avec ce qu'ils ont pu sauver, abandonnent les belles campagnes du Rhin, viennent à nous, et traversent cet heureux pays et les sinuosités de notre vallée féconde. Tu as bien fait, ma femme, d'envoyer à ces pauvres gens notre fils avec du vieux linge et des provisions, car donner est le devoir du riche. Vois-tu pourtant comme notre brave garçon mène bien, et comme il sait maîtriser ses chevaux! La nouvelle voiture a vraiment très-bonne mine. Quatre personnes s'y assiéraient facilement, sans compter la place du cocher sur le siége. Cette fois il est parti seul. Comme il la fait rouler légèrement et tourner à l'angle de la rue! — Ainsi parlait à sa femme l'hôte du Lion d'or, assis devant la porte de sa maison sur la place.

La bonne et sage maîtresse de maison lui répondit : — Je ne donne pas volontiers mon vieux linge, car on a mainte occasion de l'employer, et quand on en a besoin, on ne saurait en trouver pour de l'argent. Mais aujourd'hui j'ai rassemblé avec plaisir ce que j'avais de meilleur en fait de chemises et de couvertures ; car j'ai entendu dire qu'il y avait là des vieillards, des enfants qui s'en allaient tout nus. Et dis-moi, veux-tu me pardonner? j'ai aussi mis ton armoire à contribution. J'ai pris ta belle robe de chambre en fin coton, cette indienne à fleurs si bien doublée de flanelle. Je l'ai donnée. Mais tu sais qu'elle est vieille et tout à fait hors de mode.

Le bon hôtelier répond en souriant : — Je la vois cependant partir à regret, cette vieille robe de chambre en fin coton. C'était une véritable étoffe indienne, on n'en trouverait pas de pareille. Mais je ne la portais plus. A présent on bannit pantoufles et bonnet. Pour plaire au monde actuel, il faudrait être toujours botté et toujours en habit.

— Regarde, dit la femme, voici déjà des gens qui reviennent de voir les émigrés. Probablement tout est passé. Regarde comme leurs souliers sont couverts de poussière, comme ils ont le visage enflammé. Chacun d'eux a son mouchoir à la main, pour essuyer la sueur de son front. Je ne voudrais pas m'en aller ainsi par la chaleur courir après un tel spectacle. C'est bien assez d'entendre les récits qu'on nous en fera.

— C'est là, répondit l'aubergiste, un temps de moisson comme nous en avons rarement eu. Nous avons rentré dans la grange le foin bien sec, il en sera de même du blé. Le ciel est clair, on ne distingue pas un nuage, et depuis le matin il s'est élevé un vent frais et agréable. Voilà un temps qui durera. Le blé est déjà mûr. Demain on commencera à faucher la riche moisson.

Pendant qu'il parlait ainsi, on voyait s'accroître le nombre des hommes et des femmes qui revenaient de la chaussée et rentraient chez eux. Le riche voisin de l'aubergiste arriva à l'autre extrémité de la place dans sa maison nouvellement rétablie. C'était le premier marchand de l'endroit; il revenait avec ses filles dans une voiture découverte, faite à Landau. Peu après, les rues devinrent plus animées : car cette petite ville était assez bien peuplée; elle possédait plusieurs fabriques et divers genres de commerce.

L'aubergiste et sa femme étaient assis là devant la porte, causant et faisant mainte remarque joyeuse sur les gens qui passaient : — Voici, dit la digne hôtesse, voici le pasteur et notre voisin le pharmacien. Ils vont nous raconter ce qu'ils ont vu là-bas, ce qui n'est guère agréable à voir.

Le pasteur et le pharmacien s'approchèrent amicalement de l'aubergiste ; puis ils s'assirent à côté de lui sur le banc de bois, essuyant la poussière de leurs souliers et se donnant de l'air avec leurs mouchoirs.

Après les saluts échangés de part et d'autre, le pharmacien prit la parole et dit d'une voix triste :
— Voilà comme sont les hommes, et ils se ressemblent tous. Chacun prend plaisir à s'en aller voir le malheur arrivé à son voisin. Chacun court pour contempler la flamme désastreuse de l'incendie, ou pour suivre le malheureux que l'on conduit au supplice. Chacun sort de la ville pour observer dans leur misère ces bonnes gens chassés de leur pays, et personne ne pense qu'un sort semblable le menace et peut l'atteindre, un peu plus tôt, un peu plus tard. Je trouve cette légèreté impardonnable, mais elle est dans la nature de l'homme.

Le pasteur l'écoutait. C'était un jeune homme touchant à l'âge mûr. Il faisait l'ornement de la ville ; il connaissait la vie et les besoins de ceux au milieu desquels il vivait ; son âme était pénétrée de l'importance de ces saints livres qui nous dévoilent le sort et les pensées de l'homme, et il avait lu aussi les bons livres qui occupent les gens du monde. — Je n'aime pas à blâmer, dit-il, cette innocente impulsion que nous donne la nature. Souvent d'un tel penchant résulte ce que la réflexion et le jugement ne pourraient pas produire. Si la curiosité n'attirait pas l'homme par un charme puissant, saurait-il jamais comment les choses de ce monde se tiennent si bien liées entre elles ?

Car d'abord il veut du nouveau; puis il cherche l'utile avec une infatigable ardeur, et enfin il demande ce qui est bien, ce qui l'ennoblit et l'élève. Dans la jeunesse, la légèreté est pour lui une joyeuse compagne; elle lui cache les dangers, et, d'une main salutaire, anéantit à la hâte les traces du mal aussitôt qu'il est passé. Heureux l'homme dans le cœur duquel, plus tard, cette légèreté s'éteint peu à peu pour faire place au jugement! Heureux l'homme qui, dans la prospérité comme dans l'infortune, conserve toute son activité! car il fait naître le bien, et trouve une compensation aux maux qu'il a soufferts.

— Mais racontez-nous, dit avec douceur la femme de l'aubergiste, ce que vous avez vu. Je suis impatiente de le savoir. — Après tout ce que j'ai appris, répondit le pharmacien, la joie ne me reviendra pas de sitôt. Et qui pourrait raconter une telle variété de misères? De loin, avant que de descendre dans la prairie, nous voyions s'élever des flots de poussière. De colline en colline la troupe des émigrés s'étendait à l'infini, et on ne la distinguait pas entièrement. Mais, quand nous fûmes sur la route qui traverse la vallée, nous trouvâmes encore un grand nombre de voyageurs et de chariots, et malheureusement nous n'en avons que trop vu, de ces pauvres gens. Tous nous ont appris combien il est douloureux de fuir, et quel sentiment de joie cependant l'homme éprouve d'avoir saisi à la hâte le moment de sauver sa vie! C'était triste de voir sur des charrettes, sur des tombereaux, pêle-mêle entassés, tous ces meubles qu'une maison renferme, et que le propriétaire soigneux a rangés chacun à sa place, selon l'usage qu'il en doit faire : car dans une maison tout est utile et nécessaire. Mais, dans la précipitation de la fuite, on a jeté la couverture en laine et le crible sur l'armoire, le lit dans la huche, les draps sur le miroir; et, comme nous l'avons éprouvé il y a vingt ans, quand l'incendie éclata dans notre village, le danger ôte à l'homme le sentiment de ce qu'il fait. On sauve les choses les moins importantes, et on laisse ce qu'il y a de plus précieux. Ainsi ces malheureux avaient chargé leurs chariots d'objets sans valeur, de vieilles planches, de tonneaux, de cages d'oies. Puis les femmes, les enfants se traînaient péniblement avec des hottes et des paniers remplis de choses complétement inutiles. Car l'homme a tant de peine à abandonner la dernière parcelle de son bien! Ainsi s'en allait tout le monde, sans suite et sans ordre, à travers la route couverte de poussière. L'un voulait conduire lentement ses chevaux affaiblis; l'autre cherchait à aller plus vite. Puis c'était un mélange de bruits confus : des femmes et des enfants qui se plaignent d'être meurtris; des troupeaux qui mugissent; des chiens qui hurlent; des vieillards et des malades qui gémissent de se sentir vaciller dans leurs lits au sommet des voitures surchargées. Tout à coup, au bord d'un monticule, la roue du chariot pressé par la foule sort de l'ornière, crie; le chariot se renverse, et ceux qui s'y trouvaient chancellent, poussent des cris d'effroi, et tombent par terre à une longue distance. La chute est cependant heureuse : les caisses et les paquets tombent après eux, et plus près de la voiture ; car, en les voyant ainsi jetés en bas, on s'attendait à les trouver écrasés sous le poids des bagages. Mais le char est brisé ; les malheureux restent sans secours ; car leurs compagnons s'éloignent à la hâte, uniquement occupés d'eux-mêmes. Nous accourons, et nous voyons ces pauvres malades, qui pouvaient à peine supporter leurs souffrances quand ils étaient encore sous le toit paisible, et qui maintenant gisent sur le sol, couverts de blessures, exposés aux ardeurs du midi, étouffés par la poussière et poussant des cris de douleur.

— Oh ! dit le bon aubergiste, puisse mon Hermann les trouver et leur donner des secours ! Pour moi, je ne voudrais pas les voir : l'aspect des malheureux m'afflige. A la première nouvelle qui nous est venue de ces pauvres émigrés, nous leur avons envoyé une obole de notre superflu, afin de rendre la force et le repos à quelques-uns d'entre eux. Mais ne renouvelons pas ces tristes images, car la crainte a bientôt fait de se glisser dans le cœur de l'homme, la crainte, que je hais plus que le mal même. Venez ; entrons dans cette petite chambre au fond : elle est fraîche ; jamais le soleil n'y pénètre, jamais l'air échauffé ne traverse ces murs épais. Ma femme nous apportera un petit verre de quatre-vingt-trois, afin de chasser les soucis. Ici il ne fait pas bon de boire : les mouches voltigent et bourdonnent autour des verres.

Et tous les trois s'en vont dans la petite salle, et se réjouissent d'être au frais.

La maîtresse de la maison leur apporta sur un plateau d'étain luisant un excellent vin clair dans une bouteille polie, et des verres verts, qui sont les vraies coupes avec lesquelles on puisse boire le vin du Rhin. Tous les trois se placent autour de la table en bois brun ciré et luisant. L'aubergiste fait sonner gaiement son verre contre celui du pasteur; mais leur voisin garde le sien d'un air pensif, et l'aubergiste cherche à l'animer. — Allons, voisin, allons, buvons; la clémence de Dieu a jusqu'à présent écarté de nous le malheur et l'écartera encore à l'avenir. Car, qui de nous n'a pas observé que, depuis le jour de notre effroyable incendie, qui fut pour nous un si rude châtiment, Dieu nous a constamment favorisés? Il a veillé sur nous comme l'homme veille sur la prunelle de ses yeux, qui est le plus cher de ses organes : pourquoi ne continuerait-il pas à nous prêter son appui? C'est dans le danger que l'on apprend à connaître sa puissance. Pourquoi voudrait-il anéantir tous nos efforts, détruire de nouveau cette ville qu'il a, par notre travail, relevée de ses cendres, et sur laquelle il a répandu tant de bénédictions?

— Oui, dit avec un doux sourire le digne pasteur, attachez-vous à la foi, attachez-vous avec fermeté à la foi. C'est elle qui peut nous rendre sages dans la prospérité, et nous donner dans le malheur les plus belles consolations, les plus riches espérances.

— Que de fois, dit l'aubergiste, lorsque mes voyages d'affaires m'amenaient au bord du Rhin, que de fois j'ai salué avec surprise ce beau fleuve ! Il m'apparut toujours si grand ! il éleva toujours mon cœur et ma pensée ; mais je n'imaginais pas que bientôt ses rivages deviendraient pour nous un rempart contre les Français, et que son large lit serait un fossé capable d'arrêter l'ennemi. Voyez comme la nature et le ciel protégent les braves Allemands qui nous défendent ! Ne serait-ce pas une folie que de se décourager ? Déjà les partis sont las de combattre, et tout semble nous promettre la paix. Oh ! quand ce jour de fête auquel nous aspirons sera célébré dans notre église, quand le son des cloches, l'orgue et les trompettes accompagneront le *Te Deum*, puisse mon Hermann se présenter devant monsieur le pasteur avec la fiancée qu'il conduira à l'autel ! Puisse à l'avenir cette fête, qui rendra le repos à tout le pays, être pour moi l'anniversaire d'un bonheur domestique ! Mais je vois avec peine mon Hermann, toujours si actif quand il est à la maison, se montrer indolent et timide au dehors. Il a peu de plaisir à aller dans le monde : il évite même la société des jeunes filles et les danses joyeuses qui plaisent à tous les jeunes gens de son âge.

Pendant que l'hôtelier parlait ainsi, on entendit le bruit des chevaux frappant la terre du pied. Ce bruit, d'abord éloigné, se rapprocha, et l'on put distinguer le roulement d'une voiture passant avec rapidité et avec le fracas du tonnerre sous la voûte de la maison.

TERPSICHORE.

HERMANN.

Quand Hermann entra dans la chambre, le pasteur jeta sur lui un coup d'œil pénétrant, et le fixa avec le regard de l'observateur qui interprète facilement l'expression du visage. Puis il sourit et lui dit : — Vous me semblez tout changé. Jamais je ne vous ai vu si gai, jamais vos regards ne m'ont paru si animés. Vous revenez à nous satisfait et joyeux : on voit que vous avez répandu vos dons parmi les pauvres, et reçu leurs bénédictions.

Le jeune homme répondit d'un ton de voix calme et sérieux : Si j'ai bien agi, je ne sais; mais j'ai suivi l'inspiration de mon cœur, et je vais vous dire ce qui est arrivé. Vous aviez, ma mère, mis beaucoup de temps à chercher et à choisir le linge que vous vouliez me donner. Le paquet fut fait très-tard; puis l'on mit encore beaucoup de lenteur à préparer avec précaution la bière et le vin. Lorsque enfin je me trouvai sur le chemin hors de la ville, je rencontrai tous les curieux, femmes et enfants, qui en revenaient, car les émigrés étaient déjà loin. Je résolus alors de m'en aller rapidement jusqu'au village où j'avais entendu dire qu'ils devaient passer la nuit. En suivant la nouvelle route, j'aperçus une lourde voiture traînée par deux bœufs, les plus gros et les plus vigoureux du pays étranger. A côté de la voiture, une jeune fille s'en allait d'un pas ferme, une longue baguette à la main, chassant et dirigeant l'attelage. Quand elle me vit, elle s'approcha tranquillement, et me dit : Nous n'avons pas toujours été dans cette déplorable situation où vous nous voyez aujourd'hui. Je ne suis pas encore habituée à demander à l'étranger cette aumône qu'il donne souvent à regret, et seulement pour se débarrasser du pauvre. Mais le besoin me force de parler. Là, sur la paille, languit la femme d'un homme riche; elle vient d'accoucher, et j'ai eu grand'peine à la sauver avec ces bœufs et cette voiture. Nous ne pouvons arriver que très-tard après les autres. A peine si cette pauvre femme a conservé la vie, et maintenant son nouveau-né repose tout nu dans ses bras. Nos compagnons ne peuvent nous être que d'un faible secours, à supposer encore que nous les trouvions dans le village voisin, où nous devons nous arrêter; car j'ai peur qu'ils ne soient déjà plus loin. Si vous êtes des environs, et si vous aviez du linge dont vous puissiez vous passer, donnez-le à cette malheureuse.

Ainsi parla la jeune fille; et, sur la paille où elle était couchée, la pauvre femme se lève toute faible et toute pâle, et me regarde. Moi, je lui répondis : Il y a souvent un bon génie qui nous inspire, et qui nous fait deviner les besoins les plus pressants de nos frères. Ma mère, comme si elle avait pressenti votre souffrance, m'a donné pour ceux qui n'avaient pas de vêtements ce paquet de linge. Et aussitôt, dénouant les cordons avec lesquels il était lié, je remis à la jeune fille la robe de chambre de mon père, les chemises et les draps. Elle me remercia avec joie, et s'écria : Celui qui est heureux ne croit pas qu'il puisse y avoir encore des miracles ; c'est dans le malheur que l'on reconnaît comment le doigt de Dieu conduit les hommes de bien à une bonne action. Puisse-t-il vous rendre à vous-même le bonheur qu'il nous donne par votre entremise !

La pauvre femme prit en souriant ce linge qu'on lui donnait, et se réjouit surtout de sentir la douce flanelle de la robe de chambre. Hâtons-nous, dit la jeune fille, hâtons-nous d'arriver au village, où nos compagnons doivent s'arrêter pour passer la nuit. Là, je préparerai le linge de l'enfant, j'arrangerai avec soin tout ce qu'il vous faudra.

Elle me salua encore, et me remercia cordialement ; puis elle chassa les bœufs, et le char s'éloigna. Pour moi, j'arrêtai mes chevaux, je restai. Il s'élevait un combat en moi. Je ne savais si je devais courir en toute hâte au village, afin de partager aux émigrés les provisions que j'avais apportées, ou les remettre toutes à la jeune fille, afin qu'elle les distribuât elle-même. Mon cœur décida. Je courus après elle, je l'atteignis bientôt, et je lui dis : Ma mère n'a pas seulement mis sur ma voiture du linge pour ceux qui en manquaient ; elle y a joint aussi diverses provisions qui sont là dans les coffres. Je veux remettre tout cela entre tes mains ; je suis sûr que de la sorte ma mission sera bien remplie ; car tu partageras ces provisions avec intelligence, et moi j'aurais dû m'en rapporter au hasard. — Je les partagerai en conscience, dit-elle ; elles réjouiront celui qui est dans le besoin.

J'ouvris les coffres de la voiture, je pris les lourds jambons, le pain, les bouteilles de bière et de vin ; je lui donnai tout, et j'aurais voulu lui donner encore plus. Mais les coffres étaient vides. Elle mit tout cela aux pieds de la malade, puis s'éloigna, et moi je repris avec mes chevaux le chemin de la ville.

Quand Hermann eut fini, le voisin prit la parole, et s'écria : — Heureux celui qui, au milieu de ces jours de fuite et de désordre, peut vivre seul chez lui, ne pas voir une femme, des enfants trembler à ses côtés ! Je m'applaudis maintenant de mon sort. Je ne voudrais pas pour beaucoup être père, et avoir à m'inquiéter de ma femme et de mes enfants. Souvent déjà j'ai pensé qu'un jour il faudrait prendre la fuite ; j'ai rassemblé ce que j'ai de plus précieux, mon argent et les chaînes d'or de ma mère, que j'ai toutes conservées. Il faudrait, il est vrai, faire le sacrifice de beaucoup de choses qu'on ne retrouverait pas facilement. Par exemple, j'abandonnerais à regret ces plantes et ces racines que j'ai amassées avec tant de soin, quoiqu'elles n'aient pas une grande valeur. Mais si je laisse mon pourvoyeur dans ma maison, je me console de les quitter ; si je me sauve, moi et mon argent, tout est sauvé. Il est facile à un homme seul de s'échapper.

— Voisin, répondit le jeune Hermann d'un ton de voix sérieux, je ne pense nullement comme

vous, et je ne puis approuver ce que vous venez de
dire. Celui-là est-il bien un homme estimable, qui,
dans le bonheur comme dans l'infortune, ne s'occupe que de soi, qui ne sait partager ni ses joies ni
ses souffrances, et n'en éprouve pas le besoin? Pour
moi, c'est dans des jours comme ceux-ci que je me
déciderais plutôt à me marier, car il y a mainte
bonne fille qui a besoin de trouver la protection
d'un mari, et l'homme a besoin de rencontrer dans
la douleur le regard consolant d'une femme.

— J'aime à t'entendre parler ainsi, dit le père;
tu as rarement prononcé un mot aussi raisonnable.

— Courage, mon fils, dit aussitôt sa bonne mère;
tu as raison : tes parents t'ont donné l'exemple;
car nous ne nous sommes pas fiancés dans un jour
de bonheur, et notre mariage s'est conclu à une
heure bien triste. C'était le lundi matin, je m'en
souviens, et la veille avait éclaté l'incendie qui dé-
truisit notre petite ville. Il y a de cela vingt ans.
C'était un dimanche, et, comme aujourd'hui, un
temps chaud et sec. Il y avait peu d'eau dans nos
citernes. Tout le monde était allé se promener en
habits de fête, et s'était dispersé dans les villages,
dans les auberges, dans les moulins des environs.
Le feu éclata à l'extrémité de la ville. Il courut à
travers les rues, consumant les granges pleines de
riches moissons, et les maisons jusqu'à la place.
La demeure de mon père fut brûlée, et celle-ci
aussi. Nous sauvâmes très-peu de chose. Je passai
dehors la ville une nuit d'anxiété, gardant les lits
et les caisses; mais enfin je dormis, et quand la

fraîcheur du matin m'éveilla, je vis la fumée et les charbons ardents, et les murailles toutes nues de notre ville. J'avais le cœur oppressé ; mais le soleil parut plus beau que jamais, et le courage me revint. Je me levai à la hâte. Je voulais revoir la place où était notre demeure, et regarder si les poulets que j'aimais beaucoup avaient pu se sauver ; car j'avais encore le caractère naïf de l'enfant. Quand j'eus monté sur les ruines de la cour et de la maison qui fumaient encore, pendant que je contemplais cette demeure ainsi dévastée, tu arrivas, toi, de l'autre côté ; tu cherchais la place occupée par l'étable ; un cheval y était resté. Les poutres enflammées, les décombres gisaient par terre, mais de cheval point. Ainsi nous restions l'un en face de l'autre tristes et pensifs ; car le mur qui séparait notre cour de la tienne était tombé. Tu me pris par la main, et tu me dis : — Lise, comment fais-tu pour venir ici ? Va-t'en, va ; sur ces décombres encore ardents tu brûleras tes souliers ; je sens déjà que mes bottes sont en feu. Et tu me pris dans tes bras, et tu m'emportas à travers la cour. La porte de la maison était encore debout avec sa voûte, comme nous la voyons aujourd'hui. C'était la seule chose qui restât. Tu m'assis par terre, tu m'embrassas ; moi, je me défendais, et tu me dis avec douceur : — Regarde, notre maison est renversée. Reste ici, aide-moi à la rebâtir ; j'aiderai ton père à rebâtir la sienne. Mais je ne te comprenais pas, jusqu'à ce que tu eusses envoyé ta mère parler à mon père, jusqu'à ce que notre

mariage fût conclu. Je me souviens encore avec
joie de ces poutres à demi brûlées, et de ce soleil
qui se levait si beau. Car ce jour-là m'a donné un
époux, et ce temps de dévastation m'a donné un
fils. Voilà pourquoi, Hermann, j'aime à te voir
ainsi penser avec une douce confiance au mariage,
dans cette époque de douleur; j'aime à te voir décidé à prendre la jeune fille de ton choix, dans le
tumulte de la guerre et au milieu des ruines.

— Oui, dit avec vivacité l'aubergiste, c'est là
une louable idée, et l'histoire que tu viens de raconter, ma femme, est parfaitement vraie; c'est
ainsi qu'elle s'est passée. Mais le mieux est le
mieux. Tout le monde ne réussit pas en recom-
mençant l'apprentissage de la vie. Il n'arrive pas
à tout le monde d'avoir autant de soucis que nous
et d'autres en avons eu. Oh! heureux celui à qui
ses parents donnent une maison en bon état, et
qui réussit à l'embellir! Tout commencement est
difficile, et ce qu'il y a de plus difficile, c'est le
commencement d'un ménage. L'homme a besoin
de beaucoup de choses, et chaque jour tout devient
plus cher. Il faut que l'homme avise aux moyens
de gagner de l'argent. Ainsi j'espère, mon Hermann, que tu m'amèneras bientôt une fiancée avec
une belle dot. Car un brave garçon mérite d'avoir
une fille riche, et tout n'en va que mieux si la
femme que l'on aime entre dans la maison avec
des corbeilles et des coffres remplis de choses
utiles. Ce n'est pas en vain que la mère de famille
prépare pendant plusieurs années pour sa fille la

toile d'un tissu fin et solide ; ce n'est pas en vain que les parrains lui conservent leur argenterie, et que le père enferme dans son secrétaire la pièce d'or devenue rare. Car, avec tous ces dons, la fiancée doit un jour réjouir le jeune homme qu'elle aura choisi. Oui, je sais comme une femme se trouve bien dans la maison où elle reconnaît les meubles qu'elle a apportés, et le lit et la table dont elle fournit le linge elle-même. Je voudrais donc voir arriver ici une fiancée ayant de la fortune. Car celle qui est pauvre finira par être méprisée de son mari. Il regardera comme une servante celle qui est entrée comme une servante avec son petit paquet. L'homme reste injuste, et le temps de l'amour passe. Oui, mon Hermann, tu réjouirais ma vieillesse, si tu pouvais m'amener bientôt une belle-fille du voisinage : tiens, de cette maison verte, par exemple. Le père est riche, et son commerce et ses fabriques l'enrichissent encore davantage chaque jour. Car où le marchand ne gagne-t-il pas? Il n'a que trois filles pour partager sa fortune. L'aînée est déjà promise, je le sais ; mais la seconde, la troisième sont encore libres, et ne le seront peut-être pas longtemps. Si j'avais été à ta place, je n'aurais pas tardé à en épouser une, et je l'aurais amenée ici comme j'amenai ta petite mère.

— En vérité, répondit Hermann avec modestie, j'avais envie, comme vous me le conseillez, de choisir pour femme une des filles de notre voisin. Nous avons été élevés ensemble, nous jouions ensemble autrefois près de la fontaine sur la place, et je me rappelle les avoir souvent protégées contre les méchancetés des petits garçons. Mais ce temps-là est loin de nous. Les jeunes filles sont devenues grandes. Elles fuient maintenant les jeux bruyants ; elles sont raisonnables et restent à la maison. On les a sans doute bien élevées. Une fois, grâce à notre ancienne connaissance, et pour obéir à votre volonté, je voulus aller les voir. Mais je n'ai jamais pu trouver le moindre plaisir dans leur société, car elles avaient toujours quelques reproches à me faire, et il fallait les supporter : ou ma redingote était trop longue, ou le drap trop grossier, ou la couleur de mes habits trop commune ; on trouvait aussi que mes cheveux étaient mal coupés et mal frisés. Enfin je résolus de me parer comme ces petits jeunes gens du commerce qui se montrent toujours là le dimanche, et qui l'été se pavanent avec leur petit habit de soie. Mais je m'aperçus bientôt que je les ennuyais encore davantage, et ma fierté en fut offensée. Ce qui m'affligeait surtout, c'était de voir méconnaître entièrement les bons sentiments que j'avais pour elles, surtout pour Minna, la plus jeune. La dernière fois que j'allai les voir, c'était le jour de Pâques, j'avais mis ma redingote neuve, qui est là maintenant dans l'armoire ; mes cheveux étaient frisés comme ceux des autres jeunes gens. Quand j'entrai, elles se mirent à rire ; mais je ne pensais pas qu'elles riaient de moi. Minna était assise devant le clavecin, et en face d'elle était son père, ravi de l'entendre chanter. Il y avait dans le morceau qu'elle chantait beaucoup de choses que je ne comprenais pas ; mais à tout instant revenait le nom de Pamina, le nom de Tamino, et je ne voulais pourtant pas rester muet. Lorsqu'elle eut fini, je demandai ce que c'était que cette histoire et ces deux personnages. Tous se taisent et sourient. Mais le père me regarda et dit : — N'est-ce pas, mon enfant, tu ne connais qu'Adam et Ève? Alors personne ne put se retenir ; les jeunes filles éclatèrent de rire, les jeunes gens aussi, et le vieux se tenait le ventre. Dans la confusion où je me trouvais, je laissai tomber mon chapeau, et les éclats de rire continuèrent. Je revins triste et honteux à la maison, je mis ma redingote dans l'armoire, j'aplatis mes cheveux avec mes doigts, et je jurai de ne plus franchir le seuil de cette demeure. Vraiment j'ai bien fait ; car elles sont vaniteuses, incapables d'aimer, et l'on m'a dit que depuis ce jour-là elles m'appellent encore Tamino.

— Hermann, dit la mère, tu ne devrais pas rester si longtemps fâché contre ces enfants, car elles sont toutes trois enfants. Minna a toujours été très-bien disposée pour toi. Dernièrement encore elle demandait de tes nouvelles. Tu devrais l'épouser.

— Non, répondit Hermann; je ne sais comment cela se fait, mais le chagrin qu'elle m'a causé s'est gravé si fort dans mon esprit que je ne pourrais plus la voir au clavecin et l'entendre chanter sa chanson.

Mais le père prit la parole, et lui dit avec colère : — Tu me donnes peu de joie. J'ai toujours dit que tu n'avais de plaisir qu'à voir des chevaux et à conduire la charrue. Tu remplis les fonctions d'un valet auprès d'un homme riche. Mais il faut que ton père se prive du fils qui devait lui faire honneur aux yeux des autres bourgeois. C'est ici que ta mère m'a trompé de bonne heure avec de vaines espérances, quand tu ne pouvais jamais, à l'école, apprendre à lire, à écrire, comme les autres, et que tu restais constamment le dernier. Voilà ce qui arrive quand il n'y a point de noble émulation dans l'âme d'un jeune homme, quand il ne songe pas à s'élever plus haut. Si mon père avait fait pour moi ce que j'ai fait pour toi, s'il m'avait envoyé à l'école, si j'avais eu des maîtres, je ne serais pas aujourd'hui aubergiste au Lion d'or.

A ces mots, Hermann se leva, et, sans rien dire, sans faire de bruit, s'approcha de la porte : — Oui, va, lui cria son père en colère, je connais tes bouderies; va, et continue à travailler pour la maison afin que je n'aie point de réprimandes à te faire. Mais ne compte pas m'amener ici pour bru une fille de paysan. J'ai assez vécu pour apprendre comment il faut se conduire avec le monde. Je sais traiter les gens qui viennent chez moi de manière à ce qu'ils s'en aillent contents. Je sais me rendre agréable à l'étranger. C'est bien le moins qu'après tout je trouve une bru qui ait des prévenances pour moi, et qui apporte quelque adoucissement à tant de fatigues. Il faut qu'elle joue aussi du clavecin, et que, le dimanche, les habitants les plus distingués de la ville trouvent du plaisir à s'assembler chez moi comme ils s'assemblent chez le voisin.

Hermann posa doucement le doigt sur le loquet de la porte, et sortit.

THALIE.
LES BOURGEOIS.

Ainsi le bon jeune homme échappa au discours violent de son père; mais celui-ci continua : — Ce que l'homme ne porte pas dans son cœur ne saurait en sortir. Il me sera bien difficile de réaliser le vœu que j'avais formé de voir mon fils non-seulement ressembler à son père, mais s'élever plus haut que lui. Car que serait la maison de famille; que serait la ville, si chacun ne trouvait pas du plaisir à conserver ce qui existe, puis à le renouveler, à l'embellir d'après les besoins de son époque et les leçons qui lui viennent des pays étrangers? Faut-il donc que l'homme croisse sur terre comme un champignon, et meure à la place où il est né, sans laisser aucune trace de sa vie et de ses œuvres? En jetant les yeux sur une maison, on reconnaît de suite le caractère de celui à qui elle appartient, comme en passant dans une petite ville on peut juger de l'esprit de ses magistrats. Car là où les tours et les murailles sont en ruines, là où les immondices s'entassent dans les fossés et encombrent toutes les rues, là où la pierre tombe du mur sans être relevée, où les solives se pourrissent, où la maison attend en vain qu'on lui donne un appui, là il y a une mauvaise administration. Quand les mesures d'ordre et de propreté ne viennent pas de l'autorité supérieure, le bourgeois s'habitue facilement à sa sale indolence, comme le mendiant à ses sales lambeaux. Voilà pourquoi j'aurais voulu que Hermann entreprît un voyage et visitât au moins Francfort et Strasbourg, et cette riante ville de Mannheim, qui est si élégamment et si régulièrement bâtie. Car celui qui a vu les belles et grandes villes n'aura pas de repos jusqu'à ce qu'il ait embelli celle où il est né, si petite qu'elle soit. L'étranger ne fait-il pas l'éloge de notre porte depuis qu'on l'a réparée, et de notre tour et de l'église si bien rétablies? Chacun ne fait-il pas l'éloge de notre pavé et de ces canaux couverts, bien distribués, pleins d'eau, qui nous sont si utiles et nous offrent une garantie contre le feu? Tout cela s'est fait depuis notre effroyable incendie. J'ai été six fois chargé par le conseil de diriger les constructions, et j'ai reçu les marques d'approbation et les remercîments de mes concitoyens, pour avoir exécuté les plans faits par moi, et pour avoir mis la main à plusieurs louables entreprises qu'on laissait inachevées. Tous les membres du conseil ont pris enfin ces goûts d'embellissement. Tous travaillent dans le même but, et voilà qu'on a déjà terminé, et d'une manière solide, la nouvelle chaussée qui établira une communication entre nous et la grand'rue. Mais je crains bien que les jeunes gens n'agissent pas de même. Les uns ne pensent qu'aux plaisirs et aux ornements futiles, les autres restent à la maison et se blottissent derrière le poêle, et j'ai peur que Hermann ne soit comme ceux-ci.

La bonne et digne femme de l'aubergiste répondit : — Voilà comme tu es toujours injuste envers ton fils. Ce n'est pas ainsi que tes vœux se réaliseront. Nous ne pouvons pas former nos enfants d'après nos idées. Nous devons les prendre comme Dieu nous les donne, les aimer, les élever de notre mieux, sans chercher à forcer leur nature. Celui-ci a telles qualités, celui-là telles autres. Chacun se sert de ce qu'il possède, et chacun est heureux et bon à sa manière. Je ne veux pas qu'on réprimande ainsi mon Hermann; je sais qu'il est digne de posséder l'héritage qu'il aura un jour. Je sais qu'il est un agronome habile, le modèle des bourgeois et des paysans, et je crois qu'au conseil il n'occupera pas le dernier rang. Mais chaque jour, avec tes reproches et tes réprimandes, tu enlèves à ce pauvre enfant le courage, comme tu l'as fait aujourd'hui.

A ces mots, la bonne mère quitta la chambre pour aller chercher son fils et lui porter quelques paroles d'affection ; car il en était digne.

Lorsqu'elle fut partie, l'aubergiste dit en souriant : — Ce sont cependant de singuliers êtres que les femmes et les enfants. Chacun d'eux vit selon son caprice, et il faudrait toujours les louer et les flatter. Mais une fois pour toutes, je reconnais la vérité de ce proverbe des anciens : Quiconque n'avance pas, rétrograde.

— Je me range volontiers à votre avis, dit le pharmacien ; je regarde sans cesse autour de moi ce qu'il y a de meilleur, ce qui est nouveau et pas trop cher. Mais si l'on n'a pas une quantité d'argent, à quoi sert d'être actif, empressé, et de chercher au dehors comme au dedans toutes ces améliorations? Le pouvoir du bourgeois est trop restreint. Le bien auquel il aspire, il ne saurait l'atteindre. Sa bourse est trop mince, ses besoins sont trop grands. Ainsi il trouvera toujours des obstacles. J'aurais voulu faire tant de choses! Mais qui de nous ne redoute pas les dépenses occasionnées par de tels travaux, surtout dans un temps comme celui-ci? Il y a longtemps que je souris à l'idée de voir ma maison prendre la forme à la mode ; il y a longtemps que je vois à l'avance mes fenêtres briller avec de grandes vitres : mais comment faire cette entreprise, après le marchand qui est riche et qui connaît le moyen d'avoir tout ce qu'il y a de meilleur? Regardez cette maison neuve en face : comme ces volutes blanches en stuc se dessinent bien sur ces panneaux verts! Les fenêtres sont grandes, et, à côté de ces vitres brillantes comme des glaces, toutes les autres maisons paraissent obscures. Cependant, après l'incendie, les plus belles habitations de la ville étaient les nôtres : la pharmacie à l'Ange, et l'auberge au Lion d'or. Mon jardin était aussi renommé dans toute la contrée. Chaque voyageur s'arrêtait pour regarder à travers la palissade rouge le mendiant de pierre et le nain coloré que j'y avais mis. Quand j'invitais quelqu'un à prendre du café dans cette magnifique grotte, aujourd'hui couverte de poussière et à demi ruinée, il se réjouissait de voir la couleur éclatante et les effets de lumière de ces coquilles. Le connaisseur regardait avec une sorte d'éblouissement l'incarnat du corail. Dans la salle on admirait ce tableau qui représente des messieurs et des dames se promenant en grande toilette dans le jardin, et tenant et offrant des fleurs du bout de leurs doigts effilés. Maintenant, qui voudrait regarder encore cette grotte? Je sors rarement, et toujours avec chagrin; car il faut que tout soit fait autrement et avec goût, comme ils disent; il faut des bancs de bois, des planches sans couleur, tout ce qui est simple et uni; pas de dorure, pas de ciselure. Mais le bois étranger coûte si cher! En vérité, j'aimerais aussi à acheter ce qui est nouveau, à marcher avec le temps et à changer souvent mes meubles. Mais chacun a peur de déranger la moindre chose; car, après cela, comment payer les ouvriers? Dernièrement l'idée me vint de faire dorer l'archange Michel qui me sert d'enseigne, et l'effroyable dragon qui se tord à ses pieds. Mais je le laissai bruni comme il est; car ce qu'on me demandait pour le dorer était effrayant.

EUTERPE.
LA MÈRE ET LE FILS.

Pendant que les trois voisins causaient ainsi ensemble, la femme de l'aubergiste s'en alla chercher son fils devant la maison, près du banc de pierre où il avait coutume de s'asseoir. Elle ne le trouva pas, et elle entra à l'écurie pour voir s'il ne serait point occupé à prendre soin des beaux chevaux qu'il avait achetés tout jeunes et qu'il ne confiait à personne. Mais le domestique lui dit qu'il était allé dans le jardin. Elle traversa à la hâte les deux longues cours, passa au delà de l'écurie, au delà de la grange, et entra dans le jardin, qui s'étendait jusqu'aux remparts de la petite ville. En le traversant, elle se réjouissait de voir chaque plante, et redressait les tuteurs sur lesquels tombaient les lourdes branches du pommier, ou celles du poirier. Puis elle enlevait les chenilles posées sur ces belles têtes de choux ; car une femme vraiment active ne fait jamais un pas inutile. Elle arriva ainsi jusqu'à l'extrémité du jardin, jusqu'au berceau couvert de chèvrefeuille, et ne trouva pas son fils. Mais il y avait là une petite porte qu'un de ses ancêtres, jadis bourgmestre, avait fait pratiquer, par une faveur spéciale, à travers les remparts. Cette porte était entr'ouverte. La bonne mère sortit, traversa les fossés secs, et arriva sur le chemin d'où l'on montait, par des sentiers escarpés, à la vigne exposée au soleil et entourée d'une haie épaisse. Elle gravit le sentier, et prit plaisir à voir la quantité des grappes de raisin qui pouvaient à peine se cacher sous les feuilles. Il y avait au milieu de la vigne une allée de feuillage ombreuse et touffue, à laquelle on arrivait par un escalier en pierre non taillée, et là pendaient les belles grosses grappes bleues et rouges de chasselas et de muscats que l'on cultivait avec un soin particulier pour les mettre sur la table au dessert. Le reste de la colline était couvert de raisins plus petits dont on faisait un excellent vin. La bonne mère monta, et se réjouit de voir venir l'automne, et le jour de fête où tous les habitants du pays se réunissent avec gaieté pour cueillir les grappes de raisin, les mettre sous le pressoir et remplir les tonneaux. Dans ce temps de vendanges, le soir, dans chaque village, des feux d'artifice s'allument, éclatent de toutes parts, et chacun célèbre de son mieux ces beaux jours de moisson. Cependant elle commença à se sentir inquiète, lorsque, après avoir appelé deux ou trois fois son fils, l'écho de la tour seul lui répondit. Elle était si peu habituée à le chercher! il ne s'éloignait jamais d'elle, ou il avait soin de le lui dire, afin de prévenir les soucis que cette bonne mère aurait pu avoir. Mais elle espérait encore le trouver sur la montagne; car la dernière porte de la vigne, ainsi que la première, était ouverte. Elle s'avança dans le large champ qui couvrait le revers de la colline. Elle était toujours dans ses propriétés, et prenait plaisir à regarder les semences et les beaux blés dorés qui se balançaient à travers la campagne. Elle s'avança le long du sentier, et se dirigea vers le gros poirier élevé au sommet de la colline, et qui servait de limite à ses domaines. Quelle main l'avait planté? on ne sait; mais on le distinguait au loin et au large, et ses fruits étaient renommés. A midi les moissonneurs venaient prendre leur repas sous ses rameaux, et les bergers s'asseyaient à son ombre, sur des bancs de gazon et des bancs de pierre non taillée. Elle ne se trompait pas ; son Hermann était là, la tête appuyée sur sa main, les yeux fixés de l'autre côté vers les montagnes. Il tournait le dos à sa mère. Elle s'approcha d'un pas léger, et lui frappa doucement sur l'épaule. Il se retourne ; elle aperçoit des larmes dans ses yeux.

— Ma mère ! s'écrie-t-il avec étonnement ; vous venez me surprendre ici ; et le noble jeune homme se hâte d'essuyer ses larmes. — Comment ! tu pleures, mon enfant ? lui dit sa mère avec émotion. Je ne te reconnais pas là ; jamais je ne t'ai vu ainsi. Dis-moi ce que tu as sur le cœur, pourquoi tu viens t'asseoir tout seul sous ce poirier, et pourquoi ces larmes.

Le bon jeune homme se recueille, et dit : — En vérité, il faudrait n'avoir qu'une poitrine d'airain et point de cœur pour ne pas sentir la misère de cette foule de fugitifs. Il faudrait n'avoir aucun sens dans la tête pour ne pas songer à sa sécurité et à celle de son pays, dans des jours comme ceux-ci. Ce que j'ai vu et entendu aujourd'hui m'a touché le cœur. Je suis sorti, j'ai regardé ce vaste paysage étendu devant nous, entouré de collines fertiles ; j'ai regardé ces épis d'or qui bientôt seront liés en gerbes, et ces fruits abondants qui rempliront nos greniers. Mais, hélas ! l'ennemi est si près ! Les flots du Rhin nous protégent, il est vrai ; mais que peuvent les flots et les montagnes contre ce peuple redoutable qui s'avance comme l'orage? Il entraîne les vieillards, la jeunesse, et marche avec impétuosité sans craindre la mort. Cette foule passe, une autre la remplace. Hélas! et il y a encore un Allemand qui ose rester chez lui, qui espère peut-être échapper au désastre dont nous sommes menacés! Ma mère, je vous le dis aujourd'hui, je regrette de n'avoir pas été dernièrement compris dans le nombre des jeunes soldats que notre ville a dû fournir. Je suis, il est vrai, votre seul fils, et notre maison est grande, et nos travaux sont importants; mais ne ferais-je pas mieux de m'en aller combattre sur les frontières que d'attendre ici la misère et l'esclavage? Oui, une voix d'en haut me l'a dit, et je sens s'éveiller au fond de mon âme le désir de me dévouer à ma patrie et de mourir pour donner un noble exemple aux autres. Oh! si la jeunesse d'Allemagne était réunie sur les frontières, bien résolue à ne pas céder aux étrangers, vous ne les verriez pas poser le pied sur notre belle contrée, moissonner sous nos yeux les fruits de notre sol, commander aux hommes et enlever les femmes et les enfants. Écoutez, ma mère, je suis résolu dans le cœur à faire bientôt, de suite, ce qui me paraît juste et raisonnable; car celui qui réfléchit longtemps ne prend pas toujours le meilleur parti. Écoutez, je ne retournerai pas à la maison. D'ici j'entre directement dans la ville, j'offre aux soldats mon cœur et mon bras pour servir mon pays. Que mon père dise ensuite s'il n'y a pas en moi un sentiment d'honneur et un désir de m'élever plus haut.

Sa bonne mère lui répondit en pleurant : — Mon fils, quel changement s'est opéré en toi ? Tu ne parles plus à ta mère comme hier, comme toujours, librement et avec franchise. Tu ne lui dis plus ce que tu désires. Si une autre personne que moi t'entendait, elle se laisserait séduire par tes paroles, et louerait ta résolution comme le plus noble des sentiments ; mais moi, je te blâme, car je te connais mieux. Il y a dans ton cœur de tout autres pensées, et tu me les caches. Car, je le sais, ni le tambour ni la trompette ne t'appellent, ni le désir de faire briller ton uniforme aux yeux des jeunes filles. Si brave que tu sois, ta vocation est de garder la maison et de travailler à la culture des champs. Ainsi dis-moi sans détour d'où te vient cette nouvelle résolution.

— Vous êtes dans l'erreur, ma mère, répondit Hermann sérieusement. Tous les jours ne se ressemblent pas. Le jeune homme mûrit et devient homme. Il mûrit plus facilement pour les grandes actions au milieu d'une vie tranquille, que dans le tumulte d'une de ces existences déréglées où tant de jeunes gens se sont perdus. Dans cet état de calme où vous m'avez vu, mon cœur s'est façonné à la haine du mal et de l'injustice. Je crois pouvoir apprécier très-bien les choses de ce monde. Puis mes membres se sont fortifiés par le travail. Tout cela est vrai, et je puis hardiment le soutenir. Cependant, ma mère, vous avez raison de me blâmer : je ne vous ai dit ma pensée qu'à demi-mot, je vous en ai voilé une partie. Eh bien, je l'avoue, ce qui m'engage à quitter la maison de mon père, ce n'est ni l'approche du danger, ni le noble désir de servir mon pays et de me rendre redoutable aux ennemis. Ce que je vous ai dit, c'étaient des mots; je voulais par là vous cacher le véritable sentiment qui me déchire le cœur. Ainsi laissez-moi, ma mère; puisque mes vœux sont inutiles, je veux aussi perdre ma vie inutilement. Car, je le sais, se dévouer seul, si tous ne font pas les mêmes efforts dans le même but, c'est le moyen de se perdre.

— Continue, dit sa mère intelligente, raconte-moi les plus grandes comme les plus petites choses. Les hommes sont violents; ils ne pensent jamais qu'aux moyens extrêmes; les obstacles les irritent et les déroutent facilement. Mais la femme est habile à calculer les ressources et à prendre au besoin le chemin détourné pour atteindre son but. Dis-moi pourquoi je te trouve aujourd'hui dans un état d'agitation où je ne t'ai jamais vu; pourquoi le sang bouillonne dans tes veines; pourquoi les larmes s'échappent malgré toi de tes yeux?

A ces mots, le bon Hermann, s'abandonnant à son chagrin, pleura et sanglota sur le sein de sa mère; puis il lui dit avec attendrissement : — Les paroles de mon père m'ont affligé. Je n'ai jamais mérité qu'il me parlât ainsi, ni aujourd'hui ni aucun jour de ma vie. Tout jeune encore, ma plus grande joie était d'honorer mes parents; jamais personne ne m'a paru meilleur et plus sage que ceux à qui je devais le jour et dont j'avais reçu les ordres aux jours difficiles de l'enfance. Maintes fois mes camarades m'ont fait souffrir, maintes fois ils ont empoisonné mes bonnes dispositions par leur méchanceté. Ils m'ont souvent jeté des pierres et donné des coups, et je n'ai pas cherché à me venger. Mais s'ils en venaient à se moquer de mon père ; si le dimanche, quand il sortait de l'église avec un air imposant, ils tournaient en dérision le ruban de son bonnet, ou les fleurs de sa robe de chambre, dont il était constamment revêtu, et qu'il a donnée aujourd'hui, je serrais le poing avec colère, je m'élançais sur eux en fureur, et frappais avec une rage aveugle, sans regarder où tombaient mes coups. Ils avaient le nez en sang, ils pleuraient, et n'échappaient qu'à peine à mon ressentiment, à mes coups. Je grandis, et j'eus beaucoup à souffrir de mon père. Si on l'avait chagriné dans une séance du conseil, il m'adressait à moi les paroles dures qu'il eût voulu dire à d'autres, et je devenais ainsi la victime des altercations qu'il avait à subir avec ses collègues. Vous-même, souvent vous m'avez plaint. Je supportais les injustices, sans altérer en rien le sentiment de vénération que nous devons avoir pour nos parents, qui sans cesse travaillent à augmenter notre bien-être, notre fortune, et souvent s'imposent des privations, afin de faire des épargnes pour leurs enfants. Mais, hélas! ce ne sont pas ces épargnes dont on doit jouir plus tard qui font le bonheur, ce n'est pas la possession de toutes ces choses amassées l'une après l'autre, de ces champs réunis à d'autres champs, si belles que soient ces propriétés ainsi groupées ensemble. Le père vieillit, les enfants vieillissent comme lui sans goûter les joies du moment, sans être délivrés des inquiétudes du lendemain. Regardez là-bas, voyez ces belles campagnes étendues dans l'espace, et au-dessous les vignes, les jardins, puis les granges où s'entassent tous ces riches produits. Si à travers cette perspective j'aperçois la maison et le toit à pignon où l'on distingue la fenêtre de ma chambre, le souvenir du passé me revient. Je me rappelle combien de fois, quand le sommeil salutaire ne venait me visiter que quelques instants, combien de fois la nuit j'ai aspiré après les rayons de la lune, et le matin après les rayons du soleil. Hélas! je me trouve si isolé; ma chambre, la cour, le jardin, les champs étalés le long de la colline, tout cela me semble si désert! J'ai besoin d'une femme.

La bonne mère lui répondit : — Mon fils, si tu désires conduire dans ta demeure une fiancée, afin que la nuit soit pour toi une belle moitié de la vie, et que le jour tu trouves le travail plus agréable et plus utile, tu ne peux pas le désirer plus vivement que ton père et ta mère. Nous t'avons toujours conseillé, nous t'avons même pressé de te choisir une épouse. Mais je le sais, et mon cœur me le dit : si l'heure véritable n'est pas venue, si celle que l'on doit aimer ne se montre pas à cette heure-là, le choix est retardé, et l'on se laisse aller à la crainte de se tromper, de mal réussir. Mais, s'il faut te l'avouer, mon fils, je crois que tu as fait ton choix, car ton cœur est attendri et plus impressionnable que de coutume. Dis-le-moi donc toi-même ; mon âme me le dit déjà, c'est cette jeune fille fugitive que tu as choisie.

— Ma bonne mère, vous l'avez dit ! s'écria vivement Hermann, c'est elle ; et si aujourd'hui même je ne l'amène pas comme fiancée dans notre maison, elle s'éloigne, et le désordre de la guerre et cette fuite aventureuse me l'enlèvent peut-être à tout jamais. O ma mère ! en vain nos riches domaines se couvrent de fruits sous mes yeux, en vain les années à venir m'apporteront tous leurs produits ; la maison que j'habite et le jardin me font mal à voir, et l'amour d'une mère même ne me console pas de ma tristesse : car, je le sens, l'amour, en formant ces liens, dissout tous les autres ; et ce n'est pas seulement la jeune fille qui abandonne son père et sa mère pour suivre l'époux qu'elle s'est choisi, le jeune homme agit de même ; il oublie ses parents, s'il voit partir son unique bien-aimée. Ainsi laissez-moi aller là où le désespoir me pousse. Car mon père a prononcé les paroles décisives. Sa maison n'est plus la mienne, s'il repousse la seule jeune fille que je voudrais lui amener.

— Les hommes, dit la bonne et intelligente mère, les hommes se posent donc l'un en face de l'autre comme des rochers ! Chacun d'eux reste fier, immobile, et ne veut ni s'approcher de l'autre, ni prendre le premier la parole, ni lui adresser un mot de conciliation. Mais, je te le dis, mon fils, je garde encore au fond du cœur l'espérance de voir ton père te fiancer avec cette jeune fille, si elle est bonne et honnête, et oublier sa pauvreté, quoiqu'il se soit prononcé d'une manière si absolue contre les pauvres. Car il lui arrive parfois de former dans son emportement bien des résolutions qu'il n'exécute pas, et d'accorder ensuite ce qu'il avait refusé. Mais il a besoin d'un mot affectueux, il a le droit de le demander, car il est ton père. Nous savons que quand il lui arrive de se mettre en colère après dîner, de parler avec vivacité et de repousser les raisonnements des autres, cette colère ne dure pas. Le vin excite la véhémence de sa volonté, et ne lui permet pas d'écouter et de comprendre les paroles de ceux qui l'entourent; il ne veut que s'écouter et se comprendre lui-même. Mais une fois le soir venu, quand les entretiens avec ses amis sont passés, il est plus doux après un de ces moments de vivacité, et lorsqu'il sent l'injustice qu'il a commise envers les autres. Allons de suite lui parler : la hardiesse amène le succès. Nous aurons recours aux deux voisins assis maintenant auprès de lui, et le digne pasteur nous aidera.

Elle dit, et, se levant du banc de pierre où elle était assise, elle fait lever aussi son fils qui consent à la suivre. Tous deux s'en vont en silence, rêvant à leur grave projet.

POLYMNIE.

LE COSMOPOLITE.

Le pasteur et le pharmacien étaient encore assis auprès de l'aubergiste, causant ensemble et poursuivant le même sujet d'entretien qu'ils avaient envisagé sous chaque face. Le digne pasteur leur dit : — Je suis de votre avis. Je le sais, l'homme doit toujours s'efforcer d'améliorer sa position ; il tend à s'élever, ou du moins il cherche le nouveau. Mais qu'il tâche de ne pas aller trop loin. A côté de ce sentiment de curiosité, la nature nous attache à ce qui est ancien, et nous fait trouver du plaisir aux choses auxquelles nous sommes depuis longtemps habitués. Toute situation est bonne, si elle est naturelle et raisonnable. L'homme a beaucoup de désirs, et cependant peu de besoins ; car la vie est courte, et notre sort est borné. Je ne blâmerai jamais l'homme qui sans relâche s'en va par tous les chemins, se lance avec intrépidité sur les flots de la mer, et se réjouit des richesses qu'il amasse pour lui et pour les siens. Mais j'apprécie aussi l'homme paisible qui parcourt à pas mesurés l'héritage paternel, et cultive ses champs selon l'ordre des saisons. Chaque année son domaine ne change pas de face ; l'arbre qu'il a planté n'élève pas de suite vers le ciel ses rameaux chargés de fleurs fécondes. Non ; cet homme a besoin de patience, il a besoin aussi d'un sentiment de calme, d'une intelligence droite ; car il confie peu de semences aux entrailles productives de la terre ; il élève peu de bestiaux : l'utile est sa seule pensée. Heureux celui que la nature a doué d'un tel caractère; ce sont les hommes comme lui qui nous donnent la nourriture à tous. Heureux aussi le bourgeois de la petite ville qui unit ses travaux champêtres à sa profession; sur lui ne pèsent pas les ennuis du laboureur placé dans une position si restreinte; il n'a pas non plus les vaines inquiétudes de ces habitants de la cité qui, malgré leur peu de fortune, essayent de rivaliser avec les riches, surtout les femmes et les jeunes filles. Bénissez donc les paisibles travaux de votre fils, bénissez l'épouse qu'il se choisira, si elle pense comme lui.

Il dit. Au même instant la mère entra, conduisant Hermann par la main, et, le plaçant en face de son père : — Que de fois, s'écria-t-elle, ne nous sommes-nous pas entretenus ensemble du jour à venir, du jour heureux où notre Hermann viendrait nous réjouir par le choix d'une fiancée ! Notre pensée se portait de côté et d'autre ; dans notre causerie de parents, nous lui destinions tantôt cette jeune fille, tantôt celle-là. Maintenant ce jour est venu ; le ciel lui a amené et lui a montré sa fiancée ; son cœur a décidé. N'avions-nous pas toujours dit : C'est à lui à choisir? Ton désir n'était-il pas de le voir gaiement animé par la pensée d'une jeune fille? Maintenant l'heure est arrivée : il s'est ému, il a choisi, il a agi en homme de résolution. C'est cette jeune étrangère qu'il a rencontrée. Donne-la-lui, ou il jure de ne jamais se marier.

— Donnez-la-moi, mon père ! s'écria Hermann ; mon cœur a fait un choix sage et vrai. C'est elle qui mérite avant toutes les autres d'être votre fille.

Mais le père se taisait. Le pasteur se leva à la hâte, prit la parole, et dit : — Le moment seul décide de la vie de l'homme et de toute sa destinée ; car, après de longues délibérations, la décision que l'on adopte est toujours l'œuvre d'un moment ; seulement l'homme sage prend la meilleure. Il est toujours dangereux de s'arrêter à tel avis, puis à tel autre, car on jette par là le trouble dans la pensée. Hermann a le cœur pur ; je le connais dès son enfance. A le prendre dès son bas âge, je ne l'ai jamais vu tendre les mains vers un objet, pour les porter ensuite vers un second. Il voulait avoir ce qui lui convenait, mais aussi il tenait à l'avoir. Ne soyez pas surpris et effrayés de voir apparaître tout à coup ce que vous avez longtemps désiré. Vos vœux ne se réalisent pas, il est vrai, tels que vous les aviez conçus. Nos désirs nous cachent souvent ce qui fait le fond de nos désirs : les dons nous viennent d'en haut sous leur forme particulière. Ne méconnaissez donc pas la jeune fille qui la première a touché l'âme intelligente de votre bon fils. Heureux celui qui épouse sa première bien-aimée ; car alors les plus doux désirs ne languissent pas au fond du cœur ! Oui, j'en suis sûr en le regardant, son sort est décidé. Une affection vraie transforme aussitôt l'adolescent en homme. Il n'a pas le caractère variable ; si vous repoussez sa demande, j'ai peur que ses plus belles années ne se passent dans la douleur.

Le pharmacien, qui depuis longtemps avait envie de parler, répondit : — Tâchons cependant de prendre encore cette fois un terme moyen. Hâte-toi lentement, c'était la devise d'Auguste. Moi, je m'offre volontiers à servir notre cher voisin, si ma faible intelligence peut lui être utile. La jeunesse a besoin de guide Laissez-moi sortir, j'irai recueillir des renseignements sur cette jeune fille, j'interrogerai les gens au milieu desquels elle a vécu et ceux qui la connaissent. On ne me trompe pas facilement ; je sais peser la valeur des mots.

— Oui, allez, voisin, s'écria le fils à l'instant ; allez, prenez des informations. Mais je désirerais que monsieur le pasteur vous accompagnât ; deux hommes aussi excellents que vous et lui sont des témoins irrécusables. O mon père ! ce n'est pas là une de ces jeunes filles qui courent après les aventures, et enveloppent dans un tissu de ruses le jeune homme inexpérimenté. Non ; la guerre terrible qui ravage le monde, et qui a déjà renversé tant de beaux et puissants édifices, a aussi chassé cette pauvre malheureuse. Et ne voyez-vous pas des hommes d'une haute naissance tomber dans la misère ? Les princes se sauvent sous un déguisement, et les rois vivent dans l'exil. Et elle est là, elle, la meilleure de toutes celles qui ont dû quitter leur pays ; elle est là, oubliant sa propre infortune pour soutenir ses compagnes ; manquant de secours elle-même, et secourant les autres. De grands malheurs, de grandes souffrances se sont répandus à travers le monde ; un jour de bonheur ne pourrait-il pas surgir de toutes ces misères ? Ne pourrai-je pas, dans les bras de ma fiancée, de mon épouse, trouver la joie dans cette guerre, comme vous l'avez trouvée dans l'incendie ?

Alors le père répondit : — Qui t'a donc ainsi délié la langue ? elle a été pendant si longtemps collée à ton palais et si difficile à mouvoir ! Dois-je donc faire aujourd'hui l'expérience du danger qui menace tous les pères, du danger de voir la mère de famille protéger avec trop d'indulgence les désirs de son fils, et les voisins se mêler de la partie, dès qu'on s'attaque au père ou à l'époux ? Mais je ne veux pas m'opposer à votre volonté. A quoi cela servirait-il ? Je vois déjà venir les résistances et les larmes. Allez : examinez, amenez-moi, avec la grâce de Dieu, une fille dans ma maison ; sinon, qu'il tâche de l'oublier.

Ainsi parla le père. Eh bien ! s'écria Hermann avec joie, avant le soir nous vous amènerons cette jeune fille, excellente et telle que l'homme sage peut la désirer. Alors elle sera heureuse aussi, je l'espère. Oui, elle me remerciera éternellement de lui avoir rendu en vous un père et une mère, comme de leur côté un père et une mère désirent avoir des enfants raisonnables. Mais je ne veux pas tarder plus longtemps, je veux atteler les chevaux à l'instant. J'emmène nos amis hors de la ville, sur les traces de ma bien-aimée ; je les abandonne à leur propre sagesse, et je vous jure de m'en rapporter entièrement à leur décision, et de ne plus revoir la jeune fille avant qu'elle m'appartienne. Il sort. Ceux qui restent dans la salle délibèrent avec sagesse, et s'entretiennent de cette grave affaire.

Hermann court à l'écurie, où les chevaux vigoureux se reposaient en mangeant l'avoine choisie et le foin récolté dans les meilleures prairies. Il leur met le mors luisant, il passe les courroies dans les boucles argentées, puis attache les longues et larges rênes, et conduit ses coursiers dans la cour, où le domestique zélé prenant la voiture par le timon la fait avancer sans peine. Ils mesurent la longueur des traits, et attellent ces chevaux qui entraînent un char avec rapidité. Hermann prend le fouet, s'assoit, et conduit la voiture sous la voûte de la porte. Les deux amis prennent place. Le char roule légèrement, et laisse derrière lui le pavé des rues, les murs de la ville et les tours reblanchies. Hermann arrive rapidement à la chaussée qu'il connaît si bien. Il ne s'arrête pas, il court le long de la colline comme dans la vallée, et ne songe à retenir ses chevaux que lorsqu'il aperçoit non loin de lui le clocher du village et les maisons entourées de jardins.

Sous les rameaux épais d'un massif de tilleuls qui s'élevaient là depuis des siècles, on apercevait à l'entrée du village une large et verte pelouse, où les paysans des environs et les habitants de la petite ville avaient coutume de se réunir.

Entre les arbres était une fontaine creusée au bas d'un plan incliné. On y descendait par des escaliers, et on apercevait autour de la source limpide et abondante des bancs de pierre, avec un mur d'appui très-commode pour puiser de l'eau. Hermann résolut d'arrêter en cet endroit ses chevaux et sa voiture; et il dit à ses amis : — Descendez maintenant, et allez vous informer si la jeune étrangère est digne de la main que je lui présente. Pour moi, je le crois; vous ne m'apprendrez rien là-dessus de nouveau et de surprenant. Si je n'avais que moi à consulter, je courrais à la hâte au village, et elle déciderait de mon sort en peu de mots. Allez : vous la reconnaîtrez facilement au milieu de ses compagnes, car il serait difficile de trouver une figure semblable à la sienne. Mais je vais vous indiquer comment sont ses vêtements : un corset rouge lacé avec grâce serre sa poitrine arrondie; un jupon noir lui ceint étroitement la taille; le bord plissé de la chemise entoure son doux visage, son joli menton. Sa figure ovale porte l'expression de la sérénité, de la franchise; ses longs cheveux se reploient en nattes épaisses avec des épingles d'argent. A son corset est attachée une robe bleue qui, dans ses plis nombreux, enveloppe son beau corps. Mais, je vous le dis et je vous en prie instamment, ne lui parlez pas à elle, ne lui laissez pas remarquer vos intentions. Interrogez les anciens, et voyez ce qu'ils raconteront. Quand vous aurez recueilli assez de renseignements pour pouvoir tranquilliser mon père et ma mère, revenez, et nous aviserons au parti à prendre. Voilà ce que j'ai pensé en venant.

Les deux amis le quittent, et s'en vont au village. Dans les jardins, dans les granges, dans les maisons une foule d'hommes fourmille. Au milieu de la large rue, les chars se pressent contre les chars. Les hommes prennent soin des bœufs mugissants et des chevaux; les femmes étendent pour le sécher leur linge sur toutes les haies, et les enfants s'amusent à barboter dans le ruisseau. Les deux envoyés pénètrent à travers les voitures, les hommes, les animaux, regardant à droite et à gauche s'ils n'apercevraient point celle qui leur a été désignée. Mais ils ne la trouvent pas. Bientôt le mouvement de la foule s'accroît; des hommes en colère se querellent pour des chariots, et les femmes mêlent leurs cris à la dispute. Tout à coup un vieillard vénérable s'avance au milieu de la lutte; il réclame la paix, il commande avec l'autorité d'un père, et soudain la rumeur cesse. — Le malheur, s'écrie-t-il, ne nous a donc pas assez domptés pour nous apprendre à nous supporter, à nous soutenir l'un l'autre, quand même nous ne saurions pas tous soumettre nos actions à leur juste mesure? L'homme heureux est intolérant; mais les souffrances ne nous enseigneront-elles pas à sympathiser avec nos frères? Partagez-vous la place que vous occupez sur le sol étranger, mettez en commun ce qui vous reste, afin de trouver aussi des cœurs compatissants.

Ainsi parle le vieillard. Tous se taisent; la colère se calme dans le cœur de ces hommes irrités, et ils placent avec ordre et en bon accord leurs chariots, leurs bestiaux. Cependant le pasteur, frappé des paroles du vieillard étranger et de son air calme, s'approche de lui, et dit : — Père, lorsque le peuple passe des jours heureux dans une terre féconde qui s'étend au long et au large, et dont les riches produits se renouvellent chaque année, chaque mois, alors tout va de soi-même. Chaque homme se regarde comme le plus prudent et le meilleur; on reste l'un à côté de l'autre, et celui qui est le plus sage, on le confond avec les autres; car tous les événements suivent un cours paisible et marchent d'eux-mêmes. Mais si le malheur vient à bouleverser les routes ordinaires de la vie, s'il renverse l'édifice hospitalier, le jardin et la moisson; s'il arrache à leur demeure paisible l'homme et la femme pour les chasser dans des chemins inconnus, durant les nuits et les jours pleins d'angoisses, alors on reconnaît quel est l'homme vraiment intelligent, et ses nobles paroles ne tombent pas en vain. Dites-moi, mon père, vous êtes sans doute le juge de ces pauvres émigrés, vous qui savez ainsi apaiser leur emportement? Oui, vous m'apparaissez comme un de ces anciens chefs qui conduisaient le long des déserts et des routes inconnues les peuples exilés. En ce moment, je crois parler à Moïse ou à Josué.

Le juge lui répondit d'un ton de voix sévère : — En vérité, nous pouvons comparer notre époque aux époques les plus étranges que l'on trouve retracées dans l'histoire, soit sacrée, soit profane ; car celui qui a vécu hier et aujourd'hui a vécu nombre d'années, tant les événements se pressent à la fois. Si je regarde un peu en arrière, il me semble que la vieillesse s'est appesantie sur ma tête, et cependant je suis encore plein de force. Oh ! nous pouvons bien nous comparer à ceux qui, dans leurs jours d'anxiété, virent apparaître Dieu au milieu d'un buisson ardent, car il nous est apparu, à nous, dans le feu et dans les nuages.

Le pasteur se préparait à continuer cet entretien, et à interroger l'étranger sur son propre sort et sur celui de ses compagnons ; mais son ami lui dit doucement à l'oreille : — Causez avec le juge, et amenez la conversation sur la jeune fille ; moi, je vais la chercher, et je reviendrai dès que je l'aurai trouvée. Le pasteur lui répondit par un signe de tête, et le pharmacien s'en alla à travers les haies, les jardins et les granges.

CLIO.

L'ÉPOQUE.

Le pasteur demanda au juge étranger ce que sa communauté avait souffert et depuis combien de temps elle avait quitté son pays. Le vieillard lui répondit : — Nos souffrances sont longues, nous avons bu à la coupe amère de cette époque, et le mal était d'autant plus grand qu'il nous fallait renoncer aux douces espérances que nous avions conçues. Car personne ne peut nier que nos idées se soient élevées, que notre cœur ait battu plus librement, quand les premiers rayons de ce nouveau soleil vinrent à briller sur nous, quand de toutes parts on entendait parler des droits communs à tous les hommes, de la liberté vivifiante et de l'égalité. Alors chacun espéra vivre de sa vie. Les chaînes soutenues par l'égoïsme, l'oisiveté; les chaînes qui enveloppaient tant de contrées semblaient se délier dans ces jours d'événements : tous les peuples n'avaient-ils pas les yeux tournés vers cette ville que l'on regardait depuis longtemps comme la capitale du monde, et qui méritait plus que jamais de porter ce beau titre? Les noms de ces hommes qui les premiers proclamèrent cette grande nouvelle n'étaient-ils pas semblables à ces noms illustres que l'on élève jusqu'aux astres? Chacun se sentait doué d'une nouvelle ardeur, d'un nouvel esprit, d'une nouvelle langue. Et nous, les plus proches voisins de ce peuple, nous nous trouvâmes enflammés par toutes ses idées. La guerre éclata. Les Français armés s'approchèrent; mais ils semblaient nous apporter la concorde, et ils l'apportèrent en effet. Ils avaient tous l'âme élevée; ils plantaient joyeusement les arbres de la liberté, promettant de laisser à chacun ses propriétés, et à chaque pays son gouvernement. Les jeunes gens se réjouirent de les voir, les vieillards aussi, et les fêtes commencèrent autour des nouveaux étendards. Ainsi les Français l'emportaient; ils s'emparaient de l'esprit des hommes par leur vivacité, leur enjouement de caractère, et de l'esprit des femmes par leur douceur irrésistible. Nous portâmes légèrement le joug de cette guerre onéreuse, car l'espérance planait au loin devant nos yeux et nous attirait vers les routes nouvellement frayées.

Oh! qu'ils sont beaux, les jours où le jeune homme entraîne dans le tourbillon de la danse sa fiancée, et attend l'heure de son union avec elle! Mais plus beaux encore étaient ceux où le vœu le plus élevé que l'homme ose former semblait prêt à se réaliser. Alors chacun était éloquent; les vieillards, les hommes, les jeunes gens, parlaient un langage plein de pensées et de sentiments.

Mais bientôt le ciel s'obscurcit. Une race perverse, indigne de faire le bien, combat pour obtenir le pouvoir. Ils s'égorgent entre eux, ils oppriment leurs voisins, leurs nouveaux frères, et leur envoient une foule d'hommes voraces; les chefs nous pillent en masse, les subalternes pillent et dévorent tout ce qu'ils trouvent. Chacun semble n'avoir qu'une crainte, celle de laisser quelque chose pour le lendemain. La misère était grande, et chaque jour l'oppression redoublait; personne n'écoutait nos plaintes; ils étaient les maîtres du jour. Alors la douleur et la colère s'emparèrent des esprits les plus paisibles : tout le monde jura de venger à la fois et l'injure que nous avions reçue et la perte de nos espérances doublement trompées. La victoire tourna du côté des Allemands;

les Français se retirèrent à marches précipitées. Mais alors nous apprimes à connaître les funestes résultats de la guerre. Car le vainqueur est grand et généreux, ou du moins il veut le paraître; il épargne le vaincu qui lui reste soumis, qui chaque jour le sert et lui fait part des biens qu'il possède. Mais le soldat fugitif ne connait aucune loi, il ne redoute que la mort, et ravage sans aucune réflexion tout ce qu'il rencontre : son cœur est irrité, et le désespoir en fait sortir de coupables attentats. Rien de sacré pour lui; il vole tout. Dans ses désirs effrénés, il prend la femme de vive force, et le crime fait son plaisir. Partout il appréhende la mort, il veut jouir des dernières minutes; son âme cruelle trouve sa joie dans le sang et dans les cris de douleur.

La rage s'empare du cœur de nos compatriotes. Ils veulent se venger de leurs pertes et défendre ce qui leur reste. Ils courent aux armes, appelés par la précipitation des fugitifs, par leurs visages blêmes et leurs regards errants et effarouchés. Sans cesse retentit le tocsin, et les dangers auxquels ils s'exposent n'arrêtent pas leur ardente colère. A l'instant les paisibles instruments d'agriculture se transforment en armes; la fourche et la faux ruissellent de sang. L'ennemi tombe sans pardon, sans pitié. Partout s'exercent les fureurs du soldat et la ruse méchante du lâche. Oh! puissé-je ne jamais revoir les hommes en proie à ces affreux débordements! La bête féroce offre un aspect moins hideux. Qu'ils ne parlent plus de liberté, comme s'ils pouvaient se gouverner eux-mêmes! Dès que les barrières sont brisées, vous voyez apparaître sans frein toute la méchanceté que la loi comprime dans un des plus profonds replis du cœur.

— Excellent homme, dit le pasteur avec émotion, si vous méconnaissez l'humanité, je ne puis vous en faire un reproche ; vous avez souffert tant de maux d'une tentative désolante! Mais si vous vouliez jeter un regard sur ces jours de douleurs, vous reconnaîtriez vous-même combien de belles actions vous avez découvertes, combien de nobles pensées enfouies au fond du cœur et que le danger révèle, combien d'hommes qui dans le péril apparaissent semblables à des anges, et deviennent pour leurs compagnons des dieux protecteurs.

Le juge vénérable répondit en souriant : Vous me rappelez sagement comment, après un incendie, on fait souvenir un malheureux maître de maison des débris d'or et d'argent fondus par la flamme et enterrés sous les décombres. Ces débris sont peu de chose, il est vrai, mais ils ont encore de la valeur, et le pauvre homme fouille et se réjouit de les trouver. Ainsi je reporte volontiers ma pensée sur le petit nombre de bonnes actions dont ma mémoire a gardé le souvenir. Oui, je dois l'avouer, j'ai vu des ennemis se réconcilier pour sauver la ville des maux qui la menaçaient; j'ai vu des hommes tenter l'impossible pour leurs parents, leurs enfants et leurs amis ; j'ai vu des jeunes gens prendre tout d'un coup la maturité de l'homme, des vieillards se rajeunir, et des enfants se changer en adolescents. J'ai vu le sexe faible ainsi qu'on a coutume de le nommer, donner des preuves de force, de courage, de présence d'esprit; et laissez-moi vous signaler avant tout l'héroïsme d'une noble jeune fille. Elle était restée seule dans une grande ferme avec ses compagnes; pendant ce temps les hommes marchaient contre l'ennemi. Tout à coup une troupe de fuyards envahit la cour, se met à piller, et pénètre jusque dans la chambre occupée par ces malheureuses femmes. Ils les regardent; la plupart d'entre elles étaient presque des enfants. Un désir effréné s'empare d'eux. Ils s'élancent sur cette troupe tremblante et sur la jeune fille courageuse dont je vous parle. Mais elle arrache le sabre à l'un d'eux, lui en assène un coup violent, et le jette mourant à ses pieds. Puis, avec une mâle intrépidité, elle délivre ses compagnes, frappe encore quatre de ces brigands, qui échappent à la mort par la fuite, et s'en va fermer la porte de la maison, attendant du secours les armes à la main.

En écoutant cet éloge de la jeune fille, le pasteur conçut aussitôt une espérance favorable à son ami. Il allait demander où elle était, et si elle avait accompagné la douloureuse émigration de ses compatriotes. Mais le pharmacien, s'approchant à la hâte, le tira par la manche, et lui murmura ces mots à l'oreille : J'ai trouvé, d'après la description qu'on nous en a faite, cette jeune fille entre cent autres. Venez, et voyez vous-même; mais prenez le juge avec vous, afin de recueillir d'autres documonts. Ils se retournèrent ; mais le juge, appelé par les siens à donner un conseil, avait disparu. Cependant le pasteur suit, par l'ouverture de la haie, le pharmacien, qui lui fait signe et lui dit : Voilà la jeune fille ; elle a emmaillotté l'enfant, et je reconnais bien la vieille robe de chambre en coton et la taie bleue que Hermann lui a apportées dans le paquet. Elle a distribué sans retard et avec bonté les présents. Ce sont là des indices assurés, et voici les autres. Voyez : un corset rouge lacé avec grâce serre sa poitrine arrondie ; un jupon noir lui ceint étroitement la taille ; le bord plissé de sa chemise entoure son doux visage, son joli menton ; sa figure ovale porte l'expression de la sérénité, de la franchise, et ses longs cheveux se reploient en nattes épaisses avec des épingles d'argent. Quoiqu'elle soit assise, nous pouvons distinguer sa taille élégante, et la robe bleue qui tombe à longs plis de sa poitrine jusqu'à ses pieds. Je n'en doute pas, c'est elle. Approchons-nous, et voyons si elle est bonne, vertueuse et habile ménagère.

— Je ne m'étonne pas, dit le pasteur en la regardant d'un œil scrutateur, qu'elle ait ravi Hermann, car elle peut soutenir l'épreuve aux yeux de l'homme expérimenté. Heureux celui à qui la nature, dans sa bonté, a donné une figure agréable ; c'est un titre de recommandation qu'il emporte partout ; il n'est étranger nulle part. Chacun s'approche de lui avec plaisir, chacun aime à s'arrêter auprès de lui, s'il joint les qualités de l'âme aux attraits extérieurs. Je vous le dis : Hermann a trouvé une jeune fille qui répandra la joie sur tous les jours de sa vie, et qui dans tous les temps lui prêtera un appui ferme et fidèle. Un corps aussi parfait doit renfermer une âme pure, et la vigueur de la jeunesse promet une vieillesse heureuse.

Le pharmacien répondit : — Souvent l'apparence nous trompe. Je ne puis me fier à l'extérieur, car j'ai souvent éprouvé la vérité de ce proverbe : Avant d'avoir consommé un boisseau de sel avec ton ami, ne te fie pas trop facilement à lui. Le temps seul t'apprendra quelle est ta position envers lui, et si votre amitié durera. Ayons donc recours avant tout aux bonnes gens qui connaissent la jeune étrangère, et qui nous donneront des détails sur elle.

— Je loue cette prévoyance, répondit le pasteur en le suivant; car nous n'agissons pas pour nous, et agir pour un autre est une chose grave.

Ils allèrent au-devant du juge, qui, toujours occupé de ses affaires, reparut sur le chemin. Le sage pasteur lui dit : — Regardez; nous venons de voir une jeune fille assise sous les pommiers, dans le jardin, qui prépare, avec une vieille étoffe en coton qu'on lui aura sans doute donnée, des vêtements d'enfant. Sa figure nous a plu. Elle paraît sage et honnête; dites-nous ce que vous savez d'elle; nous vous le demandons avec des intentions louables.

Le juge s'approcha du jardin, et dès qu'il y eut jeté un coup d'œil : — Vous la connaissez, répondit-il; c'est cette jeune fille dont je vous ai raconté un trait de courage, celle qui a saisi l'épée pour se défendre et pour défendre ses compagnes. C'est elle : vous voyez comme elle est forte. Elle a pris soin de son vieux parent jusqu'au jour où il mourut de chagrin en voyant les malheurs de sa petite ville, en se trouvant exposé à perdre tout ce qu'il possédait. Elle a supporté aussi avec calme et résignation la mort de son fiancé. C'était un noble jeune homme, qui, dans la première ardeur de ses idées de liberté, se rendit à Paris, et y trouva une mort effroyable; car là-bas, comme ici, il s'était déclaré l'adversaire du despotisme et de la méchanceté. Ainsi parla le juge. Les deux amis le remercièrent; et, sur le point de le quitter, le pasteur tira de sa bourse une pièce d'or (car, quelques heures auparavant, il avait déjà distribué avec bonté aux pauvres fugitifs tout ce qu'il avait d'argent); il présenta cette pièce d'or au juge, et lui dit : — Partagez cette obole entre ceux qui ont besoin, et puisse Dieu augmenter cette offrande! Mais le vieillard se refuse à la prendre, et répond : — Nous avons sauvé de l'argent, des habits et plusieurs choses; j'espère que nous nous en retournerons dans notre pays avant d'avoir tout employé.

— Oh! s'écria le pasteur en lui serrant la pièce d'or dans la main, que personne ne néglige de donner dans ces jours de malheur, et que personne ne refuse de prendre ce que la charité lui présente. Nul ne sait combien de temps il doit errer sur le sol étranger, combien de temps il sera privé du jardin et du champ qui le nourrissaient.

— Hélas! dit le pharmacien à la hâte, si au moins j'avais de l'argent sur moi, je vous donnerais tout, les petites pièces comme les grosses; car il y a sans doute un grand nombre des vôtres dans le besoin. Cependant je ne veux pas vous quitter sans vous rien offrir; je veux vous montrer du moins ma bonne volonté, quoique le don soit au-dessous de mes désirs. A ces mots, il tira la bourse en cuir brodé dans laquelle il mettait son tabac, l'ouvrit et partagea ce qu'elle contenait. Il y avait de quoi remplir encore quelques pipes. Le présent est bien mince, dit-il. Mais le vieillard lui répondit : — Le bon tabac est toujours bien venu du voyageur. Et là-dessus le pharmacien se mit à vanter son tabac.

Cependant le pasteur l'emmène, tous deux quittent le juge. — Hâtons-nous, dit le prudent ecclésiastique; le jeune homme souffre de nous attendre. Nous devons lui apprendre aussitôt que possible nos heureuses nouvelles. Ils marchent à la hâte, et trouvent sous les tilleuls Hermann appuyé contre son char. Ses chevaux frappent la terre avec impatience. Il les tient par la bride, et, les yeux fixés à terre, l'esprit absorbé dans ses pensées, il n'aperçoit ses amis que lorsque, en arrivant auprès de lui, ils l'appellent et lui font des signes de joie. Déjà le pharmacien commençait à lui parler de loin; mais ils s'approchent plus près; le pasteur lui prend la main, et, coupant la parole à son compagnon : — Je te félicite, lui dit-il : ton œil sûr, ton cœur vrai, ont fait un bon choix. Que le bonheur t'appartienne, à toi et à la fiancée de ta jeunesse ! Elle est digne de toi. Viens donc, tourne la voiture, conduis-nous jusqu'à l'entrée du village, pour demander cette excellente fille en mariage, et la conduire à la maison.

Mais le jeune homme reste immobile, et écoute, sans donner le moindre signe de joie, les paroles célestes qu'on lui adresse. Puis il pousse un profond soupir, et dit : — Nous sommes venus ici avec un char rapide, et nous nous en retournerons peut-être lentement et confus à la maison. Car, pendant le temps que j'ai passé ici, mon cœur est devenu la proie du souci, du doute, de la méfiance, de tout ce qui peut affliger un cœur qui aime. Croyez-vous que nous n'ayons qu'à nous présenter pour emmener avec nous, parce que nous sommes riches, cette jeune fille pauvre et fugitive ? La pauvreté même donne de l'orgueil à qui ne la mérite pas. Cette jeune fille me paraît être modérée dans ses goûts et laborieuse ; le monde lui appartient. Croyez-vous qu'une femme aussi distinguée par sa beauté comme par son caractère n'ait jamais touché l'âme d'aucun jeune homme ? Croyez-vous que son cœur ait été jusqu'à présent fermé à l'amour ? Ne nous hâtons pas tant d'aller la voir, nous pourrions bien faire retourner lentement nos chevaux, et nous en revenir tout déconcertés. Je crains que son cœur ne soit déjà engagé, je crains qu'elle n'ait frappé dans la main d'un heureux jeune homme, en lui promettant fidélité ;

et je me vois déjà devant elle honteux de mes propositions.

Le pasteur ouvrait déjà la bouche pour lui donner des paroles de consolation ; mais le pharmacien, avec sa loquacité habituelle, s'écria : — Nous n'avions pas autrefois de tels embarras à essuyer ; chaque affaire se traitait à sa manière. Quand les parents avaient choisi une fiancée à leur fils, on commençait par appeler en confidence un ami de la maison, et c'était lui que l'on chargeait d'aller trouver la famille de la jeune fille pour lui faire les propositions de mariage. Un dimanche, après dîner, il arrivait en grande toilette auprès du père de la fiancée, et d'abord échangeait avec lui les compliments ordinaires ; puis il avait l'art de diriger l'entretien et de l'amener enfin, après de longs détours, sur la jeune fille. Il faisait l'éloge de la famille et de l'homme dont il avait reçu cette mission. Les bonnes gens remarquaient bien où il en voulait venir ; le sage envoyé remarquait bien aussi leurs dispositions, et s'expliquait plus clairement. Si l'on éludait la demande, le refus ne pouvait humilier ; si, au contraire, elle était accueillie, le négociateur avait dès ce jour la première place dans toutes les fêtes de famille. Car toute la vie le jeune couple se souvenait que sa main adroite avait formé le premier nœud de leur union. Mais tout cela et bien d'autres usages non moins respectables ont passé de mode ; et comme chacun veut faire lui-même pour son propre compte la demande de mariage, il faut qu'il reçoive aussi le refus lui-même, et qu'il subisse son affront devant la jeune fille.

Hermann a à peine écouté ces paroles. Sa résolution est prise. — Arrive ce qui pourra, dit-il, je veux aller moi-même apprendre mon sort de sa bouche. J'ai en elle une confiance comme jamais homme n'en a eu pour aucune femme. Ses paroles seront sages, raisonnables, j'en suis sûr. Dussé-je la voir pour la dernière fois, je veux du moins rencontrer encore le regard plein de franchise de cet œil noir. Dussé-je ne jamais la presser sur mon cœur, je veux contempler encore cette poitrine et ces épaules que je voudrais enlacer dans mes bras. Je veux voir cette bouche dont un baiser et un oui me rendront heureux à tout jamais, et dont un non peut me perdre aussi à tout jamais. Mais laissez-moi aller seul, et ne m'attendez pas. Retournez auprès de mon père et de ma mère pour leur dire que leur fils ne s'était pas trompé, et que l'étrangère est digne d'être aimée. Laissez-moi seul. Je m'en retournerai par le sentier qui passe auprès du poirier, en bas de la colline. Oh! si j'avais le bonheur de la ramener avec moi! Peut-être aussi reprendrai-je seul ce sentier, pour ne plus jamais le revoir avec joie!

En disant ces mots, il remit les rênes entre les mains du pasteur, qui, maîtrisant les chevaux, monta dans la voiture et prit la place du conducteur.

Mais toi, tu t'arrêtas, ô prudent pharmacien! et tu dis au pasteur : Mon ami, je vous confierais volontiers mon cœur, mon âme, mon esprit; mais mes jambes et mon corps ne semblent pas trop en sûreté, si les rênes sont remises entre les mains d'un ecclésiastique.

— Asseyez-vous, répond le pasteur en souriant, et confiez-moi sans crainte votre corps ainsi que votre âme. Ma main est depuis longtemps exercée à tenir des rênes, et mon œil à prévoir les détours du chemin. Quand j'accompagnais à Strasbourg le jeune baron, nous étions habitués à sortir en voiture, et tous les jours le char conduit par moi passait sous la porte sonore, et courait au loin dans la plaine, sous les tilleuls, à travers les chemins poudreux et la foule animée des promeneurs.

A demi rassuré, le pharmacien prit place dans la voiture, et s'assit comme un homme prêt à s'élancer prudemment dehors. Les chevaux galopent, impatients de regagner l'écurie. La poussière vole en tourbillons sous leurs pieds rapides. Le jeune homme regarde encore longtemps cette poussière, puis il disparait, et reste là comme privé de sentiment.

ÉRATO.

DOROTHÉE.

Comme le voyageur qui, le soir, fixant encore ses regards sur les derniers rayons du soleil, voit flotter son image dans un bosquet obscur, puis auprès d'un rocher, et, de quelque côté qu'il se tourne ensuite, croit toujours la voir courir devant lui et se reproduire en couleurs étincelantes, ainsi la douce image de la jeune fille se montre aux yeux d'Hermann, et paraît suivre le sentier qui s'en va à travers les champs de blé. Mais il s'arrache à son rêve étrange, se retourne vers le village, et une nouvelle surprise le saisit. La même image lui apparaît et vient au-devant de lui. Il la regarde attentivement. Non, aucune illusion ne le trompe; c'est elle-même. Elle porte à la main une grande cruche et une plus petite à anse, et se dirige vers la fontaine. Il s'avance avec joie au-devant d'elle; en la voyant il a repris la force et le courage, et lui dit : Je te trouve donc encore, digne jeune fille, et toujours occupée à secourir les autres, à soulager ceux qui souffrent. Pourquoi donc t'en vas-tu seule à la fontaine, qui est encore si éloignée, tandis que tes compagnons se contentent de l'eau du village? Il est vrai que celle de la source a une vertu particulière et un goût agréable. Tu la portes sans doute à cette malade à laquelle tu as sauvé la vie par ton dévouement.

La jeune fille lui fait un salut amical, et répond : — Je suis déjà récompensée d'avoir pris le chemin de la fontaine, puisque je trouve l'homme généreux qui nous a enrichis de ses présents ; car l'aspect de celui qui donne est consolant comme l'aspect de ses mêmes dons. Venez voir vous-même le fruit de votre bienfaisance, et recevez les remercîments de tous ceux que vous avez soulagés. Mais je veux dire pourquoi je suis venue puiser à cette source pure et abondante. Nos compagnons ont, dans leur imprévoyance, troublé l'eau du village en conduisant au milieu du réservoir leurs chevaux et leurs bœufs. Ils ont sali toutes leurs auges en y lavant leur linge. Car chacun ne pense d'abord qu'à satisfaire au besoin qui le presse, et ne tient aucun compte des résultats.

En parlant ainsi, elle descend avec Hermann les larges escaliers de la fontaine, et tous deux s'assoient sur le petit mur qui l'entourait. La jeune fille se penche pour puiser de l'eau; Hermann prend l'autre cruche et se penche aussi. Leur image se réfléchit dans le ciel bleu que reflétait la fontaine; leurs visages se rapprochent dans le cristal limpide, et se sourient et se saluent amicalement.

— Laisse-moi boire, dit le jeune homme avec gaieté. Elle lui présente la cruche, puis tous deux se reposent avec confiance, appuyés sur les vases. Mais elle lui dit : — Comment te trouves-tu ici, sans tes chevaux, sans ta voiture, loin des lieux où je t'ai vu pour la première fois? comment donc es-tu venu ici?

Hermann réfléchit, baisse la tête, puis il lève les yeux sur elle, et la vue de son regard bienveillant le rassure et le console. Cependant il lui eût été impossible de parler d'amour. Dans le regard de l'étrangère il n'y avait aucune expression d'amour, il n'y avait qu'une expression de sagesse qui demandait un langage raisonnable. Il se recueillit, et lui dit avec confiance : — Écoute, mon enfant, je vais répondre à tes questions. Je suis venu ici à cause de toi. Pourquoi te le cacher? Je mène une vie heureuse avec mes bons parents; je les aide à administrer la maison et à cultiver les champs, car je suis leur unique fils, et nous avons beaucoup de travaux. C'est à moi qu'est confiée la gestion de nos domaines; mon père régit avec activité les affaires de la maison, et ma mère conduit le ménage. Mais tu sais sans doute comment les domestiques, tantôt par leur légèreté, tantôt par leur mauvaise foi, tourmentent la maîtresse de la maison, et l'obligent à renouveler souvent ceux qui la servent, ou plutôt à échanger leurs défauts contre d'autres défauts. Ma mère désirait depuis longtemps avoir dans sa maison une jeune fille qui lui devînt utile, non-seulement par son travail, mais aussi par son affection, et remplaçât auprès d'elle la fille qu'elle a malheureusement perdue. Quand je t'ai vue ce matin près de la voiture avec ton air de gaieté, avec tes membres robustes et pleins de santé, quand je t'ai entendue parler avec tant de raison, j'ai été frappé, j'ai couru dans notre demeure, et j'ai vanté à mes parents, à nos amis, ton mérite. A présent, je viens te dire ce qu'ils désirent, ainsi que moi... Pardonne si j'hésite...

— Ne craignez pas d'achever, répond la jeune fille. Vous ne m'offensez pas. Je vous écoute avec reconnaissance. Dites-moi donc tout. Le mot ne peut m'effrayer. Vous voudriez que je m'en allasse chez vos parents pour leur servir de domestique et maintenir votre maison dans un état d'ordre et de propreté. Vous croyez trouver en moi une fille active, habile au travail et d'un beau caractère. Votre demande n'a pas été longue, ma réponse ne le sera pas plus. Oui, je suivrai la voix du destin, je m'en irai avec vous. Mon devoir est rempli. J'ai remis l'accouchée entre les mains des siens ; tous se réjouissent de la voir sauvée. La plupart d'entre eux sont déjà auprès d'elle, les autres ne tarderont pas à la rejoindre. Tous nos compagnons se croient sûrs de retourner bientôt dans leur pays. Ainsi le fugitif prend plaisir à s'abuser. Mais moi, je ne me laisse pas tromper par cette espérance légère dans ces jours de malheur, qui nous présagent encore d'autres malheurs. Tous les liens du monde sont rompus. La nécessité extrême qui nous menace doit seule les renverser. Si je puis gagner ma vie en entrant dans la maison d'un homme respectable, en travaillant sous ses ordres et sous ceux de sa digne femme, j'y consens volontiers ; car une jeune fille errante a une réputation assez équivoque. Oui, je vous suivrai dès que j'aurai rapporté cette cruche à mes amis et reçu leurs bénédictions. Venez. Il faut que vous les voyiez et qu'ils me remettent eux-mêmes entre vos mains.

Hermann apprend avec joie la résolution de la jeune fille. Il se demande encore s'il lui dira la vérité ; mais il juge plus prudent de la laisser dans son erreur, et de la conduire dans la demeure de ses parents pour essayer alors d'obtenir son amour. Puis il s'est aperçu qu'elle porte au doigt un anneau d'or, et il l'a laissée parler et écoutée en silence.

— Allons-nous-en, dit-elle. On blâme toujours les jeunes filles qui s'arrêtent longtemps à la fontaine, et cependant il fait si bon causer auprès de la source qui ruisselle! Ils se lèvent, jettent encore un regard sur la fontaine, et se sentent saisis d'un doux regret.

Elle prend en silence les deux cruches par l'anse, et monte les degrés. Hermann la suit, et lui demande à porter une cruche, afin d'alléger sa charge.
— Non, dit-elle, laissez-moi : en établissant ainsi un équilibre, le fardeau est plus facile à porter ; et d'ailleurs l'homme qui désormais me donnera des ordres ne doit pas me servir. Ne me regardez donc pas si sérieusement, comme si mon sort était à plaindre. La femme apprend de bonne heure à servir selon la vocation qu'elle doit suivre. C'est en servant les autres qu'elle en vient enfin à commander, à prendre dans la maison l'autorité qui lui appartient. Voyez : la jeune fille sert un frère, elle sert ses parents, et toute sa vie se passe à aller, à venir, à porter maint fardeau, et à préparer mainte chose pour les autres. Heureuse si elle en vient par là à ne plus trouver aucun chemin trop épineux, si les heures de la nuit sont pour elle comme les heures du jour, si nul travail ne lui semble trop minutieux et nulle aiguille trop fine, si enfin elle peut s'oublier elle-même et vivre pour les autres. Car, une fois devenue mère, elle a besoin de toutes les vertus, lorsque son enfant s'éveille, lui demande de la nourriture, à elle, pauvre femme affaiblie, et que les soucis se joignent aux douleurs. Vingt

hommes réunis ne pourraient soutenir une telle tâche. Aussi n'est-ce pas leur devoir. Mais ils doivent observer un pareil tableau avec reconnaissance.

En parlant ainsi, elle arrive avec son compagnon silencieux jusqu'à la grange où l'accouchée repose entourée de ces jeunes filles, emblème d'innocence, que Dorothée a sauvées. Tous deux entrent, et de l'autre côté entre le juge, conduisant un enfant de chaque main. Leur pauvre mère désolée les avait perdus, mais le vieillard venait de les retrouver dans la foule. Ils s'élancent avec bonheur au-devant de leur bonne mère, au-devant de leur jeune frère, de leur nouveau compagnon de jeux, qu'ils ne connaissent pas encore ; puis ils courent auprès de Dorothée, la saluent avec affection, et demandent du pain, des fruits, et surtout quelque chose à boire. Elle leur présente de l'eau. Les enfants boivent, puis l'accouchée, puis les jeunes filles et le juge. Tous se sentent rafraîchis et louent cette excellente eau. Elle avait un petit goût acide, et c'était une boisson saine et agréable.

Alors la jeune fille jette sur tout ce monde un regard pensif, et dit : — Voici la dernière fois que je vous présente cette cruche, que je rafraîchis vos lèvres avec cette eau. Mais, quand par un jour de chaleur vous trouverez une douce boisson, quand vous serez assis à l'ombre, auprès d'une source pure, pensez à moi, et aux soins que je vous ai rendus, plutôt par affection que par un devoir de parenté. Je me souviendrai toute la vie de votre bonté. Je vous quitte à regret; mais chacun de nous est pour les autres une charge plutôt qu'une consolation, et si le retour dans notre patrie nous est interdit, il faudra nous disperser sur le sol étranger. Voici celui à qui nous devons les dons de ce matin, les langes de cet enfant, et les aliments que nous avons reçus avec tant de joie. Il vient me chercher pour que j'aille dans sa maison me mettre au service de ses bons et riches parents; j'y consens, car partout la jeune fille a des soins à remplir, et ce serait pour moi un fardeau de rester oisive et de me faire servir. Ainsi je le suis volontiers, car il me semble doué de bonnes qualités, et ses parents auront aussi celles qui donnent à la richesse un nouveau prix. Adieu donc, ma digne amie; soyez heureuse avec cet enfant plein de vie qui tourne ses regards vers vous; et quand vous le presserez sur votre cœur dans ses langes colorés, pensez au charitable jeune homme qui vous les a donnés, et qui doit désormais me donner, à moi votre parente, les vêtements et la nourriture. Et vous, homme excellent, ajouta-t-elle en se tournant vers le vieillard, je vous remercie de m'avoir en tant d'occasions servi de père.

A ces mots, elle s'agenouille auprès de la pauvre accouchée, qui pleure et lui donne d'une voix tremblante sa bénédiction. Cependant le juge se tourne vers Hermann et lui dit: — Vous méritez, mon ami, d'être compté au nombre des hommes sages qui cherchent à s'associer à des gens estimables pour régir les affaires de leur maison. J'ai souvent observé que l'on apporte une grande attention dans un marché où il s'agit de vendre ou d'échanger des bœufs, des chevaux, des moutons, tandis que l'on s'en rapporte en quelque sorte au hasard s'il s'agit de confier à quelqu'un une partie de la gestion d'une maison. Et pourtant, si l'homme que l'on choisit est honnête et laborieux, il maintient tout en bon ordre; si au contraire il est malhabile et de mauvaise foi, il bouleverse tout, et l'on se repent, mais trop tard, d'avoir pris une décision si peu réfléchie. Mais vous semblez vous y entendre, car vous avez choisi une bien jeune fille pour vous servir, vous et vos parents. Ayez soin d'elle ; aussi longtemps qu'elle restera chez vous, vous ne regretterez pas votre sœur, et vos parents ne regretteront pas leur fille.

Dans ce moment, plusieurs femmes vinrent apporter différentes choses à l'accouchée, et lui annoncer qu'elles avaient trouvé pour elle une demeure plus commode. Quand elles apprirent la résolution de Dorothée, elles bénirent Hermann avec un regard qui exprimait leur pensée, et l'une d'elles murmura à l'oreille des autres : — Si de son maître il devient son époux, elle n'a rien à désirer.

Cependant Hermann la prenant par la main : — Partons, dit-il ; le jour s'avance, et notre petite ville est encore éloignée. Les femmes, qui causent toutes à la fois, embrassent Dorothée, qui, pendant que son compagnon l'entraîne, les charge encore de saluer plusieurs de leurs amis. Mais voilà que les enfants pleurent, crient, s'attachent à ses vêtements, et ne veulent pas laisser partir leur seconde mère, jusqu'à ce que deux ou trois femmes leur disent d'un ton d'autorité : — Taisez-vous, enfants ! elle va en ville, et vous donnera au retour de bons biscuits, que votre frère a commandés pour vous, quand la cigogne en l'apportant passait devant le confiseur [1]. Elle reviendra bientôt avec de beaux cornets dorés. Les enfants la quittent, et Hermann l'arrache avec peine aux embrassements de ses amies, qui de loin la saluent encore avec leurs mouchoirs.

MELPOMÈNE.

HERMANN ET DOROTHÉE.

Ils s'en vont tous les deux aux rayons du soleil couchant, qui tantôt se cache sous les nuages épais et annonce l'orage, et tantôt reparaît avec sa clarté étincelante et projette sur les champs une lueur de mauvais augure. — Puisse l'orage qui nous menace, dit Hermann, ne pas nous amener de la grêle ou une pluie trop forte, car la moisson est déjà belle ! Et tous deux se plaisent à voir les longues tiges de blé que le vent balance, et qui, le long du sentier où ils passent, s'élèvent presque à leur hauteur.

[1] Allusion à un dicton populaire de l'Allemagne. Quand un enfant demande comment il est venu au monde, on lui répond qu'il a été apporté dans la maison de son père par une cigogne.

— Vous à qui je dois, dit la jeune fille, un sort paisible, un asile assuré, tandis que tant de fugitifs se trouvent dans les champs, à la merci de l'orage, apprenez-moi, avant tout, à connaître vos parents. Je me sens disposée de tout mon cœur à les servir ; mais, quand on connaît son maître, il est plus facile de lui plaire, en s'appliquant aux choses auxquelles il attache de l'importance, et aux devoirs sur lesquels sa volonté est prononcée. Dites-moi donc, comment pourrai-je gagner l'affection de votre père et de votre mère ?

— Oh ! combien je t'approuve, lui répond le bon et sage jeune homme, combien je t'approuve, excellente fille, de vouloir, avant ton arrivée, apprendre à connaître mes parents ! car, jusqu'à présent, je me suis efforcé en vain de servir mon père, en me rendant à la vigne et aux champs de bonne heure, en les quittant tard et en m'occupant des intérêts de la maison comme des miens propres. Quant à ma mère, je n'ai pas eu de peine à la contenter ; elle sait bien tout apprécier, et tu seras à ses yeux un être excellent, si tu prends soin de la maison comme si elle t'appartenait. Mais il n'en est pas ainsi de mon père ; il tient aux apparences. Oh ! ne me regarde pas comme un cœur froid et dénaturé, si je te parle ainsi de mon père, à toi qui nous es étrangère. Ma bouche n'est pas habituée à de telles indiscrétions, et c'est la première fois, je le jure, que je prononce un mot de ce genre. Mais tu m'inspires tant de confiance que mon cœur s'épanche devant toi. Mon bon père aime à trouver certains ornements dans le commerce de la vie. Il demande des témoignages extérieurs d'amour et de respect; il pourrait se montrer dur envers d'excellents serviteurs qui négligeraient de le satisfaire à cet égard, et accorder sa bienveillance à des gens qui ne la mériteraient pas, s'ils savaient ménager son penchant.

— Eh bien, dit-elle avec joie, en doublant légèrement le pas pour suivre le sentier obscur, j'espère les contenter tous deux. Car le caractère de ta mère est semblable au mien, et dès mon bas âge je ne suis pas restée étrangère aux formes agréables. Les Français, nos voisins, attachaient une grande importance aux manières polies. Le bourgeois, le gentilhomme, le simple paysan, tâchaient de les mettre en usage, et chacun les recommandait aux siens. Nous avions aussi parmi nous un usage national : c'était d'habituer les enfants à venir le matin souhaiter le bonjour à leurs parents en leur baisant la main, et à se conduire sagement pendant le reste de la journée. Tout ce que j'ai appris, toutes les bonnes habitudes que j'ai pu contracter, tout ce que mon cœur m'inspirera, je le mettrai en œuvre auprès de tes parents. Mais, à présent, qui me dira comment je dois agir envers toi, le fils unique de mes maîtres, qui seras mon maître aussi ?

Au moment où elle parlait ainsi, ils arrivaient tous deux auprès du poirier. La lune brillait dans toute sa splendeur. Il était nuit. Le dernier rayon de soleil avait disparu; et, dans l'espace, leurs regards découvraient à la fois une clarté brillante comme celle du jour, et les ombres épaisses de la nuit. Au pied de ce bel arbre qu'il aimait, et près duquel il avait ce jour-là même versé des larmes d'amour, Hermann entendit avec joie la question que lui adressait la jeune fille. Ils s'assirent tous deux pour se reposer un instant, et il lui dit en lui prenant la main : — Consulte ton cœur, et obéis librement à toutes ses inspirations. Mais il n'osa pas ajouter un mot de plus, quoique l'heure lui fût favorable, car il craignait de s'attirer un refus, et il sentait au doigt de la jeune fille l'anneau d'or, signe fatal. Ainsi ils restèrent l'un près de l'autre assis en silence. Puis Dorothée s'écria : — Que j'aime cette douce lumière de la lune! c'est une clarté pareille à celle du jour; je vois distinctement les maisons, les cours de la ville, et j'aperçois une fenêtre au-dessous du toit; il me semble que je pourrais en compter les carreaux.

— Cette maison que tu aperçois, répondit le jeune homme, est notre demeure. C'est là que je te conduis, et cette fenêtre est celle de ma chambre, qui deviendra la tienne peut-être, car nous ferons des changements dans notre maison. Ces blés qui sont mûrs pour la moisson de demain sont à nous. Nous viendrons nous asseoir à l'ombre de ce poirier, et prendre ici notre repas. Mais viens, descendons à travers le vignoble et le jardin. Car vois: l'orage s'approche, l'éclair luit, et le nuage enveloppera bientôt la douce clarté de la lune. Tous deux se lèvent et descendent dans le champ couvert de riches épis, heureux de voir la lumière nocturne qui les éclaire. Ils arrivent au vignoble, et commencent à marcher dans l'obscurité.

Il la conduit le long des escaliers informes placés sous le berceau ; elle s'avance à pas lents, et appuie ses mains sur l'épaule d'Hermann. La lune projetait encore à travers le feuillage quelques lueurs vacillantes ; mais bientôt, entourée de nuages, elle laisse le jeune couple dans les ténèbres. Hermann soutient d'un bras robuste et avec précaution la jeune fille penchée sur lui. Mais comme elle ne connaît ni le chemin ni ces sentiers difficiles, elle fait un faux pas, le pied lui manque et craque légèrement ; elle est près de tomber ; mais elle glisse sur lui ; il étend à la hâte le bras, et soutient sa bien-aimée. Elle s'incline doucement sur son épaule ; leurs poitrines, leurs joues se touchent, et lui reste là, immobile comme le marbre, enchaîné par son austère volonté. Il n'ose l'étreindre plus fortement ; mais il se raffermit pour lui servir d'appui. Chargé de son doux fardeau, il sent les battements du cœur de la jeune fille, il respire le parfum de son haleine, et supporte avec un mâle sentiment cette femme qui fait l'honneur de son sexe.

Cependant elle cache la douleur qu'elle éprouve au pied, et lui dit en riant : — S'il faut en croire les gens bien avisés, quand notre pied craque non loin du seuil de la maison où l'on se prépare à entrer, c'est un signe de malheur. J'aurais pourtant voulu recevoir un meilleur présage ! Mais arrêtons-nous un moment, afin que tes parents ne te reprochent pas de leur amener une fille boiteuse et d'être un hôte peu intelligent.

URANIE.
LA PERSPECTIVE.

Muses si favorables au véritable amour, vous qui avez jusqu'à présent conduit dans sa route l'excellent jeune homme, et qui lui avez fait serrer son amante sur son cœur avant les fiançailles, aidez-nous à former les liens qui doivent unir le jeune couple. Écartez les nuages qui obscurcissent son bonheur, et auparavant racontez-nous ce qui arrive dans la maison d'Hermann.

Pour la troisième fois la mère impatiente vient de rentrer dans la chambre où elle avait laissé les trois amis : elle parle de l'orage prochain, de l'obscurcissement subit de la lune, puis de l'absence de son fils, des dangers de la nuit; et elle blâme amèrement les deux voisins d'avoir quitté sitôt Hermann, sans parler à la jeune fille, sans faire pour lui la demande de mariage.

— N'aggrave pas encore le mal, dit le père mécontent : car tu vois que nous sommes nous-mêmes dans l'attente de ce qui doit arriver.

A ces mots, le pharmacien prit tranquillement la parole, et dit : — Dans des moments d'inquiétude comme ceux-ci, je saurai toujours gré à mon père d'avoir déraciné en moi jusqu'au moindre germe tout sentiment d'impatience, et de m'avoir enseigné à attendre mieux qu'aucun sage.

— Et quel moyen a-t-il employé pour obtenir ce résultat? demanda le pasteur.

— Je vous le dirai volontiers, répondit le pharmacien, car chacun pourra le mettre à profit. Un dimanche, quand j'étais encore enfant, j'attendais avec impatience la voiture qui devait nous conduire à la fontaine sous les tilleuls. Elle n'arrivait pas, et je courais comme une belette, de droite et de gauche, en haut, en bas des escaliers, et de la fenêtre à la porte. J'avais une démangeaison dans la main, je grattais les tables, je frappais du pied, et j'étais près de pleurer. Mon père me regardait fort tranquillement; mais quand je devins par trop fou, il me prit par le bras, et me conduisant vers la fenêtre : — Vois-tu, dit-il, l'atelier du menuisier fermé aujourd'hui ? Demain il l'ouvrira; alors on entendra pendant tout le temps de son travail, du matin au soir, le bruit du rabot et de la scie. Mais songes-y ; un matin viendra où le menuisier se mettra à l'œuvre avec tous ses ouvriers pour te préparer à la hâte un cercueil. Ils apporteront ici cette maison de planches où l'on enferme l'homme impatient ainsi que l'homme patient, et sur laquelle on pose un toit pesant. Et à ces mots, mon esprit me représenta tout ce dont mon père me parlait. Je vis les planches clouées et la couleur noire. Je devins patient, et j'attendis avec calme la voiture. Depuis ce jour, quand je vois des gens dans une attente incertaine courir tout agités, je pense au cercueil.

— L'image touchante de la mort, dit le pasteur en souriant, ne s'offre pas à l'homme sage comme un objet d'effroi, ni à l'homme pieux comme un dernier terme. Elle ramène le premier à l'étude de la vie et lui apprend à en profiter; elle présente au second un avenir de bonheur, elle lui donne l'espérance au milieu de ses jours de tristesse. Pour l'un et pour l'autre la mort devient la vie. Votre père a eu tort de montrer à votre cœur impressionnable d'enfant la mort dans la mort. Il faut présenter au jeune homme le tableau d'une noble vieillesse, et au vieillard le tableau du jeune âge, afin que tous deux aiment à voir ce cercle éternel, et que la vie s'achève dans la vie.

Mais la porte s'ouvre. Le beau couple paraît. Les parents d'Hermann et leurs amis s'étonnent de la taille, de la beauté de la jeune étrangère, qui s'accordent si bien avec celles du jeune homme; et quand ils se présentent tous deux sur le seuil, la porte semble pour eux trop petite. — Voici, dit Hermann en présentant Dorothée à ses parents, voici une jeune fille telle que vous désirez en avoir une dans votre maison. Mon cher père, recevez-la bien, elle le mérite. Et vous, ma mère, interrogez-la sur tout ce qui concerne la direction intérieure d'une maison, afin que vous voyiez qu'elle est digne de vous appartenir. Et en même temps tirant le pasteur à l'écart : — Aidez-moi promptement, lui dit-il, à sortir de cet embarras, aidez-moi à délier ce nœud. J'attends avec effroi une solution. Car je n'ai pas demandé à la jeune fille si elle voulait être ma fiancée ; elle croit venir ici comme servante, et je tremble qu'elle ne s'en aille avec mécontentement, dès qu'il sera question de mariage. Mais que tout cela soit décidé promptement ! Elle ne peut pas rester plus longtemps dans l'erreur, et moi, je ne peux pas supporter plus longtemps le doute. Hâtez-vous de montrer ici votre prudence que nous vénérons. L'ecclésiastique se retourne vers le reste de la société ; mais déjà l'âme de la jeune fille avait été blessée de ces paroles du père d'Hermann, prononcées d'un ton léger, mais cependant avec de bonnes intentions : — Oui, mon enfant, je remarque avec plaisir que mon fils a le même goût que son père. Dans mon temps, j'ai toujours conduit la plus jolie fille à la danse, et j'ai choisi aussi la plus jolie pour femme. C'est notre petite mère. Par l'épouse qu'il se choisit, l'homme montre quel est son caractère, et comment il s'apprécie. Mais vous n'aviez pas besoin de délibérer longtemps pour vous décider ; car il me semble que ce n'est pas chose si difficile que de se résoudre à le suivre.

Hermann entend à peine ces paroles. Cependant il éprouve un frissonnement intérieur, et chacun reste tout à coup silencieux.

La digne jeune fille, profondément blessée de ces paroles qui lui semblent une dérision, se tient immobile ; une rougeur rapide colore son cou et son visage. Mais elle se recueille, et, ne pouvant cacher entièrement le chagrin qu'elle éprouve, elle répond au vieillard : — En vérité, votre fils, en me dépeignant son père comme un être excellent, ne m'avait point préparée à une telle réception. Je le sais, vous êtes un homme instruit, qui savez agir envers tout le monde selon les convenances. Mais il me semble que vous n'avez pas assez pitié d'une pauvre fille qui franchit le seuil de votre porte toute prête à vous servir; car autrement vous ne m'eussiez pas rappelé, avec cette amère moquerie, combien mon sort est différent du vôtre et de celui de votre fils. Il est vrai, je suis pauvre, je n'apporte qu'un mince butin dans cette demeure abondamment pourvue, et qui donne de l'assurance à ses joyeux habitants; mais je me connais bien, et je comprends nos rapports. Est-il généreux de me recevoir avec une dérision qui me repousse en quelque sorte de la maison dont je touche à peine le seuil?

Hermann s'agite avec un sentiment de terreur, et fait signe à l'ecclésiastique de se jeter au milieu de cette lutte et de dissiper l'erreur. Le prudent pasteur s'avance à la hâte, regarde la jeune fille avec son expression de douleur comprimée, avec ses larmes dans les yeux, et l'idée lui vient de ne pas remédier de suite à cette erreur, mais d'éprouver dans ce moment d'émotion le caractère de Dorothée. — Sans doute, lui dit-il pour la sonder, quand tu t'es décidée si promptement à entrer au service d'un étranger, tu n'as pas bien réfléchi aux obligations que l'on s'impose en entrant dans la maison de son maître. D'une seule promesse dépend le sort de toute une année; un seul oui entraîne à sa suite mainte souffrance. Ce qu'il y a de plus triste dans le service, ce ne sont ni les chemins pénibles à suivre, ni les sueurs amères d'un travail pressant et continu; car le maître actif travaille aussi comme ses domestiques : ce qu'il y a de triste et de difficile, c'est de supporter les caprices du maître quand il blâme injustement, ou lorsque, luttant avec soi-même, il donne tel ordre et puis tel autre; c'est de souffrir la colère de la femme qui s'emporte facilement, et les grossièretés, l'insolence des enfants; c'est de remplir en même temps son devoir sans hésiter et sans se plaindre. Mais tu ne me parais pas faite pour une telle tâche, puisque la plaisanterie du père de famille t'a si fort blessée; et cependant il n'y a rien de plus commun que de plaisanter une jeune fille sur le goût qu'elle peut éprouver pour un jeune homme.

Ces mots frappent vivement l'étrangère. Elle ne peut plus se maîtriser. Les sentiments qu'elle éprouve la dominent. Son cœur se gonfle, ses lèvres exhalent un profond soupir, et elle dit en versant des larmes brûlantes : — Oh! non, l'homme sage qui essaye de nous donner un conseil au milieu de nos douleurs ne sait pas combien sa parole froide est impuissante à délivrer notre âme des souffrances que le sort y a jetées. Vous êtes gais et heureux, comment une plaisanterie pourrait-elle vous blesser? Mais la plus légère commotion affecte douloureusement le malade. Non, quand même je pourrais avoir recours à la feinte, à quoi me servirait-elle ? Il faut prendre son parti à l'instant. Le retard ne ferait qu'accroître mes peines et me plonger peut-être dans un chagrin où ma vie s'épuiserait. Laissez-moi partir. Je ne dois pas rester ici plus longtemps. Je veux aller à la recherche de mes pauvres compagnons que j'ai abandonnés dans le malheur en prenant la meilleure part pour moi. Ma résolution est bien arrêtée, et je puis maintenant vous dire ce que j'aurais pu vous cacher pendant de longues années. La raillerie qu'on vient de me faire m'a frappée : non pas que j'aie en moi l'orgueil et les susceptibilités qui ne peuvent convenir à une servante, mais parce que j'éprouvais réellement au fond du cœur un penchant pour ce jeune homme qui aujourd'hui m'est apparu comme un libérateur. Dès le moment où il me quitta sur la route, il était toujours resté présent à ma pensée. Je songeais à l'heureuse jeune fille qu'il aimait déjà peut-être, et qu'il désirait épouser ; et, quand je le retrouvai près de la fontaine, je me réjouis de le voir apparaître, comme si un être céleste me fût apparu. Lorsqu'il m'eut demandé si je voudrais venir ici comme servante, je le suivis avec plaisir. Mais le long du chemin, je me repaissais d'un autre espoir, je dois l'avouer : je pensais pouvoir être un jour digne de lui, si je parvenais à rendre mes soins indispensables dans sa maison. Mais, hélas ! je reconnais à présent à quel péril je m'exposais en restant si près de celui que j'aimais. Je vois quelle distance il y a entre le riche jeune homme et la jeune fille pauvre, fût-elle douée d'ailleurs des qualités les plus précieuses. Je vous dis tout cela afin que vous ne méconnaissiez pas mon cœur. Je dois à cette circonstance qui m'a offensée la résolution que je viens de prendre. Sans cela il m'eût fallu dévorer en secret mes désirs, et m'attendre à le voir un jour amener une fiancée dans sa maison. Oh! comment alors eussé-je pu cacher mon chagrin? Heureusement me voilà avertie; heureusement j'ai découvert le secret de mon âme avant que le mal fût sans remède. Mais tout en est dit; je ne peux pas rester ici plus longtemps dans cet état de confusion et d'anxiété où me jette l'aveu de mes sentiments et de mes folles espérances. Ni la nuit qui enveloppe la terre avec des nuages épais, ni le tonnerre que j'entends gronder, ni la pluie qui tombe au dehors à grands flots, ni le vent qui mugit, rien ne m'arrêtera plus. J'ai supporté tout cela dans notre fuite douloureuse, quand les ennemis nous suivaient de près. Je veux sortir. Les calamités de l'époque m'ont appris depuis longtemps à me séparer de tout. Adieu, c'en est fait. Je ne demeure pas davantage.

A ces mots, elle s'avance rapidement vers la porte, portant sous son bras le petit paquet avec lequel elle était venue. Mais la mère la saisit de ses deux mains et lui dit avec étonnement : — Que signifient cette résolution et ces larmes inutiles? Non, je ne veux pas te laisser partir, tu es la fiancée de mon fils. Au même instant le père se lève avec mécontentement, et jetant un regard sur la jeune étrangère qui pleure : — Ainsi, dit-il, ma grande indulgence m'a amené à la fin du jour tout ce qu'il y a pour moi de plus désagréable : car je ne connais rien de plus fastidieux que les pleurs des femmes et les cris passionnés qui jettent la confusion dans toutes ces idées qu'il serait si facile d'éclaircir avec un peu de jugement. Je suis las de voir toutes ces scènes bizarres, finissez-les vous-mêmes. Pour moi, je vais me coucher. Il s'avance du côté de la chambre où le lit conjugal est placé, et où il a coutume de reposer ; mais son fils le retient, et lui dit d'un ton de voix suppliant : — Mon père, ne vous hâtez pas tant. Ne vous irritez pas contre la jeune fille. Je suis seul coupable de tout cet embarras, que notre ami a encore augmenté par ses paroles inattendues. Parlez, digne pasteur, car je vous ai tout confié. N'ajoutez pas encore à notre chagrin, à notre anxiété. Mais donnez-nous une solution, car désormais je ne pourrais plus avoir pour vous tant de vénération, si je vous vois porté à affliger les autres, au lieu d'exercer envers eux votre excellente sagesse.

Le pasteur lui répondit avec un doux sourire : — Quelle prudence eût pu obtenir de cette bonne jeune fille un aveu aussi noble, et nous dévoiler ainsi son caractère ? Ton anxiété ne s'est-elle pas changée aussitôt en joie et en ravissement ? Parle donc toi-même. Qu'as-tu besoin des explications d'un autre ?

A ces mots, Hermann s'avance près de Dorothée, et lui dit avec tendresse : — Ne regrette pas ces larmes et cette douleur passagères, car elles ont assuré mon bonheur et le tien aussi, je l'espère. Non, je ne suis pas allé chercher à la fontaine l'étrangère pour l'amener ici comme servante, j'y suis allé pour lui offrir mon amour. Mais, hélas! mon regard timide ne pouvait voir le penchant de ton cœur; lorsque tu me saluas dans le miroir de la source, je n'aperçus que de l'amitié dans tes yeux. C'était déjà pour moi un bonheur que de t'amener ici, et tu y as mis le comble. Oh! sois bénie! Elle contempla le jeune homme avec une émotion profonde, et ne se refusa pas à cet embrassement, à ce baiser qui est le comble de la joie quand il est pour deux amants le gage qu'ils ont longtemps désiré, le gage d'un bonheur qui désormais leur paraît infini.

Pendant ce temps, le pasteur avait tout expliqué aux assistants. Dorothée s'approcha du père avec grâce, s'inclina devant lui pénétrée d'affection, et lui baisant la main qu'il retire : — Oh! pardonnez, dit-elle, à ma surprise les larmes de douleur et les larmes de joie. Pardonnez-moi l'émotion qui me les a fait verser; laissez-moi me reconnaître dans ce bonheur inattendu qui m'est accordé. Que ce premier chagrin produit par mon erreur soit aussi le dernier. Les devoirs que la servante s'engageait à remplir, votre fille les remplira avec amour et fidélité.

Le père l'embrassa en cachant ses larmes. La mère vint aussi l'embrasser avec affection : toutes les deux se serrent la main, pleurent et gardent le silence.

Cependant le pasteur, saisissant la main du père, et lui prenant non sans peine l'anneau conjugal, car le doigt arrondi le retenait, puis prenant encore celui de la mère, unit les deux jeunes gens, et dit : — Que ces anneaux d'or soient destinés à former une union pareille à l'ancienne! Hermann est pénétré d'amour pour la jeune fille, et la jeune fille avoue qu'elle désire l'avoir pour époux. Avec la volonté de vos parents, en présence de votre ami, je vous unis tous deux et vous bénis pour l'avenir.

En même temps le voisin s'avance pour offrir ses vœux aux deux jeunes gens. Mais quand l'ecclésiastique voulut mettre l'anneau d'or au doigt de la jeune fille, il aperçut avec surprise celui qu'Hermann avait déjà vu avec inquiétude près de la fontaine, et il lui dit en plaisantant : — Comment! te voilà donc fiancée déjà pour la seconde fois? pourvu que le premier fiancé ne vienne pas, au pied de l'autel, s'opposer à ton mariage!

— Oh! laissez-moi, répondit-elle, consacrer un moment à ce souvenir; car il le mérite bien, le digne jeune homme qui me donna cet anneau en partant, et qui n'est jamais revenu dans nos pays. Lorsque l'amour de la liberté, le désir de prendre part aux réformes qui s'opéraient, l'entraînèrent à Paris, où il trouva la prison et la mort, il prévoyait sa destinée : « Adieu, me dit-il; sois heureuse! Je pars. Tout s'agite sur cette terre, tout paraît se désunir : les lois fondamentales des États les mieux affermis sont renversées; l'héritage aban-

donne son ancien propriétaire ; l'ami quitte son
ami ; l'amour se sépare de l'amour. Je te laisse.
Qui sait où je te reverrai ? Voici peut-être notre
dernier entretien. On a raison de le dire, l'homme
n'est qu'un étranger sur cette terre. Mais il est devenu plus que jamais étranger. Le ciel ne nous appartient plus. Les richesses sont errantes ; l'or et
l'argent se fondent avec leurs formes anciennes et
sacrées. Tout est en mouvement, comme si le
monde tel qu'il est voulait retomber dans la nuit
et le chaos, pour en sortir sous une face nouvelle.
Garde-moi ton amour, et si quelque jour nous
nous retrouvons sur les débris de l'univers, nous
serons peut-être des créatures renouvelées, libres
et indépendantes du sort. Car qui pourrait désormais donner des chaînes à celui qui aura passé par
de tels jours ? Mais si nous ne devions pas échapper aux dangers et nous revoir un jour avec bonheur, oh ! conserve du moins mon image dans ton
souvenir, et attends avec la même résolution l'infortune et le bonheur. Si une nouvelle demande
et un nouveau lien t'appellent, accepte avec reconnaissance ce que le destin t'offrira. Aime ceux qui
t'aimeront dignement ; attache-toi à celui qui aura
été ton bienfaiteur. Mais sois prudente dans ta démarche, car tu t'exposerais à subir les douleurs
d'une seconde perte. Que tes jours te soient chers !
Cependant n'estime pas la vie plus qu'un autre
bien, et tous les biens sont trompeurs. »

Il parla ainsi, ce noble jeune homme. Jamais
je ne l'ai revu. Après cela, je perdis tout ce que je

possédais, et j'ai bien souvent pensé à ses avis. J'y pense encore maintenant que l'amour me prépare un nouveau bonheur et me dévoile les plus belles espérances. Oh! pardonne-moi, généreux ami, si même en m'appuyant sur ton bras je tremble encore : je suis comme le navigateur qui, lorsqu'il aborde enfin la terre ferme, croit la voir s'écrouler.

En disant ces mots, elle place les deux anneaux l'un à côté de l'autre. Le fiancé lui répond avec une noble émotion : — Que notre union, Dorothée, devienne, au milieu de cette agitation générale, d'autant plus solide. Tâchons de rester fermes au milieu de l'orage, et de conserver la possession de nos biens; car l'homme qui manque de résolution au milieu d'une époque agitée aggrave encore le mal et le répand au loin, tandis que l'homme inébranlable se crée un monde à lui. Il ne convient pas aux Allemands de propager ce mouvement terrible, ni de flotter tantôt d'un côté, tantôt de l'autre. Que ce soit là notre pensée! tâchons de l'exprimer et de la contenir. On rendra encore hommage aux peuples résolus qui se sont levés pour repousser l'ennemi, pour défendre leurs dieux, leurs lois, leurs femmes, leurs enfants. Tu es à moi, et tout ce qui est à moi m'est plus cher que jamais. Je ne conserverai pas avec chagrin ce que je possède, je n'en jouirai pas avec inquiétude, mais avec assurance et courage. Si cette fois ou plus tard les ennemis nous menacent, viens toi-même me donner mes armes. Je saurai que tu es là pour gouverner notre maison, pour prendre soin de nos parents. Avec cette pensée, je marcherai sans crainte au-devant de l'ennemi. Et si chacun avait le même sentiment, la force se lèverait contre la force, et bientôt la paix nous réjouirait tous.

FIN.

TABLE.

	Pages.
Considérations sur Werther et en général sur la poésie de notre époque.	1
WERTHER.	43
HERMANN ET DOROTHÉE.	217
Préface.	219
CALLIOPE. — Le Malheur partagé.	225
TERPSICHORE. — Hermann.	234
THALIE. — Les Bourgeois.	245
EUTERPE. — La Mère et le Fils.	249
POLYMNIE. — Le Cosmopolite.	260
CLIO. — L'Époque.	269
ÉRATO. — Dorothée.	282
MELPOMÈNE. — Hermann et Dorothée.	291
URANIE. — La Perspective.	296

FIN DE LA TABLE.

Paris. — Impr. de F.-A. BOURDIER et Cie, 30, rue Mazarine.

Catalogue de la BIBLIOTHÈQUE CHARPENTIER.

LITTÉRATURE FRANÇAISE.

XVe au XVIIIe siècle.

www.ingramcontent.com/pod-product-compliance
Lightning Source LLC
Chambersburg PA
CBHW071258160426
43196CB00009B/1331